智慧旅游

——面向游客的应用

黄羊山　刘文娜　李修福　编著

东南大学出版社
·南京·

图书在版编目(CIP)数据

智慧旅游:面向游客的应用/黄羊山,刘文娜,李修福编著.—南京:东南大学出版社,2013.6

ISBN 978-7-5641-4275-9

Ⅰ.①智… Ⅱ.①黄… ②刘… ③李… Ⅲ.①旅游业—信息化—研究—中国 Ⅳ.① F592.3-39

中国版本图书馆 CIP 数据核字(2013)第 110181 号

智慧旅游——面向游客的应用

出版发行	东南大学出版社
社　　址	南京市四牌楼 2 号(邮编:210096)
出 版 人	江建中
经　　销	全国各地新华书店
印　　刷	南通印刷总厂有限公司
开　　本	700 mm×1000 mm　1/16
印　　张	16
字　　数	314 千字
版　　次	2013 年 6 月第 1 版
印　　次	2013 年 6 月第 1 次印刷
书　　号	ISBN　978-7-5641-4275-9
定　　价	40.00 元

本社图书若有印装质量问题,请直接与营销部联系,电话:025-83791830。

序

为这本书作序，让我汗颜。因为我无论对智慧旅游研究的时间与功底，都落后于黄羊山老师和他的团队。我是抱着虔诚的学习态度写出下面这段话的。

智慧旅游新概念的最初出现，让我们这些从事旅游信息化工作的人，既是兴奋也是迷惘：何为智慧旅游？它解决什么问题？它能为亿万旅游者和旅游产业带来什么？问题现实摆在桌面上，然而回答或者是含糊不清、左右逢源的，或者是新词迭出、绕来绕去的，让我们不能不伏案求教，不能不苦思冥想，因为真理来不得丝毫虚假。

在我的脑海里，智慧旅游从模糊到清晰，从陌生到熟悉，与其说是这两年学习钻研的努力，倒不如说是一批像黄羊山老师这样执著探索的学者影响与熏陶的结果。江苏智慧旅游建设之所以能走得早、走得稳和走得快，正是因为在江苏大地上有这样一批思想者与创新家，高扬着大旗，不为干扰，苦苦追求，奋力向前。他们的劳动值得我们仿效，他们的操守值得我们敬佩！

这本《智慧旅游——面向游客的应用》的面世，尽管已经不是国内第一本关于智慧旅游的专著，也不是一部纯粹学术的论著，但我相信它来源于创新的实践，有自己开阔的视野和明确的取向，有自己独特的个性与贡献，能帮助智慧旅游工作者厘清脚下的道路与前进的方向。拜读完这本书，我以为，自己有认同感、能产生共鸣的主要在三个方面。我将这三个方面的心得记下来，以就教于各路方家。

其一，智慧旅游建设究竟为了谁？直到今天，智慧旅游仍然还是一个全新的话题。谈到智慧旅游，很多话题都是仁者见仁，但是多数仅仅是从单纯的信息技术名词出发，到智能终端应用收脚，中间夹杂一长串普通民众理不清、弄不懂与见物不见人的技术行话，不管百姓作何感想。其实这个话题折射出的，或多或少反映了当下的政绩冲动与经济抱负。智慧旅游的建设，本质上是旅游信息化发展的一个快速提升、模式创新的阶段，它的根本目的应当还是为了旅游者，为了他们的旅途便捷、个性需求和游程体验等，同时通过系统整合和深度开发旅游物理资源和信息资源，激励旅游产业创新，促进产业结构升级和行业管理与服务水平提升。讲智慧旅游根本是为了旅游者，相信没有人会摇头，那么请问，我们一些领导以及研究智慧旅游建设的专家，有没有俯身问一问普通的旅游者：智慧旅游你们懂吗？你们需要什么样的智慧旅游？智慧旅游项目你用了吗？游客说好才是好，有了他们的意见，我相信我们一些热衷于项目开发的朋友，会少几分冲动、多一些理性，少一点主观、多一些实际。

其二，智慧旅游研究的目标在何方？智慧旅游作为旅游信息化发展的一个特殊阶段，这个阶段的显著特征就是以云计算为基础，以移动终端应用为核心，以感知互动等高效信息服务为特征的旅游信息化发展新模式。围绕探索这个新模式，智慧旅游发展的研究就有一个路径与方向的问题。简单地讲，到底是顺着技术路径深入研究，开创新的信息技术蓝海；还是以融合云计算、移动互联网等新的通信与信息技术为基础，以为游客、旅游企业和管理部门提供高效旅游信息化运用服务为目的。我以为，智慧旅游发展的研究更多的是信息技术的推广应用与旅游经营模式、管理体制的创新。如果能做一个简单与大致的分工，那么信息技术部门和从业者应当研究的是怎样从游客和旅游企业、旅游管理部门出发，通过信息技术提升旅游过程的全新体验和旅游产业的品质；而旅游企业和管理部门需要研究的则是如何鼓励和支持旅游企业广泛运用信息技术，通过科学的信息组织、流程设计和呈现形式，让游客方便快捷地获取旅游信息，帮助游客更好地安排旅游计划与决策，从而让游客的旅游过程更顺畅，旅游的舒适度和满意度更高。只有将智慧旅游作为一个多方参与、多角度研究的系统工程，智慧旅游才能推动传统旅游消费方式向现代旅游消费方式转变，并引导游客产生新的旅游消费习惯，创造新的旅游文化。

其三，智慧旅游对于现代信息技术的运用，难道是“拣到篮里的都是菜”吗？毋庸置疑，现代信息技术发展到今天，已经汇聚成日新月异的大浪潮，不断催生出一个接着一个的技术运用平台。这些五花八门、新鲜奇妙的新技术，每天都冲击着我们的视野与耳膜，窥视并期待闯进不同的市场，但真正被大众认可且经久不衰的却是少数。现代信息技术瞬息万变，而我们的智慧旅游需要的究竟是什么技术？当然，用来发展智慧旅游的信息技术很多，因为旅游产业的面实在太宽，纵深也大，各种技术几乎在这个领域都能找到用武之地。但是，旅游产业也有另一个难以回避的方面，劳动密集型且不论，投入产出周期很长、产能不高等因素，制约了产业运用高新技术的能力。因此，我们在发展智慧旅游的进程中不能不考虑以游客为本，以旅游产业为本，对现代信息技术的运用必须经得起时间与实践的检验，必须先进实用且价廉物美，这样游客和企业才能心甘情愿地与我们一道建设智慧旅游，我们也才能无愧于自己的职守。

正因为这些，我向读者郑重推荐这本书。期望我们的同道能通过这本书激发自己的创意思维，通过创意、创新，打造智慧旅游。从一定意义上讲，打造智慧旅游的核心竞争力，就是要寻求创新的、与众不同的特色，而创意正是这种寻求创新和特色的过程。

是为序。

周晓平

（江苏省旅游局旅游信息中心　主任）

2012 年 12 月 27 日

目　　录

引　　子[1]

当下，云计算、物联网、下一代移动通信等新技术汹涌而来，平板电脑、智能手机等新装备层出不穷，使用这些新技术和新装备的智慧旅游悄然逼近。

所谓智慧旅游，就是利用云计算、物联网等新技术，通过互联网/移动互联网，借助便携的终端上网设备，主动感知旅游资源、旅游经济、旅游活动、旅游者等方面的信息，及时发布，让人们能够及时了解这些信息，及时安排和调整工作与旅游计划，从而达到对各类旅游信息的智能感知、方便利用的效果。

一、描述

最近，天气很冷，打算到温暖的地方待几天。用手机上智慧旅游平台网，在网上查看了一下天气，三亚的气温基本在 20 多摄氏度，就选三亚为目的地。网上显示大东海和三亚湾周边没有合适的酒店，不是客满就是价格太贵，亚龙湾一带的 A 酒店还有少量的价格合适的客房。浏览了一下客房基本情况，陈设和朝向基本令人满意，尤其是 1608 号房间的一幅画我很喜欢，于是锁定了 1608 号房间。

再看一下交通情况，由于是旅游旺季，到三亚的飞机票差不多都在 2 000 元左右，有点贵。网上提示，最近到广州有不少特价机票，400—500 元，从广州到三亚的火车大概 13 小时，卧铺票价不到 400 元。如果先飞到广州，再乘当日的火车到三亚，第二天一早就到三亚了。虽然多了 12 小时左右，但每人省下了 1 000 元左右的路费和一个晚上的房费，应该是一个不错的选择，要不是网络告之，就得多掏钱了。赶紧用手机订下了某天的机票和火车票，因为手机上装有 RFID/NFC 芯片，并具有支付功能，立即被扣除了相应的费用，并反馈有关于机票和火车票的信息，同时记录在 RFID/NFC 芯片里。接着确定了被锁定的 1608 房间以及大致天数，其信息同样被反馈和记录，相应的费用也被扣除了。

---

① 原文刊于《中国旅游报》，2011 年 2 月 16 日.

在出发的那天，来到机场，把手机靠近自助终端，自动打印出一张登机牌，接着通过安检，就可以乘飞机走了。到广州火车站，用同样的方法坐上火车，第二天一早就到了三亚。三亚的天气果然不错。在三亚火车站确定了到酒店的路线后，坐上出租车就走，虽然是早高峰，但在网络的指引下调整了路线，绕过一个交通拥堵路段和一个交通事故路段，很快就到了酒店。

这家酒店加入了智慧旅游网络，它的前台被一排自助终端取代，工作人员也成为咨询和引导人员。在路上，就用手机给酒店房间里的浴缸放了洗澡水，还烧了一壶开水，也发现冰箱里没有我喜欢喝的饮料和茶叶。进入酒店，顺便在自助商店里买了一包茶叶，用手机支付了费用，然后就直接来到1608号房间门口，把手机靠近门锁，门就开了。放下行李，先泡一杯茶，再泡个澡，十分舒服。在网上查看了一下酒店及周边早点情况，随后吃了早点就上街溜达去了。

休息时，查看了一下周边特色饮食，选了一家餐馆，在网络菜单上点了几个特色菜，告诉大概到达的时间，预扣了定金。有意思的是，把一个味道发生器接上手机，点菜时不仅可以看到每道菜的配料、营养成分、种养殖与生长情况和成品图片，还可以闻到味道。当到达餐馆的时候，差不多可以直接就餐了。

就餐的时候，顺便用手机预订了天涯海角和南山风景区的门票，当然钱也就被扣掉了，天涯海角准备下午去，南山准备明天去。去天涯海角前，先在网络里浏览了它的资料，包括海水温度、纯度、大致游客人数、有无有害动物等资源特征，以及文字、图片、音频、视频、虚拟现实、FLASH动画等解说资料，感觉不错。

下午在天涯海角游玩，用手机检了票。通过智慧旅游平台，及时知道我的位置以及位置周围的景点分布，点击景点名称，就可以得到解说，像是带了一个随身的导游。另外，用手机拍了不少美景照片，及时发到网络上，与朋友们共享。第二天在南山风景区也是用手机作为导览设备，了解了不少知识，但还是觉得要更深入了解一下佛教知识，在网络上找了一个人（我也不认识他，甚至不知道他是什么地方的人），让他远程用视频进行讲解，讲得挺好，我在网上支付了他100元。

接下来的日子里，想进行环岛旅游。我在智慧旅游平台上点取了几个想去的地方：陵水—万宁—琼海—海口—儋州—东方，确定了游玩的时间和费用预算，网络很快传来了行程安排，具体时间和费用以及关于景点的资料都采用的是精美的幻灯片形式，同时提醒还有几个人也想这样环岛游，如果同行成旅游团可以优惠一些。我看了看，基本同意，做了一点修改提交上去。最终的行程传来后，我点击同意，知道相关的费用也被冻结了。没多久，有人打电话确认后，一条消息传过来，告诉我们乘车时间、地点、车型、牌照号码、司机姓名和联系方式等等。我知道，有许多工作是物联网自动完成的，后面也有许多人为我们的旅行在做安排。

旅行是令人满意的，途中不忘随时关注回程的票务，并预订。旅行结束后，点击结束，相关费用自动进行结算，还弹出一个点评页面，我填写后被告之将获得一个纪念品。在回到酒店时，发现纪念品已经放在酒店的房间里，是一个用贝壳做的装饰品，很漂亮。

在离开海南岛的最后几天，准备从岛中间作一次旅行，然后从海口返回。在智慧旅游平台上，点击了五指山—琼中—屯昌—海口，这次我们要自由行，网络很快进行了安排。

在宾馆退房时，按一个退房键，很快有一个结算单显示出来，看看没有什么差错，点击确定就走了。在大堂的自助终端上，将手机靠近，立刻一张发票打印出来，然后就直奔五指山市。自由行也是令人愉快的，中间我们还修改了几次行程，网络及时进行了调整，一切按我们的意愿进行，这大概是旅游电子商务的 C2B 模式。在我们回到家的时候，许多旅途中的消费发票已经寄到了。

以上是智慧旅游的愿景，相信不久我们就会体验到部分功能。

二、问题的提出

1. *旅游信息存在的不足之处*

互联网的发展为旅游信息的发布和查找提供了极大的便利，而国家的“金旅工程”更是推动了我国旅游信息化的进程，现在人们可以查找到无数的旅游信息，为旅游出行作参考。但是，我国目前的旅游信息还存在一些不足之处。

一是旅游信息分布分散，使用上有不便之处。我国基本上每一级旅游局都有旅游网站，还有相当多的旅游企业、景区也有自己的网站，再加上旅游电子商务等的专业网站，林林总总，应该有不下一万个网站。另外，还有很多旅游信息隐藏在各类网站里，如社区、博客等。要在这么多的网站里获取旅游信息，有相当的难度。虽然有谷歌、百度等门户网站帮我们查询，其搜索的结果也是数量庞大，要在里面找到所需的信息不是容易的事。

二是旅游信息不完整、不全面。仍然有很多旅游信息没有被披露出来，尤其是没有开发的旅游资源，还有就是大量的旅游规划中有待建设的信息。这些信息对于那些越来越多的如自由行、自驾游、徒步游等等彰显个性的旅游方式所需要。即使在已经被披露的旅游信息里，也有不完整的地方，如位置内容，使用起来也有不方便的地方。

三是旅游信息更新慢。只有极少数的网站有自己的网络工程师，可以自己维护和更新信息，而许多网站的维护和更新需要请专业的网络公司来进行。因为所付的费用有限，很难做到及时更新，而如果缺乏专门的负责人员，则更新更慢，有的网站上甚至还是几年前的内容。

2. *旅游信息需要跟上新技术的发展*

如果出门旅游，带上照相机、摄像机、手机、上网本、导航仪等装备，在风景区再租一个导览设备，这是何等累赘。

最近几年，云计算、物联网/泛在网、移动通信/移动互联网发展速度非常快，电脑从台式机、笔记本、上网本向平板电脑推进，层出不穷的智能手机整合了 PDA、GPS 导航仪、照相机/摄像机、浏览器等等功能，这些新技术和新装备为旅游信息的获取和发布提供了很好的技术支撑。

如何更好地利用新技术，利用旅游者自身携带的装备，是智慧旅游需要解决的事情。

3. 政策依据

国家中长期科技发展规划纲要（2006—2020）第三部分（重点领域及其优先主题）中第 7 点（信息产业及现代服务业）首先提到的优先主题：

“（40）现代服务业信息支撑技术及大型应用软件重点研究开发金融、物流、网络教育、传媒、医疗、旅游、电子政务和电子商务等现代服务业领域发展所需的高可信网络软件平台及大型应用支撑软件、中间件、嵌入式软件、网格计算平台与基础设施、软件系统集成等关键技术，提供整体解决方案。”

从政策层面上把旅游和云计算（网格计算）结合起来，作为信息产业优先发展的主题，也说明了基于云计算技术的旅游信息平台是智慧旅游的基础。

2009 年，国务院出台了《关于加快发展旅游业的意见》，第五条提出：“建立健全旅游信息服务平台，促进旅游信息资源共享。”第十条提出：“以信息化为主要途径，提高旅游服务效率。积极开展旅游在线服务、网络营销、网络预订和网上支付，充分利用社会资源构建旅游数据中心、呼叫中心，全面提升旅游企业、景区和重点旅游城市的旅游信息化服务水平。”这些都说明旅游信息服务政策已经提上议事日程，尤其是要建立一个能共享旅游信息的大型平台。

三、技术支撑

目前，支撑智慧旅游的技术逐渐成熟和完善，打造智慧旅游的时机已经到来。

1. 必要条件

云计算是在分布式计算、并行计算、网格计算的基础上提出的一种新型计算模型，它提供了可靠安全的数据存储、强大的计算能力和方便快捷的互联网服务。目前国内不少地方正在和准备建设云计算中心。旅游业运用云计算搭建旅游信息平台，其优点在于：首先可以将大量甚至海量的旅游信息存放于云计算中心，旅游者可以直接在平台上查询各种旅游信息，无需东找西找，这些平台信息最终连接到目标信息，类似于 Google 搜索，使用起来十分方便；其次，许多中小型旅游企事业单位无需自己购买服务器和建立网站，只需将信息存放在云计算中心，便可进行管理和发布旅游信息，大大地降低了成本。

2009 年，温家宝总理在无锡提出“感知中国”，拉开了我国物联网建设的新局面。将各种感知设备和识别设备获得的位置、温度、味道、重力、声音、压力、文字、图像、数量等等信息通过网络传递，并由处理中心进行加工、分析和控制，构成了物联网。由通信网、互联网、物联网构成了泛在网。泛在网实现了人与人、人与物、物与物之间的信息交换，例如人与人之间的通信、短信息、电子邮件、聊天，以及共享信息的社区、博客等等；人与物之间的位置、温度、声音等感知和网络预订、支付、远程控制等等；物与物之间的自动控制、报警、银行结算等等。旅游利用物联网/泛在网可以知道位置，知道旅游资源的特征信息，知道哪儿拥挤、哪儿有停车位；可以网上预订、网上支付；可以使车、船、机票和门票完全无纸化；可以与家人、同学、同事、朋友、队友、团友、旅友分享旅游乐趣；可以在外了解和控制家居；等等。物联网中被旅游使用最普遍的恐怕是 GPS、RFID/NFC 等传感器设备，这些设备将用来确定位置、进行数据交换、确认身份、产生电子票据、移动支付，甚至可以开启宾馆的智能门锁。

2009 年，我国发放了 3 张 3G 移动通信牌照，3G 正式进入人们的生活。3G 的推出，极大地推动了移动互联网的发展，使人们随时随地可以上网，不受场地和时间的限制，其上行和下行速度媲美桌面电脑，也推动了上网本和智能手机的销量飞速上升。我国将很快推出 4G，使得移动互联网的速度变成 3G 的几十倍，甚至可以在高速运动中也能上网。届时，覆盖范围更广、运行速度更快的移动通信网络将彻底实现随时随地上网的局面。人们只需要一个小型的上网终端，如智能手机，就可以随时随地随心地获取和使用旅游信息。现在，已经有一些旅游电子商务网站开始推出手机版网站。

云计算、物联网/泛在网、移动通信/移动互联网是智慧旅游的必要条件，这些条件已经具备，智慧旅游可以着手建设。

2. 充分条件

移动互联网的发展也促使智能移动终端蓬勃发展，其中智能手机和平板电脑将是下阶段的生力军。

智能手机除了具有手机的功能，也具有电脑的许多功能，如上网、处理电子邮件、看书(文件)、交友、玩游戏等等；还具有电脑所不具备的功能，如拍照、摄像、GPS 导航等等。强大的功能使智能手机得到许多人的厚爱，我国智能手机的占有率已达到 10%，而美国、日本等国更高。世界上许多手机生产商，如 Apple、Motorola、Nokia、Samsung、HTC 和联想等等，和许多软件系统，如苹果的 iOS、谷歌的 Android、诺基亚的 Symbian、微软 WP7 等等，都将智能手机作为未来的主要发展方向。

而电脑也在逐渐克服其不足的一面，超便携是它的发展方向，功能更多，体积更小，已经经历了从笔记本到上网本再到平板电脑的历程。随着2010年初苹果推出iPad平板电脑大热以后，世界各地掀起了平板电脑热，许多大电脑制造商纷纷跟进，准备推出自己的平板电脑，而小制造商的仿制品正在渗入市场。市场预计在2010年下半年和2011年将是平板电脑蓬勃发展的时期。能上网、拍照片、多点触控是平板电脑的基本要求，未来装有射频或短距离通信(RFID/NFC)芯片、GPS导航模块是平板电脑的发展方向。

智能手机和平板电脑的超便携性，为智慧旅游提供了硬件支撑，使移动互联网有了使用的载体。当4G时代到来的时候，智能手机、平板电脑或者其他目前还未知的超便携终端，它们的普及程度将非常之高，届时，智慧旅游也就随之普及。

四、基本框架

智慧旅游首先构建数据中心，再沟通服务端和使用端，因此它包括三个大的部分，即数据中心、服务端、使用端。

三个部分通过互联网/物联网相互联结。服务端是直接或间接为旅游者提供服务的企事业单位和个人，如政府管理部门、相关部门、咨询机构、旅游企业等；使用端为广大的旅游者，拥有能够上网的终端设备，尤其是超便携上网终端(如平板电脑和智能手机)；数据中心由大量存储有各类旅游信息的服务器组成，有专门的机构负责进行数据的维护和更新。

数据中心即是智慧旅游的云端，可以称为旅游云，将服务端和使用端联系起来。海量的旅游信息处理、查询等计算问题由数据中心自动完成，这就是智慧旅游中的云计算。服务端将自己的各类信息及时放在数据中心，无须再自己购买服务器和维护信息；使用端根据自己的要求，从数据中心提取信息，需要服务时可以与服务端进行交换，使用端可以直接向服务端付费(网上银行、现场付费)，也可以通过数据中心付费(类似于淘宝的支付宝)。

通过使用端软件平台，智慧旅游中的旅游信息以主动弹出的方式出现，配以网络地图，能够让旅游者知道这些旅游服务在什么地方可以得到，离自己距离多少，甚至知道某个酒店还有多少房间，某个景点需要排队多长时间。这样不会遗失某些旅游信息和服务(如景点、旅游活动、某个人等等)，也不会由于信息不全而采取了不恰当的行为(如走错路、排错队)。在多点触控的超便携终端(如苹果的iPad、iPhone)上，轻点指头即可展开详细信息。

主动显示旅游信息摆脱了输入关键词查询的不便之处，尤其是有许多旅游信息在你身边的时候，无法一一去查询这些信息。目前有几款手机软件，如街旁、邻讯等，提供类似功能，但也没有达到最方便的程度。如果查找分类信息，用关键词查是比较方便的，智慧旅游也同时采用关键词查找。

五、基本功能

从使用者的角度出发，智慧旅游主要包括导航、导游、导览和导购（简称“四导”）四个基本功能。

1. 开始位置服务——导航

将位置服务（LBS）加入旅游信息中，让旅游者随时知道自己的位置。确定位置有许多种方法，如GPS导航、基站定位、WiFi定位、RFID定位、地标定位等等，未来还有图像识别定位。其中，GPS导航和RFID定位能获得精确的位置。但RFID定位需要布设很多识别器，也需要在移动终端上（如手机）安装RFID芯片，离实际应用还有很大的距离。GPS导航应用则要简单得多。一般智能手机上都有GPS导航模块，如果用外接的蓝牙、USB接口的GPS导航模块，就可以让笔记本电脑、上网本和平板电脑具备导航功能，个别电脑甚至内置有GPS导航模块。GPS导航模块接入电脑，可以将互联网和GPS导航完美地结合起来，进行移动互联网导航。

传统的导航仪无法做到及时更新，更无法查找大量的最新信息；而互联网则信息量大，但无法导航。高端的智能手机有导航，也可以上互联网，但二者没有结合起来，需要在导航和互联网之间不断地切换，不甚方便。

智慧旅游将导航和互联网整合在一个界面上，地图来源于互联网，而不是存储在终端上，无须经常对地图进行更新。当GPS确定位置后，最新信息将通过互联网主动弹出，如交通拥堵状况、交通管制、交通事故、限行、停车场及车位状况等等，并可查找其他相关信息。与互联网相结合是导航产业未来的发展趋势。

通过内置或外接的GPS设备/模块，用已经连上互联网的平板电脑在运动中的汽车上进行导航，位置信息、地图信息和网络信息都很好地显示在一个界面上。随着位置的变化，各种信息也及时更新，并主动显示在网页上和地图上。这些体现了信息表达的直接、主动、及时和方便的特征。

2. 初步了解周边信息——导游

在确定了位置的同时，在网页上和地图上会主动显示周边的旅游信息，包括景点、酒店、餐馆、娱乐、车站、活动（地点）、朋友/旅游团友等等的位置和大概信息，如景点的级别、主要描述等等，酒店的星级、价格范围、剩余房间数等等，活动（演唱会、体育运动、电影）的地点、时间、价格范围等等，餐馆的口味、人均消费水平、优惠等等。

智慧旅游还支持在非导航状态下查找任意位置的周边信息，拖动地图即可在地图上看到这些信息。

周边的范围大小可以随地图窗口的大小自动调节，也可以根据自己的兴趣点

(如景点、某个朋友的位置)规划行走路线。

3. 深入了解周边信息——导览

(触摸)点击感兴趣的对象(景点、酒店、餐馆、娱乐、车站、活动等等),可以获得关于兴趣点的位置、文字、图片、视频、使用者的评价等等信息,深入了解兴趣点的详细情况,供旅游者决定是否需要它。

导览相当于一个导游员。我国许多旅游景点规定不许导游员高声讲解,而采用数字导览设备,如故宫,需要游客租用这种设备。智慧旅游则像是一个自助导游员,有比导游员更多的信息来源,如文字、图片、视频和3D虚拟现实,戴上耳机就能让手机/平板电脑替代数字导览设备,无须再租用这类设备了。

导览功能还将建设一个虚拟旅行模块,只要提交起点和终点的位置,即可获得最佳路线建议(也可以自己选择路线),推荐景点和酒店,提供沿途主要的景点、酒店、餐馆、娱乐、车站、活动等等资料。如果认可某条线路,则可以将资料打印出来,或存在系统里随时调用。

4. 等着享受——导购

经过全面而深入的在线了解和分析,已经知道自己需要什么了,那么就可以直接在线预订(客房/票务)了。只需在网页上自己感兴趣的对象旁点击"预订"按钮,即可进入预订模块,预订不同档次和数量的该对象。

由于是利用移动互联网,游客可以随时随地进行预订。加上安全的网上支付平台,可以随时随地改变和制订下一步的旅游行程,而不浪费时间和精力,也不会错过一些精彩的景点与活动,甚至能够在某地邂逅特别的人,如久未谋面的老朋友。

六、市场前景

2009年我国国内旅游者达到19亿人次,旅游收入达到1.26万亿元;2010年预计国内旅游者达到21.5亿人次,旅游收入达到1.44万亿元。互联网的发展,使新兴的在线旅游市场发展势头迅猛,2006年国内网上旅游交易额已达40亿—50亿元,占整个旅游市场的1%;到2010年网上旅游所占据的整个份额将会接近15%,达到2 000亿元规模。

随着移动互联网的发展,持有智能移动终端(智能手机、上网本、平板电脑等)的用户越来越多,利用移动互联网进行在线旅游预订的份额也会越来越多。以达到智能手机占有率50%计算,我国持有智能手机的旅游者将超过10亿人次或更多。有人做过调查,旅游者愿意支付10元/日的旅游信息咨询费用(包含上网流量费),那么每人次的旅游咨询费(含流量费)有30—50元基本水平,仅仅用智能手机通过移动互联网的线上收入将超过300亿—500亿元/年,实际数据将会大得多,并且会以极快的速度发展。

旅游电子商务的发展非常迅速，有酒店和机票预订的如携程、艺龙、同程等，有门票预订的驴妈妈等，有线路预订的途牛等，有酒店管理的世纪罗盘等，还有很多大大小小的专业的和与旅游相关的预订网络。这些旅游电子商务网站构成了目前网上旅游收入的主力军，并且增长速度很快。智慧旅游是网上旅游交易的助推剂，而移动支付是另一个强大的助推剂，未来旅游收入的60%—80%将通过网络支付，其规模超过1万亿元/年。

智慧旅游还将推动旅游的一些行业物联网的建设，如景区的智能门票系统、酒店的智能门禁系统、大型游乐场的智能排队系统，目前还无法估计市场规模的大小，至少应该在千亿元级别。

七、责任

智慧旅游首先要采集大量的旅游信息，这些信息放在一些云计算中心，可以称这些旅游信息为旅游云。旅游云可以通过网络随时获取，按需使用，随时扩展，具有超大规模、虚拟化、可靠安全等特征。

旅游云里有相当多的信息是面向所有使用者免费使用的，比如旅游资源的状况、旅游景点的解说、旅游交通状况、酒店介绍与等级、景区等级、导游资格等等，这些信息应该尽可能全面地披露和告知，可以称之为旅游公用云(公共云)。这就需要一个公共的旅游信息发布平台，全面地采集旅游信息，发布信息，及时地更新信息。公用云是非营利的服务，应该由政府来负责，包括旅游及相关主管部门和信息产业主管部门，提供必要的经费和政策，搭建平台，采集信息，维护信息，发布信息。

旅游云里还有相当多的信息归私人所有，包括企业、事业和个人，有些是有偿服务的信息，如音频和视频导游解说、网络支付、网上预订等等；有些是内部信息，不想让别人知道，如企业的财务、采购、人事、客户、管理等资料：这些信息可以称为旅游私有云。私有云由企业、事业单位和个人进行建设和维护，一些大型的连锁企业甚至可以自己搭建自己的私有云计算中心，内部运行，外部难以进入。

八、一些进展

国家“金旅工程”和旅游电子商务的发展，使旅游信息的披露和使用大大方便，个别旅游电子商务公司开始准备C2B的业务。2010年，海南省开始在三亚市试点旅游信息采集工作，南京市正式启动了智慧旅游工程。更有不少企业在研制用于旅游方面物联网的传感器设备和技术，如酒店的智能门禁系统、景区的容量感应系统、手机加载RFID芯片等等，也有个别企业利用云计算技术搭建中小酒店的管理平台。2010年一些与智慧旅游相关的研讨会、论坛也开始多了起来。所有这些迹象表明智慧旅游已经渐行渐近，而2011年智慧旅游将会是旅游界讨论的热点话题。

第一章

什么是智慧旅游？

一、智慧地球

2008年11月6日，IBM CEO Samuel Palmisano在纽约外交事务委员会上作重要演讲。演讲中，他特别强调：Al Gore、Jeffrey Immelt和Barack Obama声称美国将引领世界摆脱危机，走向繁荣。他把未来的这一景象称为"智慧的地球"(Smarter Planet，习惯称"智慧地球")，指出智慧地球的核心是以一种更智慧的方法通过利用新一代信息技术来改变政府、公司和人们交互的方式，以便提高交互的明确性、效率、灵活性和响应速度。①

技术的发展推动着社会的进步，信息化与我们的学习、工作与生活已经密切相关。"智慧地球"的概念从发展的角度提出了未来社会信息化发展的三个基本特征：

(1) 世界正在向仪器/工具化方向演变——The world is becoming instrumented;

(2) 世界正在向互联化方向演变——The world is becoming interconnected;

(3) 所有事物正在向智能化演变——All things are becoming intelligent。

源自IBM的描述：第一，世界正在走向仪器/工具化。想象一下，每一个人可以分到10亿只晶体管；传感器可以到处嵌入——在汽车里、各种用具中、摄像与照相机中、道路上、管线上甚至医疗器械材料中和牲畜中。第二，世界正在走向互联化。互联网上的网民数量已接近20亿，但系统和对象尚不能相互对话。想象一下万亿互联的智能物品，以及它们将会产生的数据海洋。第三，所有的仪器/工具化与互联化的物品正在变得智能化。它们正在被联入强大的新系统，新的系统可以处理所有互联对象产生的数据，并以实时分析的方式将结果呈现出来。

仪器/工具化、互联化与智能化将是我们生活世界不可避免的发展趋势，也是

---

① 钱大群. 智慧地球赢在中国，IBM商业价值研究院[EB /OL]. http://www.ibm.com/ smarterplanet/cn/zh/overview/ideas/index.html? re = sph，2010 - 01 - 12.

智慧地球概念的三个支柱。下面再看一看IBM公司对"智慧地球"概念的具体表述。

根据IBM智慧地球网站提供的信息：截止到2010年，集成电路的发展已可以为每一个地球人分配10亿只晶体管，而每只晶体管的成本大约仅为千万分之一美分，因而我们生活的世界正在走向仪器/工具化；已有的万亿件网络连接起来的物品——汽车、铁路、管线、各种器具、医用药品与器械甚至牲畜，相关的信息在指数性增长，因而我们生活的世界正在走向互联化；各种算法和强大的系统可以分析复杂的问题，并将堆积如山的数据转化为实际的决策和行动，使得我们生活的世界运转得更好、更智慧。所有的物品正在走向智能化。

怎样才算是一个智慧的地球呢？首先，世界可以进行更透彻的感应和度量。各种创新的感应科技被嵌入汽车、家电、公路、水利电力等设施当中，令物质世界数据化。第二，世界可以实现更全面的互联互通。随着互联网的高速发展，将有20亿人和无数事物以不同的方式联入网络，并产生海量信息。第三，世界可以获得更深入的智能洞察。先进技术和超级计算机可以将堆积如山的数据信息转化成实实在在的洞察，帮助人类做出正确的行动决策。

美国IBM公司在提出"智慧地球"概念的同时，提出了21个支撑"智慧地球"概念的主题，涉及能源、交通、食品、基础设施、零售、卫生保健、城市、水、公共安全、建筑、工作、智力、刺激、银行、电信、石油、轨道交通、产品、教育、政府和云计算（如图1.1所示）。

图1.1　智慧地球概念

由图1.1可见，智慧地球概念下辖的21个主题覆盖了现代社会人们学习、工作和生活的主要方面。也可以认为，在图所列示出的21个主题范围内实现了智慧互联、信息即时共享与优化利用，我们生活的地球从宇宙视角来看，也就体现出了一个智慧地球的样子。

在智慧地球上，人们可以减少不必要的能源浪费，合理有效地利用地球的能源资源以及进行新能源的开发；人们可以规划与修筑适当的交通道路并实现智能交通管控，实现宜人、宜车、宜环境、宜能量消耗，有效避免交通拥堵，实现快速高效的交通运输；人们可以获得充足、新鲜、安全的各类食品；基础设施建设可以满足不同层次、不同层面的需要；零售可以延伸到人们居住的社区，实现全天候 24 小时营业、自助服务、及时补货；卫生保健方面可以合理配置医疗资源，人人享受卫生保健并及时获得健康指导，大幅提高人们生活的健康指数；城市功能配置合理、资源充分利用，宜居与可持续发展相宜；水资源调配设施合理，节水用水意识深入人心，不同水资源开发利用与再生水资源合理平衡，清洁饮用水资源充沛，输配满足宜人宜居和工作需要；等等。

二、智慧城市

“智慧城市”是“智慧地球”从理念到实际、落地城市的举措。IBM 认为：21 世纪的“智慧城市”能够充分运用信息和通信技术手段感测、分析、整合城市运行核心系统的各项关键信息，从而对于包括民生、环保、公共安全、城市服务、工商业活动在内的各种需求做出智能的响应，为人类创造更美好的城市生活①（图 1.2）。该定义的实质是用先进的信息技术，实现城市智慧式管理和运行，进而为城市中的人们创造更美好的生活，促进城市的和谐、可持续成长。

图 1.2　智慧城市

① IBM：智慧城市在中国[EB/OL]. http:// www. ibm. com/smarterplanet/cn/zh/sustainable_cities/ideas/index. html，2007 - 12 - 04.

2008年IBM公司提出了“智慧地球”战略，美国政府积极回应并将它写进创新战略。爱荷华州迪比克市与IBM共同宣布，将建美国第一个“智慧地球”城市，MIT的Smart City研究中心提出在智慧城市中需要突破三个关键技术。所谓智慧城市，是指充分借助物联网、传感网，涉及智能楼宇、智能家居、路网监控、智能医院、城市生命线管理、食品药品管理、票证管理、家庭护理、个人健康与数字生活等诸多领域，把握新一轮科技创新革命和信息产业浪潮的重大机遇，充分发挥信息通信(ICT)产业发达、RFID相关技术领先、电信业务及信息化基础设施优良等优势，通过建设ICT基础设施、认证、安全等平台和示范工程，加快产业关键技术攻关，构建城市发展的智慧环境，形成基于海量信息和智能过滤处理的新的生活、产业发展、社会管理等模式，面向未来构建全新的城市形态。

2009年4月，美国正式公布了72亿美元的国家宽带网络发展计划。2010年3月美国联邦通信委员会(FCC)正式对外公布了未来10年美国的高速宽带发展计划，将目前的宽带网速度提高25倍，到2020年以前，让1亿户美国家庭互联网传输的平均速度从现在的每秒4兆提高到每秒100兆。而此前的20世纪90年代，克林顿政府也曾耗资2 000亿—4 000亿美元，用20年时间建成美国国家信息高速公路基础设施，创造了巨大的经济和社会效益，并成为全球信息产业强国。

欧盟目前正抓紧制定“2020战略”。阿姆斯特丹在2000年就启动了智能城市建设，2007年成立智能工作中心。在欧洲与智慧城市相关的方案中，柏林侧重交通，巴黎侧重规划，都柏林强调水资源管理，斯德哥尔摩强调市民与政府的互动，维也纳关注民生等。而罗马学者提出过一种以事件驱动的智慧城市架构。欧盟2009年6月提出了“欧盟物联网行动计划”，2010年9月又启动了“欧洲网络基础设施项目(EGI)”。德国制定了e欧盟-欧洲宽带战略(i2010)，其目标一是所有家庭在2020年实现宽带接入，二是在2014年75%以上家庭宽带达到50Mbps。德国总理默克尔2010年3月1日宣布德国将在夏季推出互联网战略，助推德国经济发展。

澳大利亚计划在8年时间内投资430亿澳元，使90%以上的家庭带宽达到100M bps，是现有网络速率的100倍。

日本在Future Design Center中提出“Smart City”计划。神户的智慧城市计划侧重于能源和环境。2009年，为应对全球经济衰退，日本政府紧急出台“数字日本创新计划”，力图促进绿色、智能等新兴产业发展。

韩国U-City(Ubiquitous City)计划是U-Korea(Ubiquitous Korea)的一部分，其国内已有超过10个城市参与了此项计划。

新加坡提出“智慧国2015计划”，将ICT技术应用到各行业、各领域。

从以上各国战略布局可以看出，发达国家正全力进行战略布局的都是“智慧城市、物联网、智能化、宽带”等与百姓生活密切相关的新一代信息产业。

三、智慧旅游

"智慧的旅游"(习惯称"智慧旅游")是一个全新的命题,它是一种以物联网、云计算、下一代通信网络、高性能信息处理、智能数据挖掘等技术在旅游体验、产业发展、行政管理等方面的应用,使旅游物理资源和信息资源得到高度系统化整合和深度开发激活,并服务于公众、企业、政府等的面向未来的全新的旅游形态(见图1.3)。它以融合的通信与信息技术为基础,以游客互动体验为中心,以一体化的行业信息管理为保障,以激励产业创新、促进产业结构升级为特色。东南大学黄羊山副教授最早对智慧旅游进行了探讨,他认为智慧旅游就是利用云计算、物联网等新技术,通过互联网/移动互联网,借助便携的终端上网设备,主动感知旅游资源、旅游经济、旅游活动、旅游者等方面的信息,及时发布,让人们能够及时了解这些信息,及时安排和调整工作与旅游计划,从而达到对各类旅游信息的智能感知、方便利用的效果。

智慧旅游的特点如下:

(1) 基于物联网技术,通过在各类旅游资源和旅游服务设施中敷设多种类型的传感设备来感知旅游资源的各类信息;

(2) 采用各种通信网络与互联网结合传递各类感知或控制信息;

(3) 结合云计算、模糊识别等各种智能计算技术,整合各类感知信息,进行数据分析等,实现旅游智能化的决策、控制和个性化服务。

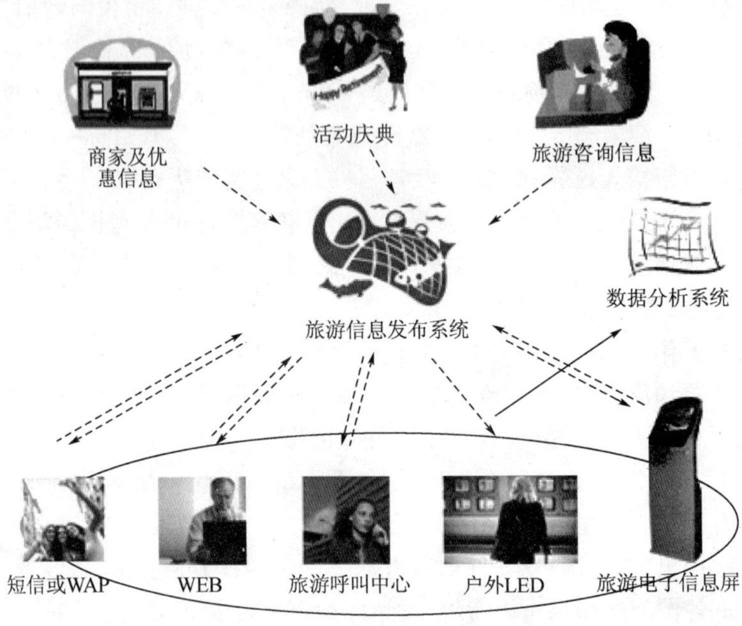

图 1.3　智慧旅游系统

而智慧旅游三大关键就是数据化、互联化、智能化，做到全面感知、全面传输、人性处理。

全面感知的本质是使旅游资源能被计算机识别，然后形成整体的数据网络，从而实现数据信息的即时交互。感知技术有传感技术、RFID 技术、GPS 技术、视频识别、红外、激光、扫描等(见图 1.4)。

图 1.4　感知技术

互联化的全面传输所运用到的技术包括互联网技术和移动通信技术等，主要分为远距离通信技术(GSM、GPRS、UMTS 等)、近距离通信技术(WiFi、蓝牙、Zigbee、RFID 和 UWB 等)以及基于 GPS、无线终端和网络的位置服务技术等(见图 1.5)。

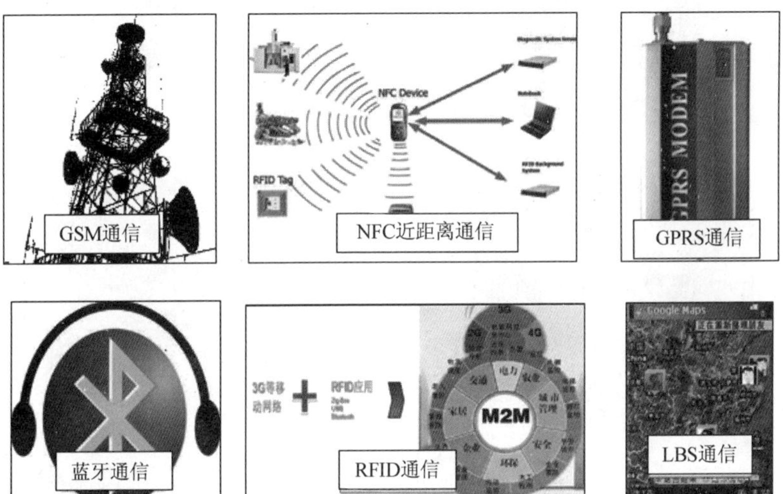

图 1.5　通信技术

目前实行智能处理的技术有云计算、模糊识别等。云计算不但是新技术的结合，更是一种业务模式的创新。云计算通过网络把多个成本相对较低的计算实体整合成一个具有强大计算能力的完美系统，并借助 SaaS、PaaS、IaaS、MSP 等先进的商业模式把强大的计算能力分布到终端用户手中(见图 1.6)。

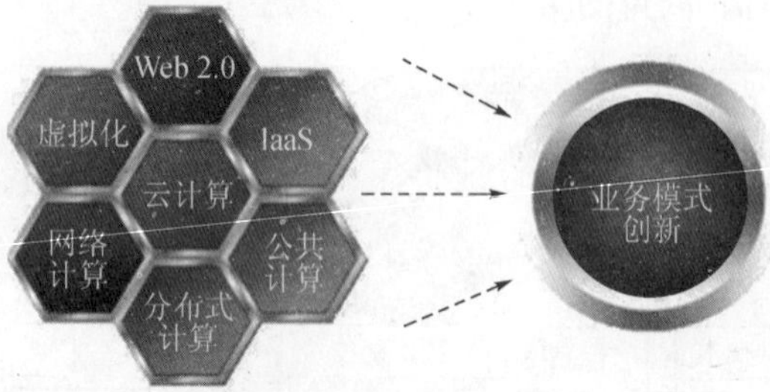

图 1.6　云计算不但是新技术的结合，更是业务模式的创新

智慧旅游的三大应用包括智能识别、智能监测与定位跟踪。目前智能识别主要应用于景区电子门票与景区智能导览两方面(见图 1.7)，智能监测主要应用于景区客流监控以及景区资源管理(见图 1.8)，定位跟踪则主要体现在基于 LBS 的位置服务与景区的应急处理(见图 1.9)。[①]

景区电子门票　　景区智能导览

图 1.7　智慧旅游智能识别的应用

景区客流监控　　景区资源管理

图 1.8　智慧旅游智能监测的应用

① 刘峰. 打造智慧旅游　提升游客体验[R]. 第二届中国旅游信息化发展论坛，2010 年 12 月 18—19 日.

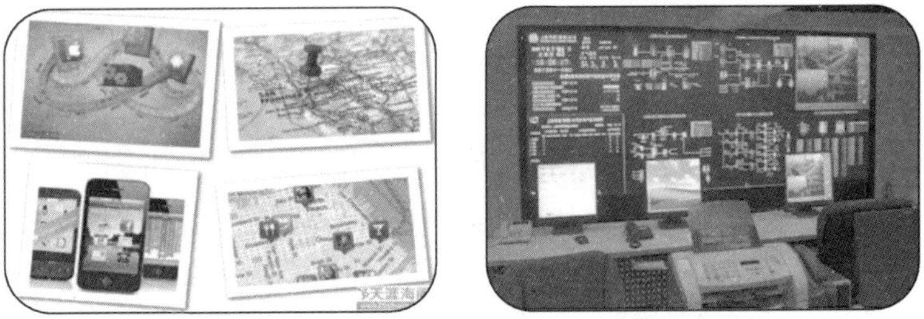

LBS位置应用　　　　景区应急处理

图 1.9　智慧旅游定位跟踪的应用

四、智慧旅游的必要和充分条件

众所周知，不管是旅游还是其他行业的新兴理念，在其成长之初总会经历一段相当时间的徘徊储备期，一旦时机成熟就会迅猛发展。就目前来讲，自 2010 年提出智慧旅游理念以来，它以其独特和前卫的理念，以及对旅游业未来发展动向的准确感知，很快得到了国家旅游局等相关部门和部分专家学者的青睐。随着支撑智慧旅游的相关技术的逐渐成熟和完善，有关政策环境日益优化，以及有关学者对其认识的不断深化，笔者认为智慧旅游的发展机遇已经到来。

1. 智慧旅游发展的充分条件

(1) 旅游发展的瓶颈亟待突破

经过改革开放后三十多年的发展，中国旅游业取得了举世瞩目的成就，不管是从旅游人数还是从旅游收入来说，中国都已经迈入旅游大国行列。但是在这样大跨步发展的背后，很多问题也在慢慢凸显出来，笔者将这些问题总结如下。

① 旅游人才匮乏。据《海南省旅游人才发展状况调研报告》预测：到 2020 年海南省旅游人才队伍总量至少要达到 47.7 万人，人才需求缺口将超过 20 万人。从全国来看，这样的状况将更加严峻。

② 黄金周等旅游旺季，景区管理压力过大。以故宫为例，2011 年黄金周期间的日接待量一度突破 13 万人，远超过景区预定的 8 万人上限，对景区的保护和管理增加了压力，同时游客的旅游体验也大打折扣。

③ 旅游交通瓶颈制约旅游业发展。由于游客往往在旅游时间和空间上扎堆，造成一段时间内旅游交通难以满足大众需求。交通事故频发、道路阻塞、停车位难寻等一系列问题都在考验着脆弱的旅游交通。

④ 旅游业的其他问题。诸如在旅游城市打车难、导游宰客现象时有发生、宾馆住宿紧张等问题。

上述这些问题的出现，如果得不到及时有效的解决，将极大制约我国旅游业的进一步发展。因此，旅游业发展瓶颈亟待突破的现状也在呼吁新的旅游形式和旅游科技给旅游注入发展的新活力。

(2) 国家相关政策支持

纵观历史来看,不管是地方发展还是科技的大范围推广,无不是在政府的助推下或者政策的支持、指引下才取得的。因此,智慧旅游若想得到跨越式的进步,也需要政策杠杆的强力助推。2005 年 12 月,国务院发布《国家中长期科学和技术发展规划纲要(2006—2020)》,在其第三部分(重点领域及其优先主题)中的第 7 点(信息产业及现代服务业)首先提到这样一个优先主题:“现代服务业信息支撑技术及大型应用软件”,将重点开发研究金融、物流、传媒、医疗、旅游、电子商务和电子政务等现代服务业领域发展所必需的高可信度网络软件平台以及大型应用支撑软件、嵌入式软件、软件系统集成、网格计算平台与基础设施等关键技术,并据此提供整体解决方案。

2009 年 11 月,国务院出台了《关于加快发展旅游业的意见》,提出“建立健全旅游信息服务平台,促进旅游信息资源共享” 以及“以信息化为主要途径,提高旅游服务效率,积极开展旅游在线服务、网络营销、网络预订和网上支付,充分利用社会资源构建旅游数据中心、呼叫中心,全面提升旅游企业、景区和重点旅游城市的旅游信息化服务水平”。同时,在国家最近公布的“十二五”规划纲要中,也明确提出建设新一代信息技术产业,这其中将重点发展新一代移动通信、下一代互联网、三网融合、物联网、云计算、集成电路、新型显示、高端软件、高端服务器和信息服务等等。

这些都充分说明,国家已经将建立旅游信息服务政策提上议事日程,尤其是要建立一个能共享的大型的泛旅游信息平台。在上述技术成熟应用的基础上,将诸如物联网、云计算、移动互联网与旅游结合起来,创建一个迅速便捷的旅游信息平台,是智慧旅游发展的基础和前提。

(3) 各地政府和旅游局的积极响应

2010 年,江苏省提出了“智慧旅游”概念并在南京、镇江等市进行探索。南京也是国家旅游局“智慧旅游”的一个试点城市,也是在全国较早响应“智慧旅游”理念的城市。2011 年 4 月 13 日下午,南京“智慧旅游”建设启动仪式在古南都饭店隆重举行。南京市政府、江苏省旅游局等相关机构和省邮电规划设计院、中国电信南京分公司、中国移动南京分公司、中国联通南京分公司等合作单位参加仪式,还特别邀请中国科学院、国家物联网产业研究院等物联网方面专家参加。在发布会现场,也首次向大家展示了一期建设的六大项目:南京游客助手、智慧旅游互动式体验终端、乡村旅游营销平台、智慧景区试点、旅游执法 e 通和智慧旅游中央管理平台。而在这之前,2011 年 3 月,南京市就已经出炉了《南京市“智慧旅游”总体设计方案》。

2010 年 3 月,随着“智慧扬州”计划在京通过论证,扬州打造“智慧旅游”的愿景也越来越清晰。“十二五”期间,扬州将实现智能观光模式,积极推动和适应旅游“散客时代”的到来。届时,世界各地的游客即使在人生地不熟的环境之下,也能够尽情地玩乐，打破语言、国籍、文化的隔阂，充分了解扬州历史背景、本地特色、文化古迹，实现“世界旅游”的美好设想。为此，扬州智慧旅游将建立集旅游景点、旅游交通、旅游企业、旅游资源、旅游产品、旅游服务设施、旅游教育、旅游人才等信息资源数据库，建成囊括海量旅游信息的系统，还将通过信息化手段，依靠网络、手机各种服务终端机作为载体来传播。

此外，镇江、北京等也都提出了建设智慧旅游的目标，其中“国家智慧旅游服务中心”在 2011 年 6 月 22 日正式落户镇江。而且南京、苏州、常州、无锡、南通、扬州和镇江等城市于 2011 年建立了“智慧旅游城市联盟”，从城市智慧旅游逐步向城市群、区域性智慧旅游发展。

2012 年 5 月 25 日，国家旅游局为积极引导和推动全国智慧旅游发展，在自愿申报和综合评价的基础上经认真研究和遴选，确定 18 个国家智慧旅游试点城市，分别是北京市、武汉市、成都市、南京市、福州市、大连市、厦门市、苏州市、黄山市、温州市、烟台市、洛阳市、无锡市、常州市、南通市、扬州市、镇江市、武夷山市。

截至目前，我国已有 62 个(19 个省＋43 个市)省市提出智慧旅游发展计划，其中 16 个省市出台了相关规划，分别是浙江省、福建省、四川省、吉林省、河南省、青海省、广西壮族自治区，以及北京市、上海市、南京市、苏州市、温州市、奉化市、无锡市、佛山市、宜兴市等。在各省市开展智慧旅游工作、建设智慧旅游工程的过程中，均体现出了不同的特色与特点，既源于各城市自然环境、旅游基础设施建设的现状，也与各城市历史发展因素、经济能力以及政策导向、政府扶持发展力度等有着密切的关系。

(4) 各企业、研究机构和学者的迅速跟进

自从 2010 年提出智慧旅游理念以来，全国物联网、云计算等相关研究企业和相关的研究机构学者立即嗅到了一个新型的，甚至可以说是对未来旅游具有颠覆性影响的旅游理念的光明前景和巨大商机，因此他们迅速跟进，形成一个研究热潮。① 企业方面：北京讯鸟软件有限公司研究了云计算运用于旅游呼叫中心的可能性，他们的研究认为传统的呼叫中心对于分布式加盟旅行社无法统一管理，投诉也难以及时处理，资源更无法统一调度，而将云计算技术运用于旅游中，就可以解决上述问题；北京万维罗盘信息技术有限公司也探讨了云计算在酒店管理与市场营销中应用的可能性，并认为包括酒店前后台、人事、采购，甚至连锁、会员管理等都可以运用云计算技术，并且像文星连锁酒店、柏高商务酒店等已经成功运用；朋游风景则在 2011 年 10 月推出了一款基于 LBS 的自助旅游服务应用软件，该软件提供了如九寨沟、黄山、凤凰等全国 6 000 个热门旅游景区的导游地图、游玩攻略、游玩线路等等，同时也可以随时对景区(点)进行点评、行程分享、在线订购景区门票。② 学者和机构研究方面：国务院发展研究中心刘峰主任在 2010 年底的中国旅游信息化发展论坛上曾做过《打造智慧旅游　提升游客体验》的报告，从智慧旅

游的核心技术和典型应用等方面作了阐述[①]；东南大学的黄羊山副教授在 2010 年注册了“www. 云旅游. com”和“www. 云旅游. 中国”域名，并且 2011 年在《智慧旅游的作用与前景》一文中对智慧旅游的理念做了更加细致深入的探讨，对其功能地位、架构等提出了富有建设性的见解[②]；湖北大学的马勇也对智慧旅游进行了相关研究，他总结了智慧旅游的八大趋势、智慧旅游关注的四大焦点以及结合生活旅游活动探讨了智慧旅游发展的六大影响领域[③]。2011 年 4 月在北京大学举办的中国智慧旅游论坛，更是通过诸位专家的视角，让大众对于智慧旅游有了更深一步的认识。

2. 智慧旅游发展的必要技术条件日臻成熟

笔者认为，发展智慧旅游的基础性技术包括物联网、云计算、移动互联网和便携式移动智能终端，从现有的发展条件看，这些技术已经成为智慧旅游迅速发展的助推器。

(1) 物联网技术

2009 年，温家宝总理在无锡提出“感知中国”，拉开了我国物联网建设的新局面。2010 年 3 月，加快物联网的研发应用也写进了当年的政府工作报告，意味着物联网的发展进入了国家层面。据了解，我国计划在 2020 年前投入约 3. 86 万亿元资金用于物联网的研发。目前，我国的物联网技术的研发水平已经处于世界前列，在一系列关键技术上处于国际领先地位，与美国、日本和德国等国家一起，成为物联网国际标准的主要制定者，逐步成为全球物联网产业链中的重要一环。

(2) 云计算技术

云计算是在分布式计算、并行计算、网格计算的基础上提出的一种新型计算模型。它提供了可靠安全的数据存储、强大的计算能力和方便快捷的互联网服务。目前，国内不少地方准备或是正在建设云计算中心。IBM 于 2008 年在无锡建立了中国第一个云计算中心；在北京的中国创新中心建立了第二个云计算中心——IBM 大中华区云计算中心；2009 年初在南京建立了国内首个“电子商务云计算中心”。世纪互联推出了 CloudEx 产品线，包括完整的互联网主机服务“CloudEx Computing Service”、基于在线存储虚拟化的“CloudEx Storage Service”等云计算服务。中国移动推出了 Big Cloud 计划，中国移动研究院也完成了云计算中心试验。

(3) 智能终端设备的发展

目前，诸如智能手机、平板电脑等智能化便携终端设备已经越来越多地走进人们的日常生活。据有关数据统计，2010 年我国智能手机的占有率已达到 10%；工信部电信研究院公布的 2012 年上半年全国手机行业运行状况则显示，上半年智能

---

① 刘峰. 打造智慧旅游　提升游客体验[R]. 第二届中国旅游信息化发展论坛，2010 年 12 月 18—19 日.

② 黄羊山. 智慧旅游的作用与前景[N]. 中国旅游报，2011 - 02 - 16(11).

③ 马勇. 智慧旅游创造幸福生活[EB/OL]. http://fashion. ifeng. com/trabel/mews/china/dedail_2011_11/04/1042444_0. shetml.

机总体出货量达 9 485.5 万部，占同期手机市场出货量的 48.66%[①]。这为智慧旅游提供了强大的硬件支撑，使移动互联网有了可以使用的载体。随着移动互联网技术的继续发展，智能手机和平板电脑或者其他目前还未知的超便捷终端，其普及程度将非常之高，智慧旅游的普及也就极具期待。

(4) 移动互联网技术

2009 年 1 月 7 日，工业和信息部发放了 3 张第三代移动通信(3G)牌照，分别给予国内通信业巨头中国移动、中国电信和中国联通，这标志着我国正式进入 3G 时代。3G 的推出，极大地推动了移动互联网的发展，使人们随时随地可以上网，不受场地和时间的限制，其上行和下行速度媲美桌面电脑，也推动了上网本和智能手机的销量。现在，已经有不少旅游电子商务网站开始推出手机版网站。与传统电子商务相比，3G 时代的移动电子商务增加了移动性和终端多样性的特性，完善的 3G 网络可以覆盖任何一个用户所出现的区域，并以其特有的移动支付和以位置为基础的服务，在时间和空间两个维度上极大地扩展传统电子商务的服务范畴。我国即将推出的 4G，使得移动互联网的速度变成 3G 的几十倍，甚至在高速运动中也能上网。届时，覆盖范围更广、运行速度更快的移动通信网络将彻底满足人们随时随地上网的需求。人们只需要一个小型的上网终端，如智能手机，就可以随时随地随心地获取和使用旅游信息。

五、我国智慧旅游的发展态势

1. 主要智慧旅游试点城市发展

2011 年 7 月 15 日，国家旅游局局长邵琪伟正式提出，旅游业要落实国务院关于加快发展旅游业的战略部署，走在我国现代服务业信息化进程的前沿，争取用 10 年时间，在我国初步实现“智慧旅游”。在《国务院关于加快发展旅游业的意见》中提出，要把旅游业培育成国民经济的战略性支柱产业和人民群众更加满意的现代服务业，因此发展智慧旅游是实现旅游业两大战略目标的客观要求。国家旅游局为加快建设国际风景旅游城市，批准了包括北京市、南京市等 18 个具有旅游优势的城市作为智慧旅游的试点城市。智慧旅游的试点将为游客提供智慧化的旅游服务，为管理部门提供智能化的管理手段，为旅游企业提供高效的营销平台和广阔的客源市场。

(1) 南京市

2006 年，南京市在紧密跟踪世界智能城市发展理念和实践进程的基础上，积极研究探索新形势下南京特色发展道路，完成了《构建智慧城市、引领未来发展》等重要课题的研究，提出了构建智慧城市的初步设想。2007 年，在南京市举办的“智

---

① 中国成智能手机最大消费国[OB/OL]. http://tech.gmw.cn/2012－07/16/content_4562392.htm, 2012-07-16.

慧产业发展与城市创新"高层论坛上，一批国际知名专家学者围绕发展智慧产业、构建智慧城市等议题进行了深入研讨。2009 年 12 月，南京市委、市政府出台"三个发展"意见，明确提出了推进智慧南京建设的重大战略构想。2011 年 4 月 13 日下午，南京智慧旅游建设启动，编制完成了总体规划、三年行动计划。重点突出为来宁游客提供更便捷、智能化的旅游体验；为政府管理提供更高效、智能化的信息平台；促进旅游资源活化为旅游产品、放大资源效益这三大核心目标，采用"政府主导、多方参与、市场化运作"的运作模式（如图 1.10 所示），联合社会各方优势资源共同推进智慧旅游建设。智慧旅游建设范围涵盖政府部门、景区、旅行社、酒店与交通、安全等城市保障体系；成立了由信息化规划设计单位、通信运营商、市民卡公司、旅游专业网站、旅游企业等组成的智慧旅游联盟，按照合作共赢、资源互换等原则项目开展建设；制定云数据库体系和智慧景区标准，建设智慧旅游云数据库、资源共享体系和分级管理机制；采用结构化系统，构建应用于游客的前端智能化服务体系、应用于政府的前端集成式中央管理体系、应用于景区、旅行社、酒店等企业的前端商务体系、后端支撑体系及配套保障体系等综合平台。

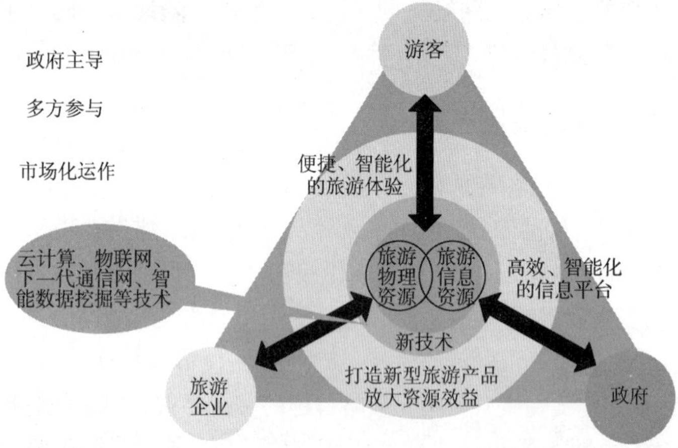

图 1.10 "政府主导、多方参与、市场化运作"的运作模式

智慧旅游第一阶段重点项目包括智慧旅游中央管理平台（框架如图 1.11 所示）——全市 GIS 数据库及旅游资源数据库，准确直观了解主要景区实时画面、车船人流等动态信息；"南京游客助手"手机客户端——集成全市旅游资讯，帮助游客随时随地查询信息并预订服务；智慧景区建设试点——启动玄武湖公园和红山森林动物园智慧景区建设，通过智能手机、体验触摸屏及 PDA 等终端，实现智能化自助导览、导游、导航及餐饮、娱乐等商务服务，以及客流统计、车船调度、环境监测等智能管理；新型游客体验终端——在高星级酒店、景区及旅游咨询服务中心投放一批与市旅游园林局官方网站和微博实时互动的游客体验终端，动态播报旅游相关讯息；乡村旅游营销平台——整合各网络运营商网站、移动终端、iTV 电视等媒介，为乡村旅游企业免费宣传营销，向游客提供各种乡村旅游产品；旅游执法 e 通——通过移动通信网络和管理数据库，使管理人员通过智能手机实现旅游执法的信息现场查询及数据的现场采集。

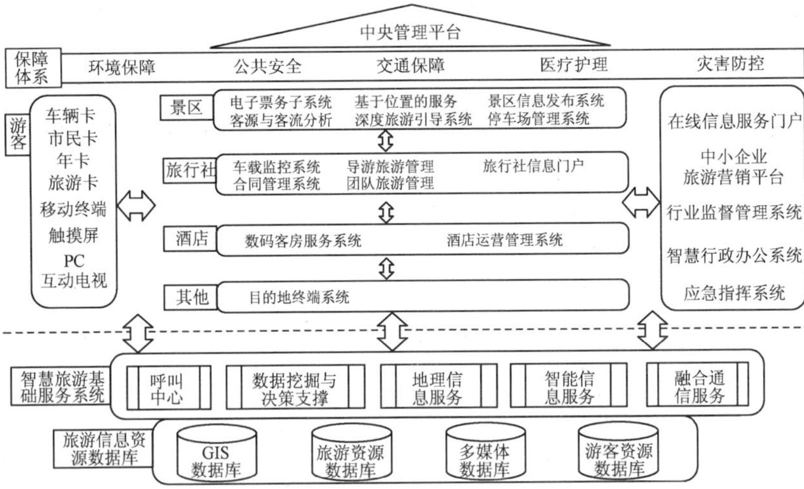

图 1.11　南京市智慧旅游中央管理平台构成框架①

目前一期重点建设项目已初步完成，推出了南京游客助手、智慧旅游互动式体验终端、乡村旅游营销平台、智慧景区试点、旅游执法 e 通和智慧旅游中央管理平台六大项目。市民和游客可通过装有安卓系统的智能手机、网络，以及设在部分高星级酒店、景区和游客中心的电子触摸屏，方便快捷地获取旅游资讯，并实现在线预订等服务。凡是使用智能手机的游客，来南京后会收到一条欢迎短信。游客根据短信上的网址，可下载"游客助手"平台，该平台分为资讯、线路、景区、导航、休闲、餐饮、购物、交通、酒店等九大板块，集合了最新的旅游信息、景区介绍和活动信息、自驾游线路、商家促销活动、实时路况、火车票等信息。安装后，可以根据个人需要实现在线查询、预订等服务。南京玄武区旅游局目前正在跟海客科技公司合作，全力建设本区内著名旅游景点的手机端的智慧旅游。目前南京已完成智慧旅游中央管理平台——全市 GIS 数据库及旅游资源数据库建设，上线运行"南京游客助手"手机客户端、旅游执法 e 通，投放近百台与市旅游园林局官方网站和微博实时互动的新型游客体验终端。

2012 年，全市将完善云数据库平台架构，优化现有落地项目，拓展游客体验及行业应用，其中包含：加大游客体验终端投放；不断推出手机客户端软件的更高版本；推进智慧景区建设，优化乡村旅游网络营销平台；完善旅游网站、旅游微博的架构；打造智慧旅游公共服务平台和南京"智慧旅游"一卡通；加强南京旅游信息化平

---

① 参见南京智慧旅游建设报告.

台与相关信息平台的互联、互通和互动等。力求“一部手机、一张卡，畅游南京；一个平台、一张网，服务顾客”。

(2) 镇江市

江苏省镇江市于 2010 年提出“智慧旅游”概念，开展“智慧旅游”项目建设，开辟“感知镇江、智慧旅游”新时空。计划用 1—2 年时间，建设起“一感知体系（智慧旅游感知体系）、一平台（智慧旅游云服务平台）、一中心（智慧旅游运营中心）、一联盟（智慧旅游产业联盟）、一智慧旅游谷（智慧旅游产业基地）”的智慧旅游框架（如图 1.12 所示）。通过“五个一”重点项目及相应示范项目的建设，推动智慧旅游在全国范围内的低成本推广，为行业提供普遍的资源感知能力，有序整合各类旅游资源，提高产业中各主体的信息获取能力和业务运作效率，改善国内旅游体验，增强国内旅游企业竞争力，提升各级旅游管理部门精细化管理和科学决策能力，加速推进全国旅游业与信息产业的融合与共同发展。

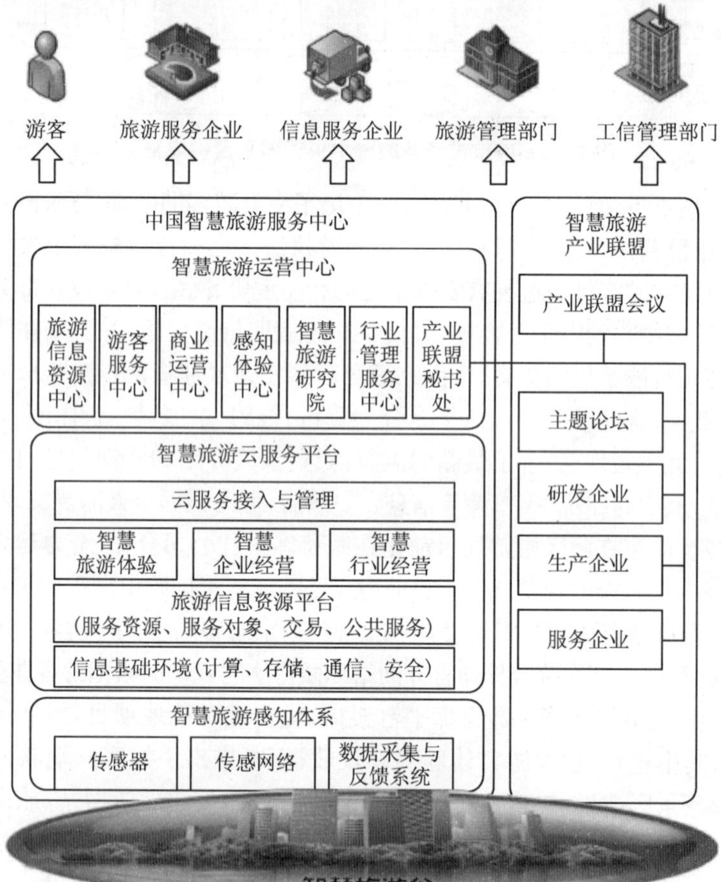

图 1.12　镇江智慧旅游框架图

① 智慧旅游感知体系

基于物联网技术，在吃、住、行、游、购、娱相关的各类旅游资源中铺设多种类型的传感设备，用于感知旅游资源的 ID、属性、状态、位置等各类信息，形成智慧旅游感知体系的神经末梢；采用最先进的无线传感自组网络技术，与互联网结合，用于传递各类感知或控制信息，形成智慧旅游感知体系的传入/传出神经网络；结合 GIS 技术、信息资源整合技术与商业智能技术，整合各类感知信息，进行数据分析等加工再利用过程，形成智慧旅游感知体系的大脑；基于该感知体系，可以为游客提供餐饮娱乐消费导引、远程资源预订、自导航、自导游、电子门票、服务信息即时推送等多种智慧旅游服务；可以为旅游企业提供服务资源管理、游客流量控制、车辆调度、远程监控、自动收费等多种智慧经营管理服务；可以为管理部门提供环境监测、交通管理、资源调度、应急处理等多种政务管理服务。通过智慧旅游感知体系的建设，配合江苏省物联网发展"全省一盘棋"的布局，力争将镇江建设成为无锡"感知中国"中心的旅游行业分中心。

② 智慧旅游云服务平台

基于智慧旅游感知体系，建立旅游信息资源服务平台，借助数据资源目录及数据交换共享技术，梳理并整合原先分散在旅游企业、旅游管理部门及相关机构或组织中的旅游资源信息、服务企业信息、服务对象信息、服务渠道信息、包含 GIS 数据等在内的旅游目的地相关信息以及增值服务信息，形成有序、集成、准确的综合旅游信息资源，根据旅游服务业务梳理的结果为游客、旅游业者及政府部门提供标准化的信息服务。

基于整合的旅游信息资源服务平台，为电子商务及其他旅游服务业者提供完整的电子商务服务，包括景区管理监测、目的地营销、客户关系管理、旅游产品设计与订购等内容，打通旅游企业间的 B2B 通道，改善旅游企业相应效率，提高商务信息的及时性；引入第三方金融或准金融服务，整合移动支付及市民卡等电子支付方式，实现完整的旅游电子交易平台。

基于整合的旅游信息资源服务平台，为游客及其他社会公众提供全方位公共信息服务；围绕目的地主题，及时提供各类服务信息和动态，提供智能游程规划服务；借助遍布景区的传感末梢与游客交相感知，实现旅行全程智慧服务；实现包括旅游一卡通在内的全程电子支付；采用 WEB 2.0 等技术实现高交互性的网上旅游社区，形成丰富、及时、可信的公共信息发布和交流环境；整合社会服务资源，为游客提供功能更为广泛的 12301 呼叫中心。

基于整合的旅游信息资源服务平台，为政府部门及其他用户提供详实精准的旅游业相关数据，基于对这些数据的统计分析，实现对游客的信用评估、对服务企业的评价或评级，实现对行业管理部门科学决策的支持；同时引入部分专家模型，以实现旅游产品定价或旅游行业政策的模拟测试。

建立支撑上述信息资源和服务应用的信息基础环境，提供包括计算、存储、通信、信息安全等能力在内的信息基础服务。

借助虚拟化、SOA 等云计算相关技术，实现上述智慧旅游业务的感知体系、信息基础环境、信息资源以及各类应用的云化，面向全国旅游业相关对象提供服务，同时实现相应的进驻、租用、服务访问控制、资源迁移、安全以及服务结算等云平台运营及管理功能，打造中国智慧旅游云服务平台。

③ 智慧旅游运营中心

政府牵头，结合旅游服务提供商、IT 服务提供商以及其他合作伙伴，建立智慧旅游运营中心。运营中心下设旅游信息资源中心，负责对旅游感知体系以及旅游云服务平台进行管理和运行维护工作；设游客服务中心，负责管理包括 12301 热线在内的呼叫服务平台；设商业运营中心，负责管理基于上述平台的商业运营过程，包括入驻平台的企业关系管理、清结算、中心业务推广、业务后台支持以及业务外包服务；设行业管理服务中心，面向各级政府管理部门和国家级旅游行业研究机构，提供定期报表、主题分析、信用征信、预警预测等数据服务。

建立智慧旅游感知体验中心，以多媒体、大屏幕、智能终端、无线网络、3D 显示、虚拟现实、物联网等技术为依托，集中模拟未来 3—5 年内游客旅行、旅游企业经营、政府部门管理的不同智慧旅游场景，使游客、旅游企业、相关政府部门以直观的方式体验智慧旅游，充分理解相关理念，从社会影响层面支撑智慧旅游服务中心的发展与推广。

设立中国智慧旅游研究院，与国际国内知名旅游研究机构以及国内外主流 IT 厂商合作，在吸收与实践各类技术、应用、服务与运营模式的同时，借助智慧旅游云服务平台运行数据的分析评估成果，不断发展与充实智慧旅游总体框架；研究、制定并推行包括技术、业务、管理、实施方法在内的智慧旅游行业标准；针对感知技术设立感知标准实验室；研究旅游产业链相关对象的综合评价模型；研究产业景气预测等相关决策模型；对相关运营模式进行量化评估并改进。同时，形成一支对智慧旅游有深刻了解，掌握信息技术运用，并具备工程实施经验的支撑队伍，高效地支持智慧旅游工程的后续工作以及在全国的推广。

④ 智慧旅游产业联盟

借助上述感知体系、云服务平台以及运营中心的影响力，由国家旅游局、工信部牵头，吸收与智慧旅游服务相关的旅游企业或 IT 企业，成立智慧旅游产业联盟。以云服务平台为媒介，整合联盟企业服务能力；以中国智慧旅游研究院为载体，整合联盟企业创新能力；以产业联盟推动，以国家旅游局的名义进行智慧旅游相关技术、业务、建设、运营、管理标准的发布与推广；产业联盟秘书处与永久会址设在中国智慧旅游服务中心内;通过年会、主题论坛等形式,不断扩大联盟影响力。以智慧旅游研究院为载体,借助智慧旅游产业联盟等渠道,汇聚优秀的产、学、研资源,始终掌握核心尖端技术,不断创造新型应用,并且将其转化成市场价值,引领"智慧旅游"不断前进。

⑤ 智慧旅游谷

由镇江市政府规划,并给予配套政策,在镇江市设立智慧旅游产业园区,命名为智慧旅游谷。以中国智慧旅游服务中心为核心,以智慧旅游谷为载体,实现智慧旅游产业在镇江的聚集;中国智慧旅游服务中心率先入驻;园区提供针对智慧旅游行业的特色基础服务;园区中包含与智慧旅游相关的生产制造、应用设计、服务开发、运营推广、技术研发、人才培养等多种企业;以智慧旅游产业联盟为主,建立智慧旅游谷准入及相应政策的享受机制。

镇江智慧旅游应用基础项目建设已全面展开,确定的 60 个先行项目中已启动建设 11 大项 21 小项,如升级版的 WiFi 技术自助触摸屏、旅游客情实时统计分析系统、中国智慧旅游门户网站、WiFi 等无线城市技术已覆盖 60%涉旅场所、3 家景区设置二维码导游导览牌、运行 WAP 移动网站、以安装和租赁形式推广应用会务通、部分景区和酒店应用移动友善平台等。中国智慧旅游云计算平台基础建设已完成,并完成政府过渡云测试,20 多家相关企业集聚智慧旅游产业谷。商业模式探索也初显端倪,将公益宣传和有偿服务、信息推送和在线交易、企业加盟和产品分销等结合,建设运营信息推送系统;通过租、建结合,推广运用酒店会务通;电子导览、智能交通、二维码等运营也推出商业模式。启动了标准化建设,将专利申请、标准技术、规范服务与智慧旅游有机结合,做到边建设,边规范,边协调,边推广。国家旅游局课题项目旅游客情实时统计分析系统开发的应用支撑软件已申请国家专利;先行先试项目预留与智慧旅游云平台对接的接口;"感动芯"[①]技术获得国家专利。还促成中国惠普、中国电信、中国移动与市政府签订战略合作协议;先行先试项目覆盖镇江旅游六要素、50 多家单位,其中电子商务使用率由原来的 20%增加到 50%以上;新浪、同程及国内知名 IT 公司与本地企业签署开发协议;浪潮、曙光、神州数码、乐途网、江苏有客等公司陆续落户智慧旅游产业谷,形成旅游拉动信息、信息反哺旅游的融合发展态势。2012 年,镇江将全力打造中国智慧旅游产业谷,云计算平台面向全国提供服务,中国智慧旅游门户网上线运营,旅游客情实时统计分析系统试点推广,60 个应用项目围绕"增量、扩面、创特、提效"拓展覆盖面,

① "智慧旅游"的核心技术之一——"感动芯"技术在镇江市研发成功,并在上海世博会上得到应用。上海世博会期间应用"感动芯"技术为游客服务,游客只需在手机上进行简单操作就可进入世博园区,并且可以及时收到热门场馆的排队信息;同时,在园区信息亭内互动触摸屏上为游客提供全面的服务信息。这些都是上海世博会应用"智慧旅游"带给游客的全新体验。

组建统一的商业运作平台,构建全新的管理模式和商业模式。

(3) 北京市

2011 年 10 月,北京市旅游委就启动北京智慧旅游建设,提出了"智慧北京便利旅游"的发展方针,包括智能融合的信息应用、创新持续的便利旅游服务。北京智慧旅游建设目标具体为配齐触摸屏,建好无线宽带网和北京旅游信息网,开发自助导游讲解系统、城市自助导览系统、网络虚拟旅游系统,推进数字景区等。在近半年的"智慧旅游"建设中,市旅游委编制了《北京智慧旅游行动计划纲要(2012—2015 年)》,提出了"智慧景区"、"智慧饭店"、"智慧旅行社"、"智慧旅游乡村"四个业态建设规范及"景区自助导游系统"、"城市自助导览系统"、"旅游信息终端"、"虚拟旅游系统"等专业建设规范。在信息设施完善方面,通过在 3 星级以上饭店、A 级以上景区建设无线宽带网和装配旅游信息触摸屏,推出北京旅游手机报以完善北京旅游网,拓展服务功能。

① "智慧景区"

北京市旅游发展委员会发布了《北京智慧景区建设规范(试行)》,并设计了详细的评分细则,共 1 000 分,从通信网络、景区综合管理、电子门票和电子门禁、门户网站和电子商务、数字虚拟景区和虚拟旅游、游客服务和互动体验、智慧景区建设规划、旅游故事及游戏软件等 8 个方面进行了详细的内容指导和量化规范。准备用 4 年时间打造智慧景区,以数字化方式让景区游览透明化、立体化、互动化,让游客做主。

"智慧景区"将借助物联网、云计算等现代信息技术,通过智能网络对景区地理事物、自然灾害、旅游者行为、景区工作人员行迹、景区基础设施和服务设施进行全面、透彻、及时的感知;对游客、景区工作人员实现可视化管理;优化再造景区管理业务流程和智能化运营管理;同旅游产业上下游企业形成战略联盟,实现有效保护遗产资源的真实性和完整性,提高对旅游者的服务质量,实现景区环境与社会和经济全面、协调、可持续发展的目的。

参与"智慧景区"建设的旅游景区将建设景区安全保障智能监控、电子门票、旅游故事及游戏软件、多媒体展示及虚拟旅游、自助导游及投诉、游客互动等工程,让游客在旅游前、旅游中和旅游后都能透明化地了解景区旅游信息,形成互动,真正让游客做主,就能使目前北京旅游景点"人满为患"、景观游览"走马观花"的问题迎刃而解了。这也就意味着,游客仅凭一部智能手机或者平板电脑,完全可以自主便捷的、有重点的、安全和舒心的选择景区合适的线路进行游览。游客可通过智慧旅游景区的自助导游系统轻松地游览景区,通过虚拟旅游系统深度游览、了解、学习游览地的内涵,陶冶情操。旅游预警系统让游客随时掌握景区的拥挤程度,快捷地调整旅游行程。当然,对于跟团旅游的人们来说,通过智慧景区系统进行对比,他们可以更清楚地知道景区内的游览安排是否合理。

②“智慧饭店”

北京市旅游发展委员会发布了《北京智慧饭店建设规范(试行)》,并设计了详细的评分细则,共1 000分,从电子信息设施与系统、智能服务与运营、创新项目3个方面进行了详细的内容指导和量化规范。准备用4年时间打造智慧饭店,实现旅游住宿的透明化、立体化和互动化,让游客在饭店的客房内就能轻松了解、查询、预定所需要的旅游服务。

“智慧饭店”将借助物联网、云计算等现代信息技术,通过智能系统,让游客在饭店的自动导引下轻松入住,客房终端方便地调节灯光、窗帘、室温和电视等设备,快速轻松了解、查询、预定所需要的旅游服务,游客可在智慧酒店系统的导览、导游平台上完成对北京城市的自助导览和对景区的自助导游、导购、导航及商务等活动,使游客在陌生的城市却熟悉身边的一切,提高游客对北京城市文化内涵的深切感知和浓厚兴趣,极大地增加游客在北京的旅游消费,同时为管理部门及时掌握酒店行业市场动态进行市场分析提供方便、快捷的数据源和传输通道。

参与“智慧饭店”建设的住宿业单位将通过客房自助信息及电子商务终端、智能客房控制系统、中央预订系统、综合视频会议系统和酒店智能闭路电视和酒店呼叫中心等系统平台,对宾客偏好、工作人员行迹、饭店基础设施和服务设施进行全面、透彻、及时的感知,提高对旅游者的服务质量,实现饭店与上下游企业及社会和经济全面、协调、可持续发展。这也就意味着,游客将通过简单的几个按键就能控制房间空调、灯光、窗帘等智能化设施,随心掌控客房内的一切,并完全可以通过饭店智能系统自主进行便捷、安全和舒心的自助旅游全程安排和游览。

③“智慧旅行社”

北京市旅游发展委员会发布了《北京智慧旅行社建设规范(试行)》,并设计了详细的评分细则,共1 000分,从资源采购、产品策划与发布、产品销售、游客服务、订单管理、团队管理、统计结算、内部管理、行业监管和技术应用创新10个方面进行了详细的内容指导和量化规范。准备用4年时间打造智慧旅行社,提升在线旅游预定服务水平,实现旅游随团游览和自由行的透明化、立体化和互动化,让游客轻松了解、查询、预定所需要的旅游服务。

“智慧旅行社”将通过建设团队(游客)管理和旅游电子合同管理、旅行社及导游领队服务管理、企业资源计划(ERP)管理,B2B企业分销,B2C企业网站,服务质量跟踪及游客互动工程、电子行程单管理及GPS定位与身份识别、物联网平台与移动商务管理等系统,实现对旅游产品销售、消费、反馈的全面、准确、及时的感知,提高旅行社服务质量。“智慧旅行社”让游客可以自主进行旅游产品选择、旅游服务商选定和旅游行程安排的自主设计,能为游客旅游全程提供自动定位、安全预警、紧急救援呼叫等服务。通过移动终端查询、预订旅游产品,在线支付、下载电子行程单和电子合同，使游客清楚地知道旅游行程计划的执行程度、线路安排的合理程度以及导游的业务水平和称职程度。对于来京游客，在旅游前可通过官方及旅行社网站查询旅游信息并且在网上预订旅行社服务，还可在北京旅游网上对旅游目的地进行虚拟游览和体验，提高游客对北京文化内涵的深切感知和浓厚兴趣。

④“智慧旅游乡村”

北京市旅游发展委员会发布了《北京智慧旅游乡村建设规范(试行)》，并设计了详细的评分细则，共1 000分，从民俗旅游村网站、民俗旅游接待户建设、无线网络、智慧应用、自主创新5个方面进行了详细的内容指导和量化规范。准备用4年时间打造智慧旅游乡村网站，向游客提供无线宽带上网服务、多屏互动应用、旅游服务和农产品在线预订销售服务、高端农产品物联网安全监控服务、旅游信息智能推送服务的民俗旅游村。

游客可访问北京智慧旅游乡村网站，查询、预定民俗旅游村、民俗旅游接待户、采摘园、农产品等旅游产品和旅游服务，可以观看实时乡村视频美景和360度全景、视频宣传片，可以通过电子导航位置信息服务了解目的地的路线、车流情况和人流情况，选择合适的路线快速到达目的地。游客在民俗旅游乡村、民俗旅游接待户中，电子导航位置信息服务还会告知游客周边哪里有旅游美景、哪里有采摘娱乐活动，同时可通过手机身份认证或电子票确定自己预定的房间。当游客离开民俗旅游乡村、民俗旅游接待户返回时，可以通过银行卡刷卡或手机支付的方式支付农家院的餐饮住宿费，方便快捷。

旅游回家后，如果游客感到带回家的特色农产品非常不错，还想再购买一些，仍可以到北京智慧旅游乡村网站上在线购买旅游观光农产品，在线支付后特色农产品就可以配送到家。

(4) 成都市

2011年，成都在省内率先提出打造智慧旅游城市，并按照《四川省“十二五”旅游业发展规划》，率先开展“智慧旅游”创建工程，建设成为西部首个“智慧旅游城市”，加快信息技术在旅游业发展的全面运用，促进旅游消费方式、旅游管理方式、旅游产业形态转变，提升旅游业的现代化水平，推动成都建设成国际化旅游目的地城市，并向其他目的地城市和景区梯次推进。成都目前已经着手“智慧旅游”数据信息库建设，已经建成了集门户网站、电话咨询、人工咨询三位一体的旅游咨询中心，游客可通过这三种方式即时获取旅游相关信息。

2012年年内成都就实现无线智慧终端运用，境外自由行旅客来成都后完全可以将“导游”揣在裤兜里“自导自游”。游客只要一下飞机，在收到欢迎短信的同时还将收到一个链接，可免费下载该系统客户端，非智能手机用户也可链接到网站查询和使用，并精准定位周边小吃店、餐厅、酒店和景区信息，还将加入电子支付功能，实现手机直接预订景区门票和酒店住宿。同时，继中国香港、中国台湾和韩国之后，成都今年还计划在美国、泰国和法国等国家和地区设立成都旅游体验运营中心，并通过熊猫卡整合省内外旅游资源，打造服务高地、价格洼地的智慧旅游。

熊猫卡是最佳旅游联盟致力于整合境内外旅游产业链的“吃、住、行、游、购、娱”资源，对外发行的预付卡。持卡人可在境内外最佳旅游联盟各盟员单位刷卡消费，涵盖“吃、住、行、游、购、娱”六大板块超过 300 家联盟商户，均可享受最低优惠折扣以及相应的积分奖励服务。它是一种接触式磁条卡，在电子货币中使用上非常方便。无论进行交易还是充值，操作都十分简单。

图 1.13 熊猫卡

BTU 熊猫卡(见图 1.13)是最佳旅游联盟会同四川佳盟亿事通科技有限公司致力于整合境内外旅游产业链的“吃、住、行、游、购、娱”资源，实现资源共享、市场共育、客源互送、利益共享、服务最佳的目标而对外发行的预付卡。持卡人可在境内外最佳旅游联盟各盟员单位刷卡，均可享受最低优惠折扣，还可享受到相应的积分奖励服务。BTU 熊猫卡可满足社会各阶层的消费需求，符合绿色、环保、低碳的社会生活发展理念。

银联长城熊猫卡是在成都市委市政府的推动下，由中国银行、中国银联以及最佳旅游联盟携手发行的信用卡。它充分继承了 2009 年版熊猫卡这一宝贵的品牌及其内涵的精神，更秉承为成都市民带来更多优惠、更丰富的生活享受、更便捷的支付方式这一理念，整合了旅游、餐饮、娱乐等近千家优质商业资源，在一品天下、锦里、宽窄巷子等成都繁华地标，为持卡人提供非同凡响的消费体验。

成都“智慧旅游”城市建设的内容可以概括为“一个平台，三大体系”。一个平台即“智慧旅游数据中心支撑平台”，三大体系即建设“智慧旅游服务体系”、“智慧旅游管理体系”、“智慧旅游营销体系”。建设目标是实现旅游信息的实时传递和交换，让游客的旅游过程更顺畅，提升旅游的舒适度和满意度，为游客带来更好的旅游品质保障和旅游安全保障。

(5) 黄山市

2011 年黄山旅游局开始建立智慧旅游综合调度中心，主要由“旅游综合服务平台”和“旅游电子商务平台”(途马网)构成，具有“管理、服务、展示、经营”四大功能，预计建设工期为 9 个月。

2011 年以来，休宁县委、县政府高度重视旅游信息化工作，认真贯彻落实安徽省旅游信息化工作会议精神，全面部署“智慧黄山”重点项目工作。2011 年底，休宁县旅委率先成立了旅游信息中心，明确了分管信息化工作的领导和具体从事该项工作的专职人员；每年从旅游专项资金中划拨出 15 万元作为信息化工作专用经费，购置配套设施设备，形成旅游信息化工作机构健全、专人负责、经费充足、设备齐全的良好局面。

“智慧黄山”精品旅游信息化项目是黄山“十二五”规划的重要项目，按照规划，其主要由“智慧黄山·精品旅游”官方门户网站平台及旅游指挥调度中心两部分构成。其中，正在建设的“智慧黄山”旅游指挥调度中心位于徽州博物馆文化长廊百师宫项目东南角地块上，建筑面积 5 000 平方米，投资概算 6 000 万元，涵盖经营、管理、服务、展示四方面功能。在项目启动初，黄山风景区就紧紧围绕黄山“现代国际旅游城市”的功能定位，全面推进提升城市信息网络能力、智慧化政府、产业信息化、旅游信息化和数字化生活等 5 大专项任务。建成后的中心将包含综合布线、计算机网络、一卡通、公共信息发布等 14 个子系统，将充分利用移动互联网、物联网、大屏展示等现代信息技术手段，以大黄山地区为目标，直接面向旅游者提供一站式服务。

在黄山建设无线城市，黄山风景区的信息化建设无疑成为重点建设项目之一。经多方努力，安徽移动黄山分公司成功建成了“数字景区”平台系统，项目一期已于 2007 年 10 月 1 日投入使用，实现对风景区 200 辆车与森林防火员和稽查人员约 250 人的实时监控、调度，为全面建设“无线景区”打下了坚实的基础。

黄山风景区在智慧黄山景区“十二五”数字化规划暨《黄山风景区数字化建设总体规划(2011—2015)》中，专门对物联网在风景名胜区的应用作了详细的规划，未来，物联网必将能够在该景区的旅游管理、环境监测、灾害监测、旅游异常活动、动物生活习性监测等事项上为景区保护管理提供巨大的帮助，为打造国际精品旅游景区、建设世界一流旅游目的地的目标注入新的助推剂。

2. 其他省市智慧旅游发展

(1) 福建省

福建省旅游局于 2010 年 9 月提出建设“智能旅游”概念，并在网上建立“海峡智能旅游参建单位管理系统”，全力实施智能旅游信息化“三个一”工程，即一网(海峡旅游网上超市)、一卡(海峡旅游卡，包括银行联名卡、休闲储值卡、手机二维码的“飞信卡”，以及衍生的目的地专项卡等)、一线(海峡旅游呼叫中心，包括公益服务热线和商务资讯增值预订服务热线)。

海峡旅游银行卡在 2010 年已面向福建省内外游客发行，海峡旅游呼叫中心新平台在2011年1月1日也已经正式开通试运行。为了推进“智能旅游”建设,福建旅游部门已经初步选定武夷山主景区、厦门鼓浪屿、福州三坊七巷作为首批智能旅游示范景区试点单位。福州、厦门以及武夷山也被国家旅游局确定为首批“国家智慧旅游试点城市”。

2011年10月份上线的武夷山旅游体验网(http://ty.wuyishan.gov.cn),打破网络宣传的传统模式,整合了旅游、购物、娱乐、游戏等多种资源平台,游客不仅可以在网络上观看武夷山美丽的山水,通过互动游戏增加对武夷山风景的了解,还可以实现网络购物、酒店预订等多种功能。白水洋景区在2012年4月也推出“景区三维游”板块;太姥山景区已推出100台GPS智能导游仪,其仿造真人导游功能制造的导游机器人外形酷似手机,可为游客提供更便捷、全面的旅游服务。

2012年2月23日,鼓浪屿网络票务系统开通并正式投入使用。新系统为游客网上订票提供了平台,游客在网上预订船票后,持二代身份证就能登船。为了构建人性化的旅游环境,新的票务系统在满足厦门岛和鼓浪屿间轮渡营运需要的同时还能实时统计游客进出岛数量,并将数据显示在轮渡广场中间的LED大屏幕上。为适应无线上网趋势,鼓浪屿在全国景区率先推出了3G无线门户网站,实现“信息随机而动”。继鼓浪屿无线门户网站后,鼓浪屿管委会与中国移动合作,利用中国移动的“TD无线城市”平台首创的“智游鼓浪屿”手机客户端,使市民游客在观赏鼓浪屿美景的同时实时了解到所在景点的详细介绍,真正实现自导自游。

目前福建已有多个景区启用了电子门票。2012年4月20日起,武夷山景区旅游电子商务系统也已上线运行。该系统运行后,游客持具有识别码的电子票就能进入武夷山景区;也可通过网络,随时预订景区出售的旅游线路。今后,游客还能通过身份证、指纹等识别方式进入景区。此外,宁德屏南白水洋、鸳鸯溪景区电子二维码门票也已于2012年5月1日正式启用。

(2) 浙江省

浙江省在2011年12月发布的《浙江省智慧旅游建设工作方案》中提出该省智慧旅游建设的主要任务是利用最新信息技术对旅游的相关要素进行整合,为广大游客提供智慧化的旅游服务,为管理部门提供智慧化的管理手段,为浙江旅游提供智慧化的营销平台和广阔的客源市场。其智慧旅游建设项目分为主导型项目、引导型项目和示范型项目。其中,主导型项目分为智慧旅游云计算中心、智慧旅游公众信息服务平台(协作导航式官方旅游信息网站、协同答复式旅游咨询服务热线)、智慧旅游数字互动营销平台,引导型项目分为旅游数据监测分析系统、智慧旅游服务卡、景区电子商务系统、目的地官方手机应用,示范型项目分为示范智慧景区、示范智慧酒店、示范智慧旅行社、示范智慧旅游服务商。

《温州市“十二五”推进旅游信息化发展》中提出目标任务:温州旅游信息化的

总体目标，是力争到2015年创建成为引领全国旅游信息化发展的国家智慧旅游试点城市，全市基本实现智慧旅游。温州旅游信息化建设主要任务就是依托物联网、云计算、通信网络、智能数据挖掘等技术在旅游体验、产业发展、行政管理等方面的应用，加快推进旅游信息化的进程，构建5大旅游信息化体系。温州积极联合中国电信、中国移动、中国联通形成三大"智慧携手"，签订智慧旅游合作协议，建设12301旅游服务热线、旅游一卡通、旅游车辆监控、景区全景展示平台等智慧旅游项目。温州市旅游局还通过连续举办四届中国(温州)网络旅游节和举办首届中国(温州)智慧旅游信息技术展览会，集聚了各方注意力，初步打响了温州智慧旅游品牌。

为响应《温州市"十二五"推进旅游信息化发展》的建设要求，鹿城旅游在"十二五"期间把电子化、智能化建设作为全区旅游工作重点。鹿城区旅游触摸屏查询系统、电子导游系统、数字监控系统、智能电子票务系统等系列项目已正式启动。其中，江心屿视频安防监控系统于2011年10月13日在温州招投标中心开标。

象山2011年投入200万元完成了全方位"智慧旅游"的"六大平台"，即iTravels象山手机导航平台、手机WAP网站平台、电子商务平台、呼叫中心和咨询中心平台、旅游电子触摸屏平台、旅游信息数据库的基础建设。通过这六大信息平台和原有的象山旅游官方门户网站，就能为游客提供导游、导览、导航、导购等全方位旅游服务。

奉化市旅游局制定了《奉化市智慧旅游建设三年框架方案》，并把智慧旅游列为"十二五"奉化旅游行业发展的重要内容。继大佛景区开通视频导游后，奉化市旅游局凭借建设"智慧旅游服务系统"项目，被宁波市经济和信息化委员会列为宁波市信息化试点单位，这也是奉化市唯一的一个试点单位，标志着奉化旅游正向智慧时代大步迈进。

慈溪市开始启动"智慧旅游"城市建设，旅游网上在线信息服务、旅游服务随时呼叫帮助、实时查看景区天气和人流等智能旅游方式未来几年内将在慈溪市各景区实现；市旅游部门还将建立一个功能完备的旅游门户网站，实现网站在线信息服务和景区现场信息服务，推进各类旅游信息的汇聚融合，构建旅游公共信息服务平台，为游客提供丰富的旅游服务资讯，信息查询、服务预订、旅游投诉等功能都将在网上实现。

宁波市旅游局借助宁波市建设智慧城市的东风，全面推进智慧旅游建设。到2011年年底，宁波将把所有景区、宾馆酒店、旅行社等和旅游产业有关的信息资源整合到一起，出游的"吃、住、行、游、购、娱"相关信息一网打尽，打造一个统一的智慧旅游中央管理平台和旅游资源数据库。宁波市旅游局还专门推出了"虚拟旅游社区"，该项目是建立在宁波现有旅游景点的基础上，采用信息化手段和三维模拟技术构建的一个虚拟旅游环境，以纯3D仿真模式"克隆"在网站上，将整个宁波搬上了网络。这在国内还是首例。宁波市旅游局还在宁波游客集散中心、各大星级酒店、主要景区景点、旅游咨询点等游客集中地点布置宁波旅游公众查询系统终端设备。同时，以信息化技术为主要手段的"智慧旅游"已在宁波旅游企业得到积极应用。

(3) 其他

上海市在《上海市旅游业发展"十二五"规划》一文中提到，建设便捷高效的旅游公共服务体系是上海都市旅游发展中的重要经验和特色。在"十二五"期间，随着信息技术的不断发展和完善，自助式旅游比例的不断提高，对旅游公共服务体系的要求也将日益提高。要加强旅游基础设施建设，创新信息化管理服务的模式，加强统筹协调，增强旅游公共服务机构能力，构建智慧型的旅游公共服务体系。到2013年，浦东将基本建成"无处不宽带"的无线城区，建成各类室外无线基站2 400个，WiFi热点3 000个，移动宽带用户数达360万。实现区内热点商圈、重要公共场所无线宽带全覆盖，主要区域无线宽带覆盖率达80%以上，80%以上家庭能够享受3M以上无线宽带接入能力，创建"无线金融城、无线科技城、无线旅游城"。而特色方面，上海市气象局与市旅游局联合举行了旅游气象智能终端系统开发的启动仪式。上海市9家旅行社在2012年4月份试点电子旅游合同，游客在家就可查询所有行程相关信息，并能进行质量评价。今后，这一信息化技术还将全面推广，进一步减少因旅游合同产生的各种投诉纠纷。2011年年底，上海第一代手机导游iTravels(intelligence Travel service)上线启用仪式在世博博物馆举行，这标志着上海市智慧旅游迈出了实质性的步伐。

2011年11月，洛阳旅游体验网、洛阳旅游资讯版、洛阳旅游政务版以及英、日、法、俄、韩、德等6个语种的外文版旅游网站已经建成。2011年牡丹文化节期间，市旅游局还与洛阳移动公司联合推出电子门票，开通新浪洛阳市旅游局官方微博等，形成立体交叉的互联网、物联网旅游服务体系，在吸引游客方面作用明显，初步打造出"智慧旅游"的基础设施，今后将在现有的基础上进一步提升"智慧旅游"服务内容。

天津"智慧旅游"建设项目目前取得阶段性成果，城市旅游地理信息系统终端设备通过专家评审，已经开始在全市铺设，预计2012年年内将有近千台终端设备投入使用。该系统是一套现代化、高水平的城市公共信息查询平台和商务平台，可以为外来商旅人士以及本地居民提供专业、及时、准确、权威的数字化旅游公共信息服务。天津"智慧旅游"系统内容包括"Hello天津"、"津味文化"、"畅游天津"、"乐享天津"、"便民服务"、"地图导航"、"津城政务"、"活力新区"、"出行助理"等板块，信息涵盖旅游景点、酒店、交通、餐饮、休闲、娱乐、购物、金融、医疗等方方面面，可以查询到地铁、航空、公交线路的情况，还可以打印各类优惠券，用城市一卡通进行缴费、充值，使用银联卡消费、在线购票等。这套系统的终端设备直接面对市民和游客，是一个可以让游客和市民实实在在感受到“智慧天津”建设成果的项目。它兼具信息查询和商业支付功能，可以为游客提供一站式服务。目前在对酒店、商业体等处实验性布设的结果来看，效果良好，游客使用频率较高，可以满足游客实际需求。2012 年 9 月份，在实现一卡通支付的基础上，银联支付功能也将开通，在线购票等消费功能将更加完善。

旅游活动作为生活方式的延伸，必然因信息技术发生革命性变革。随着在线旅游、邮轮游艇旅游、房车旅游、自驾车旅游等快速发展，满足新兴需求，从技术层面来说最重要的就是实现基于移动互联、“智慧城市”等内容的“智慧旅游”。

六、智慧旅游的未来发展

智慧旅游有着广泛的应用前景，它不仅引领世界旅游的发展潮流，成为现代服务业与科技结合的典范，还可以完善管理平台、增强竞争优势、满足旅游者的个性需求。

1. 引领世界旅游的发展潮流

智慧旅游以人本、绿色、科技创新为特征，利用云计算、物联网、高速通信技术等信息高科技提升旅游服务质量与服务方式，改变人们的旅游消费习惯与旅游体验，成为旅游发展与科技进步结合的世界时尚潮流。尽管欧美等发达国家在旅游智能化方面取得令人羡慕的成就，但云计算、物联网、高速互联网等新型信息技术在旅游领域的尝试性运用却刚刚开始，各国在智慧旅游发展上处在同一起跑线上，谁在智慧旅游发展方面占据先机，谁就能引领世界旅游发展的潮流。国家旅游局提出争取用 10 年左右时间在我国初步实现“智慧旅游”的战略目标，这必将使我国在世界旅游竞争格局中占据优势地位，成为引领世界旅游产业发展的重要力量。

2. 打造现代服务业科技典范

目前，我国旅游业因科技含量不足、知识密集程度不够、经营管理方式传统，尚不属于现代服务业的范畴。智慧旅游建设是我国旅游业由传统服务业向现代服务业转变的突破口，借助智慧旅游示范城市、产业园区、示范企业的建设，强化我国智慧旅游装备制造、智慧旅游应用软件、智慧旅游经营发展模式等方面的探索和建设，以提升我国旅游业的科技含量，增强我国旅游创新能力，提升我国旅游服务质量和国际竞争力。通过云计算、物联网、高速通信技术等信息技术的有机整合，使旅游业的信息化水平与工业信息化水平同步发展；使旅游业的信息化水平超前于服务业整体的信息化水平；使旅游业发展成为高信息含量、知识密集的现代服务业的典范。

3. 提升科技集成的竞争优势

目前，智慧旅游作为一个发展概念，尚无技术标准和建设发展模式，现在进行的智慧旅游建设均属于探索性的建设。在未来智慧旅游主导的旅游产业竞争格局中，谁参与了智慧旅游标准制定、智慧旅游技术整合、智慧旅游经营模式探索，谁就可能获得世界旅游产业中利润最丰厚的那部分，并占据旅游产业的市场优势和竞争主动权。因此，在智慧旅游“云端”的模式总体框架下，将云计算中心、高速互联网、高速移动通信网、物联网等进行集成性融合尝试：采用“私有云计算”的服务方式降低基础设施建设成本、维护成本和升级成本，提升信息处理能力；采取虚拟定位技术，将游客锁定到三维地图当中，进行可监控救援服务；采取游客信息采集处理技术，对消费者进行类别区分、提供贴身营销服务等，实现智慧旅游信息科技集成条件下的精细管理的价值诉求。

4. 探索旅游管理的创新平台

智慧旅游需要有智慧旅游系统应用平台的支撑。智慧旅游系统应用平台作为一个信息集成系统，包括景区物联网的监控信息收集子系统，如智慧园区客流动态监控状况；游客消费实时信息收集子系统；餐饮、饭店、商铺经营动态子系统；景区生态、遗产文物等状况实时监控子系统；安保信息收集子系统等。物联网采集信息通过虚拟数据中心的云计算驳接系统传输到云计算中心，在云计算中心完成信息计算与处理，再返回虚拟数据中心，虚拟数据中心的系统平台提供分析结果供决策管理者进行旅游信息决策，使智慧旅游景区管理更加高效合理。

5. 满足旅游体验的个性需求

智慧旅游发展的直接受益者是旅游者。旅游者通过智慧旅游系统的终端驳接工具完成网上旅游咨询服务，如查询观光信息、网上预约和网上淘宝服务，还可以订制私人旅游线路，合理安排个人日程，最大化地利用和节省旅游时间。智慧景区也将提供更加多元化、个性化的服务，旅游者能够根据自己的需要选择性消费，如根据自己的需要选择导游讲解语种、讲解风格、讲解深度等，旅游者借助虚拟辅助系统能够全面、直观、深入地进行旅游体验。旅游者与智慧景区系统不断地进行信息互动，进而使景区服务形式和消费内容不断创新，旅游者每次到来都有不同的体验和感受，从而乐于重复消费。

第二章

智慧旅游能干什么？

一、导航

导航首先就是将位置定位服务提供给旅游者，让他们可以随时随地地知道自己的位置。就当前的技术来讲，确定位置方法有多种，如 GPS 导航、惯性导航、地形辅助导航、基站定位、WiFi 定位、RFID 定位、地标定位等等，未来还有图像识别定位。其中，惯性导航和地形辅助导航主要应用于军事领域，而在以上可用于民事导航的定位中，GPS 导航和 RFID 定位能获得更加精确的位置。但 RFID 定位需要布设很多识别器，也需要在移动终端（如手机上）安装 RFID 芯片，离实际应用还有很大的距离；GPS 导航应用则要简单得多，一般智能手机上都有 GPS 导航模块，将其接入电脑，可以将互联网和 GPS 导航完美地结合起来，进行移动互联网导航。

传统的导航仪无法做到及时更新，更无法查找大量的最新信息；而互联网虽然信息量大，但无法导航。高端的智能手机有导航，也可以上互联网，但就目前而言二者没有结合起来，需要在导航和互联网之间不断地切换，非常不便。

智慧旅游则能实现将导航和互联网整合在一个界面上，这时地图来源于互联网，而不再存储在终端上，因此没有必要经常对地图进行更新。当使用者运用 GPS 确定位置后，最新的相关信息将会通过互联网主动提示"是否需要如下信息"，如交通管制、交通事故、交通拥堵状况、限行、停车场以及车位状况等等信息，还可以根据需要查找其他相关信息。通过内置或外接的 GPS 设备，与已经联网的平板电脑或者其他智能终端连接，在运动中照样可以进行导航，位置信息、地图信息和网络信息都可以显示在所用的同一个终端界面上。并且随着位置的变化，终端上的各种信息也会及时更新，并根据使用者事先设置的需要显示在地图和网页上。

当然，上述情况得以实现的前提是 GPS 和平板电脑的结合，这个在具体操作上存在一定的难度，没有多少人出门时还愿意携带着平板电脑，因此 GPS 与智能手机等便携式终端设备的结合更加引人注目。

二、导游

智慧旅游的另一个重要功能就是能够给用户提供海量的即时需求信息，用以导游。依据南京智慧旅游的顶层设计方案，未来两年内，南京计划将景区、旅行社、酒店以及旅游相关产业的信息资源整合到一起，打造一个统一的智慧旅游中央管理平台和旅游资源数据库。届时任何一名游客到南京，想知道相关旅游信息，大可不必再翻地图、打电话，用手机或电脑登录该系统就能了解到如何坐车最方便、哪家餐馆的菜最合口味、哪里购物娱乐最划算。此外，游客还可以通过系统查询各家旅行社的旅游项目、价格，查阅用户评价，并根据口碑来选择旅行社。据悉，该系统不仅能将“吃、住、行、游、购、娱”相关信息一网打尽，还能帮助谋划最合理行程，游客只要把自己停留的时间、需要游览什么样的景点、喜欢什么口味的菜肴、大约花费多少钱等关键信息输进电脑或手机，系统就可以根据这些要求，综合天气、路况等因素自动设计出一条最佳的旅游行程线路。

三、导览

现有的旅游更多的是借助旅行社和导游，游客基本上处于被动接受的位置，可能造成众多游客听了诸多自己不感兴趣的，却遗失了感兴趣的内容，并且跟团游缺乏自主性，游客大都体会不到旅游休闲娱乐的趣旨，而智慧旅游却可以解决这一难题。

目前，各智慧旅游城市都在景区配备可触摸式的台式导航设备，游客可以通过点击感兴趣的对象（景点、票务、车站、酒店、餐馆、娱乐等）获得其位置、文字、图片、视频、使用者的评价等相关信息，深入了解兴趣点的详细情况，供自己决定是否需要它。

另外，现在不少的景区配备了便携式耳机向游客提供讲解，但大多需要游客自己租用。智慧旅游的目标则是实现游客不需要租用这个设备，可以选择性地寻求景点讲解。可以通过手中的便携式智能终端设备，诸如智能手机、iPad 等，先通过该设备的拍照功能，然后联网与后台衔接，通过图片的匹配再向游客提供该景点的详细讲解，包括文字、图片、视频和 3D 虚拟现实等等，游客通过该智能终端设备就可以将该景点信息一网打尽。

现有的 Google 地图和百度地图，用户选择一个出发点和一个终点就可以查找到中间的路线。一般情况会提供几个选择，用户可以从中挑选一个最方便快捷的路线。智慧旅游的发展也将借助这类地图引擎，为游客提供从出发地到景点、酒店、餐馆、车站等的最佳路线建议。游客只需要借助便携式智能终端设备就可以随时随地地获知该类信息。

四、导购

现有的旅游购物大多是导游带着游客进入特定的特产商店或纪念品商店消费的模式，游客很少有选择的权利，因为游客都是外出旅游，对旅游地都缺乏了解，只能跟从导游安排。在国家旅游局通报的《2010 年 10 件旅游案例》中，“零负团费”、“挂靠承包”、强迫消费等依旧是旅游投诉的重灾区；《2010 年全国旅游投诉情况通报》也显示，涉及购物的投诉 2010 年同比上升 40%。

智慧旅游发展成熟之后，这类问题可以得到很好的解决。游客可以通过智慧旅游的地图模块，对旅游地随时进行全面而深入的在线了解和分析，也可以直接通过手持智能终端实现在线预订(客房/票务)。只需在网页上点击自己感兴趣的对象旁的“预订”按钮，即可进入预订模块，预订不同档次和数量的该对象。想买纪念品或者特产的时候，也只需点击该模块，系统就会提供商家和评价，供游客比较选择甚至在线购买。

由于现在的旅行，游客的自主性增强，游离于旅行社之外的自驾游等旅游方式越来越多地受到人们的青睐，不再像传统的团队游客那样可以预先将旅途过程中发生的一切费用支付给旅行社，因此游客大多必须自己携带现金或者银行卡，以便支付在旅途中产生的吃、住、行、游、购、娱等的费用。但是有些费用，譬如到达目的地之前的车票、门票和酒店的预订，很难用现金解决，给游客带来了极大困扰。智慧旅游发展成熟以后，游客将不再需要担心这些问题，不需要携带大量现金，甚至银行卡都不需要随身携带，只要保证所持智能终端(装有 RFID 电子标签)与银行卡相连即可。游客在景区、交通或者住宿、餐饮需要结账时，会有即时信息提示需付款项，并请求游客确认该信息。这样，轻轻松松便可以解决旅游途中产生的大部分金钱交易问题，十分便捷。

五、智能管理

智慧旅游发展成熟以后，将给旅游带来更加智能化的管理。这种管理方式的智能化体现在以下几个方面。

(1) 旅游相关管理机构的管理智能化

依靠物联网等强大的信息覆盖能力，旅游参与各相关主体的实时信息都会通过旅游云反馈出来，各旅游主体间的信息互通也更加开放便捷。

(2) 景区管理的智能化

智慧旅游的发展会为景区提供票务智能化管理、景区智能化讲解、景区资源智能化管理、客流智能化管理、员工智能化管理等。

(3) 酒店管理的智能化

包括两个方面，即为客人提供智能化服务和酒店内部智能管理。

第三章

互联网/移动互联网与智慧旅游

一、互联网与旅游

1. 互联网的内涵与发展状况

互联网(internet),即广域网、局域网及单机按照一定的通信协议组成的国际计算机网络。互联网是指将两台计算机或者两台以上的计算机终端、客户端、服务端通过计算机信息技术的手段互相联系起来的结果,人们可以与远在千里之外的朋友互发邮件、共同完成一项工作、共同娱乐。具体可作如下理解:

① 通过全球唯一的网络逻辑地址在网络媒介基础之上逻辑地连接在一起,且这个地址是建立在"互联网协议"(IP)或今后其他协议基础之上的;

② 可以通过"传输控制协议"和"互联网协议"(TCP/IP),或者今后其他接替的协议或与"互联网协议"(IP)兼容的协议来进行通信;

③ 实现公共用户或者私人用户享受现代计算机信息技术带来的高水平、全方位的服务,且这种服务是建立在上述通信及相关的基础设施之上的。

这当然是从技术的角度来定义互联网。这个定义至少揭示了三个方面的内容:首先,互联网是全球性的;其次,互联网上的每一台主机都需要有"地址";最后,这些主机必须按照共同的规则(协议)连接在一起。

根据互联网发展各个时期的特点,我们可以把互联网发展分为四个阶段,即起源阶段、筹建阶段、成熟阶段和起飞阶段①。

(1) 互联网起源阶段:20 世纪 50 年代末期至 60 年代末期

互联网起源于前苏联和美国冷战时期。1958 年,美国国防部成立了"国防高级研究项目署(DARPAR)",其目的是建立一个全球电脑网络,开发出一套能够传递超文本文件(文字和图像)的 NLS(网络)系统。DARPAR 为互联网的诞生奠定

---

① 马钰.解读互联网发展的新阶段:Web 2.0[N].新疆财经学院学报,2007(3):71-74.

了基础。

(2) 互联网筹建阶段:20 世纪 60 年代末期至 80 年代中期

1969 年 11 月 21 日 DARPAR 建成了第一个网络,这个网络只有两个节点;1969 年 12 月 5 日网络节点增加为 4 个。从 1972 年起 DARPAR 的网络开始扩大,它就是现在的互联网雏形。

(3) 互联网成熟阶段:20 世纪 80 年代中期至 90 年代中期

1983 年美国军事网络 MILNET 分割为独立的网络,这为互联网民用化铺平了道路。1984 年美国国家基金委员会参与网络研究,开发了"电脑科学网络(CSNET)"。这是第一个使用 TCP/IP 网络协定的广域网络,并与 DARPAR 连接。

1984—1989 年是互联网开始普及全世界的时期。1989 互联网开始商业化,一批提供上网服务的公司应运而生。world. std. com 是第一个对公众提供拨号上网服务的公司。1990 年全球网站网络系统(World Wide Web—WWW)开始普及全世界。

(4) 互联网起飞阶段:20 世纪 90 年代中期至今

在全球网站网络系统问世后,网络浏览器则是使网站网络系统得以普及和应用的重要工具。1994—2007 年是网络浏览器诞生发展的时期。经过多年发展,多样的浏览器使得互联网更为丰富多彩。而 1993—2006 年是网络搜索引擎工具快速发展的时期。在 20 多种搜索引擎当中,英文 Google 搜索引擎拥有最多的客户;中文百度搜索引擎是华文互联网应用功能最好的引擎。正是这些多种多样功能的搜索引擎,使得互联网的功能和作用发挥到极致。

1994—2001 年美国政府和商业网络服务商开始分别建立自己的骨干网络。美国国家网络基础设施规划委员会的"入网服务公司"把各类网络连接在一起,从此禁止网络商业化的规定也就不起作用了。1999 年底至 2001 年是网络泡沫发酵期,以互联网为基础的公司在全球曾达到数十万家。2001 年以后,与互联网相关的技术有了质的提升,如宽带网络技术、无线网络传输技术、网络语音技术、网络音像传输技术和网页设计技术等都有重大突破。互联网已由专业技术人员、网络公司为中心转变成以互联网用户为中心。这些变化使得互联网功能更为强大,应用范围更加广泛。

随着互联网的发展,网络平台也经历了 Web 1.0、Web 2.0,向着 Web 3.0 发展。

(1) Web 1.0

Web 1.0 通常是指 1999—2004 年间互联网起飞后期的这个阶段。在 Web 1.0时期,互联网在管理、内容、技术、商业运作模式、表现形式等方面都处于初级阶段,网站都是追求大而全,以己为中心;提供网站服务的公司都是从自己的想法出发发布内容，与用户没有互动。互联网是以门户网站为中心，重视的是内容编辑。网站提供给用户的内容都是网站编辑经过处理后提供的，用户阅读网站提供的内容。这个时期的代表网站是新浪、搜狐、网易、雅虎等。

在 Web 1.0 时期，网络技术及应用软件主要有鼠标双击术、网上照片分享软件(ofoto)、阿卡迈电脑数据分配平台系统、提供音乐服务的 MP3.com、网上大英百科全书等。页面浏览数是评估网络业绩的主要依据。

(2) Web 2.0

在 Web 2.0 时期互联网就是一个系统平台，各种各样的技术和软件系统能够在这个平台上得到充分发挥。Web 2.0 时期的网络技术及应用软件系统比 Web 1.0 时期的无论是在性能上还是功能上都有很大提高。一些新的技术替代了原来的技术，如使网络计费的方式改为 Google Adsense；网络分享照片软件由功能强大的 Flickr 代替；网络数据分配平台系统由 Bit Torrent 替代；使用方便的 Napster 成为新的受欢迎的提供音乐服务的网站；维基百科全书成为最受欢迎的网络资料库；提供社交服务的网站改为 upcoming.org 和 EVDB；人们不再把抢注域名看成是唯一出名的有效方式，而是转为重视网站搜索引擎的优化程度等等。在 Web 2.0 阶段，所有 Web 2.0 网站都是开放式的，即允许其他系统获取或写入数据，如博客网站，它允许用户在网站内拥有自己的数据。

就目前的发展情况而言，Web 2.0 是以 Flickr、Craigslist、Linkedin、Tribes、Ryze、Friendster、Delicious、43Things.com 等网站为代表，以 Blog、TAG、SNS、RSS、Wiki 等应用为核心，依据六度分隔、xml、ajax 等新理论和技术实现的互联网新一代模式。Web 2.0 技术主要包括博客(Blog)、RSS、百科全书(Wiki)、网摘、社会网络(SNS)、P2P、即时信息(IM)等。每一个 Web 2.0 网站都是互联网络中的一个提供社会网络服务(Social Network Service)的站点。六度关系理论可以让现实世界的六十亿人通过互联网形成紧密的联系。

在 Web 2.0 阶段，网站的商业化非常突出。一些网络公司如 eBay(拍卖网站)、Amazon(网上书店)、维基百科全书(Wikipedia)、Delicious(美味书签)和 Flickr(图片分享)等不断增加新的功能，使得网络更加深入人类生活和工作中的各个角落。

Web 2.0 是以人为核心线索的网，提供更方便用户织网的工具，鼓励用户提供内容。根据用户在互联网上留下的痕迹，组织浏览的线索，提供相关的服务，给用户创造新的价值。

(3) Web 3.0

无论是 Web 1.0 还是 Web 2.0，都是在窄带互联网大环境下基于内容与交互的信息模式，只是 Web 2.0 在表现形式上比 Web 1.0 丰富一些，加强了用户的参与度。在 Web 2.0 时期，新的网络技术、新的网络软件及新的概念不断涌现，随着网络基础设施的建设和信息技术的深入发展，互联网将处于一个宽带的环境，它将真正地把人类带到数字化世界中去。到了这一阶段，人们自然就想到互联网新阶段的名称，Web 3.0 即将问世。

Web 3.0 将是以主动性（initiative）、数字最大化（max-digitalizative）、多维化（multi-dimension）等为特征的，以服务为内容的第三代互联网系统。通过互联网按照一定规则将商品和服务数字化，在 Web 3.0 时代将会出现信息多维化的趋势。比如目前拍卖网站的商品描述主要通过图片和文字的形式表现，但如果能为部分高端商品提供视频描述，则不仅会为消费者提供更全面的信息，而且也会提升该商品的品质，从而更有利于商品的出售。我国的易网（www. ys. com. cn）有 15 个大门类，175 个小门类，让用户能实现对目标对象的直接定位，可实现目标客户准确定位、客户服务、客户管理、营销等一系列经营环节，初步具备 Web 3.0 的特征了。Web 3.0 网站内的信息还可以直接和其他网站相关信息进行交换和互动，能通过第三方信息平台同时对多家网站的信息进行整合分类。Web 3.0 用户可以在互联网上（不是在 Web 2.0 网站系统内）拥有自己的数据，并能在不同网站上使用，完全基于 Web，只需用浏览器便可以实现复杂的系统程序才具有的功能。以服务为中心的 Web 3.0 必将引领下一代互联网的潮流，使互联网全面数字化。

全球互联网自 20 世纪 90 年代进入商用以来迅速拓展，目前已经成为当今世界推动经济发展和社会进步的重要信息基础设施。经过短短十几年的发展，截止 2007 年 1 月，全球互联网已经覆盖五大洲的 233 个国家和地区。而 Internetworldstats.com 数据显示，截至 2011 年 12 月 31 日全球互联网用户总数大约为 22.67 亿人，在全球 70 多亿人口中所占比例达 32.3%，而截至 2011 年 3 月 31 日全球互联网用户总数大约为 20.95 亿人。按照这个速度计算，截止 2012 年 4 月全球网民数量已超过 23 亿[①]。同时，互联网迅速渗透到经济与社会活动的各个领域，推动了全球信息化进程。全球互联网内容和服务市场发展活跃，众多的 ISP 参与到国际互联网服务的产业链中。由此带来了互联网服务的产业的活跃发展，推动形成了一批 ISP，如 Google、Yahoo、eBay 等，成为具有全球影响力的互联网企业。

中国的互联网发展虽然起步比国际互联网晚，但是进入 21 世纪以来，同样发展快速。中国互联网络信息中心（CNNIC）2012 年 7 月 19 日发布的报告显示，截至 6 月底，我国网民数量达到 5.38 亿，是 15 年前的 867 倍，互联网普及率为 39.9%。而随着智能手机的普及，手机上网更为方便，截至 2012 年 6 月底，手机网民规模达到3.88亿。CNNIC 统计显示，2012 年上半年通过互联网收看视频的用

① 研究显示全球网民已超 23 亿，每秒新增 8 个用户[OB/OL]. http://tech. qq. com/a/20120420/000363. htm.

户增加了约 2 500 万，而使用手机收看视频的用户已经超过 1 亿。同时，微博在手机网民中的使用率提升了 5.3 个百分点，占到 43.8%，成为使用率增幅最大的手机应用。①

2. 互联网与旅游

自从互联网被大众广泛接受以来，旅游与互联网的结合就日益紧密，打开计算机进入互联网可以找到旅游方面海量的信息。综合来看，笔者将互联网与旅游的结合归结为以下十个方面。

(1) 多语言网络广告

通过网络形象广告，旅游目的地可以树立旅游目的地形象，提升旅游目的地的知名度。以澳大利亚旅游网站(www.australia.com)提供的网络视频广告为例：广告主要目的是宣传澳大利亚旅游形象及丰富的旅游资源；广告充分利用声音、动画、三维等多媒体技术，提供英语、汉语、日语、韩语和德语五个版本；用户在观看视频广告之余，还可以通过发送电邮、明信片等形式把广告发给亲朋好友，同时网站还提供广告下载及屏幕保护程式，供用户下载。

(2) 智能搜索引擎

智能搜索引擎后台数据库存储了大量旅游目的地各方面的信息，游客通过输入关键字、词进行检索。智能搜索引擎能推测游客的意图，并能处理复杂的、高难度的任务，并对游客的需求加以分析地接收，自动拒绝一些不合理或可能给游客带来危害的请求，为游客提供大量的可供选择的旅游信息。旅游目的地网站通过创建智能搜索引擎，为游客提供各种与旅游有关的解决方案，并最大限度满足游客需求和愿望。

(3) 数字地图

以 Google Earth 为例的数字地图，采用最新的卫星图片和 3D 地图定位技术，使你能够如同一只雄鹰在大峡谷中飞翔，鸟瞰世界。Google Earth 可获得全球大约 1/3 的人口所居住地区的鸟瞰图，它丰富的细节正吸引网民开始全球探秘之旅。Google Earth 还允许用户在特定位置加上“地标”(placemarks)和解说，《国家地理杂志》的经典图片已经为缺乏生气的灰色大地标上了鲜亮的注脚。对一些人，虚拟旅游替代了他们真实旅游的渴望，让他们更多地安坐家中而不是背包出行。而真正的旅游爱好者正将 Google Earth 用作有效的线路计划工具，甚至可以预览度假海滩上的露天烧烤区和饭店大堂。

① 报告显示中国网民数量达 5.38 亿，15 年增长逾 800 倍[OB/OL]. http://money.163.com/12/0719/19/86Q4IROU00253B0H.html，2012-07-19.

(4) 电子服务

电子服务是由旅游目的地网站提供的增值服务，也是旅游目的地开展网络营销的重要手段。电子服务主要是提供各类电子版本宣传资料的下载和浏览，这些资料包括节庆活动表、签证和出入境资料、天气预报、货币兑换、电子地图、电子图书、电子杂志和各种电子分类手册。旅游目的地网站根据用户输入的资料可以建立客户档案或用户数据库，并定期向用户邮箱发送旅游目的地宣传资料、各种促销信息、用户需求问卷调查表等，保持与用户的沟通与交流，并了解用户的旅游需求和愿望，以建立、保持和发展与用户的长期关系。

(5) 虚拟旅游(Virtual Tour)

虚拟社区和虚拟旅游得到越来越多的旅游目的地和旅游者的重视和认同。旅游虚拟社区可以培养忠实的客户群，提高用户的归属感，还可以提升旅游目的地网站的人气，吸引更多的用户浏览目的地网站。旅游目的地景点视频在线播放开始得到初步发展。此外，美国、加拿大、法国、西班牙、英国等 20 多个西方国家还在旅游网站上建立了虚拟景点，游客可以在虚拟的环境下听到导游详细讲解，与画中人物交谈，并可以购买具有特色的旅游工艺品。这种模拟游客真实游览行为的虚拟景点建设，受到越来越多游客的欢迎。

(6) 客户关系管理和客户管理系统

目前，许多国际旅游目的地网站不仅设立了网上顾客服务中心，为游客提供紧急咨询、大使馆服务、网上投诉和意见反馈、公众留言等服务，还建立了客户管理系统，让顾客参与到旅游产品和服务生产、销售过程中，实现客户自主管理。例如客户可以自主修改预订资料或取消预订。国际旅游目的地网站通过设立顾客服务中心和客户管理系统，密切了与游客之间的关系，提高了双方的关系质量，从而提高了游客的满意感。

(7) 播客(Podcasting)

播客是一种网络自助广播形式，是网络广播或类似的网络声讯节目，而收听播客的内容、收听时间、收听方式则由人们自主选择。维基百科给播客的定义是该技术能把任何文件“拉”过来，包括软件更新、照片和视频——目前网络中的播客不只限于音频。正如铺天盖地的博客，播客的出现使任何人可以用自己想象的方式在互联网上展示个人思想、表现生活形态等一切方面，使旅游网站吸引更多的游客。

(8) 网上娱乐

部分旅游目的地网站为游客提供网络游戏、网络音乐、彩信图片和屏幕保护程序下载等在线娱乐增值服务，吸引更多的游客登陆旅游目的地网站。网络游戏、音乐、图片和屏幕保护程序的组织和设计以宣传介绍旅游目的地资源为目标，如可供下载的音乐要以地方民族音乐为主，图片以旅游目的地风光图片为主，力求使游客在娱乐之中加深对旅游目的地的认识和了解。

(9) 电子杂志

电子杂志融入了声音、图像、动画、视频、三度空间、虚拟现实等所有广告媒体的功能,使得杂志的可视性、交互性都达到了前所未有的高度。通过它,可以让客户非常方便地看到公司的介绍、产品说明、服务方式、联系地址,达到真正的声情并茂,从而树立良好的企业形象。不受刊号限制,无需纸张和印刷费用,低廉的运营成本造就了网络杂志的"机动灵活"。由于内嵌跟踪程序,可以向广告主提交用户阅读行为的分析报告,甚至于读者在每个页面的停留时间都可以被监测。广告营销成本低,比起印刷商品目录和电视广告,其费用显然微不足道,且网上的广告区域能延伸到全世界每一个角落。

(10) 电子布告栏(BBS)等

旅游目的地通过电子布告栏(BBS)、新闻组等网络营销工具,对游客进行即时的信息搜索,游客则有机会对旅游目的地产品和服务设计、旅游交通和旅游线路安排等一系列问题发表意见和建议。这种双向互动的沟通方式提高了游客的参与性与积极性,更重要的是它能使旅游目的地获得大量有用的游客信息,以便有效地作出对客服务决策,从根本上提高游客的满意度。

二、移动互联网与智慧旅游

1. 移动互联网的内涵和发展

2009 年年初,新一轮的电信重组与 3G 牌照发放使中国电信业形成了新的产业竞争格局,网络融合、终端融合推动移动互联网快速发展,加速了产业边界的消失;3G 时代的来临加速了移动通信与互联网的融合进程,电信业与传媒业相互渗透、走向密切融合的趋势不断凸显。在这种趋势下,移动互联网也越来越多地走进人们的视线。

移动互联网,顾名思义就是互联网在移动状态下的运用。其是在互联网上提供移动功能的网络层方案,以此可以使移动节点用一个永久性的地址与互联网的任何主机通信,并且在切换网时不中断正在进行的通信;用户可使用手机等便携式终端设备,通过移动网络在任何时间、任何地点浏览互联网站,获取即时通信、移动支付、旅游信息、E-mail 等其他数据服务和信息服务。简单来讲,移动通信(狭义上指可移动终端通过移动通信网络进行通信,广义上指手持移动终端通过各种无线网络进行通信)与互联网的结合就产生了移动互联网。相应的,以移动通信网络作为接入网就是狭义上的移动互联网,以各种无线网络作为接入网就是广义上的移动互联网(如图 3.1 所示)。智慧旅游中所涉及的移动互联网技术将会涵括广义和狭义上的两种情况。

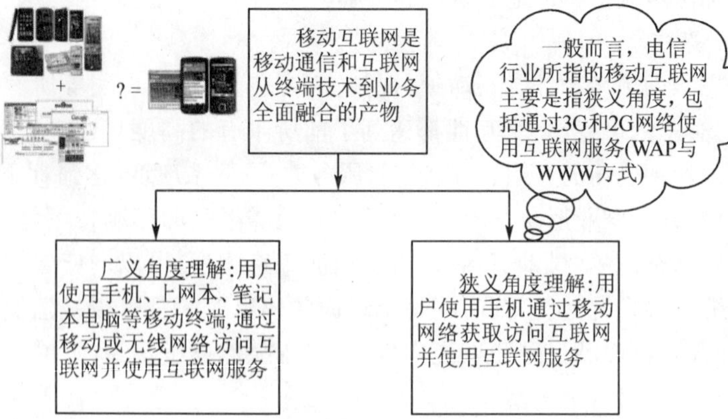

图 3.1　移动互联网定义

移动互联网的发展史可以追溯到互联网的快速发展期，是伴随着互联网的发展而发展的。以 2001 年 11 月 10 日中国移动“移动梦网”的正式开通，再到 2004 年 3 月 16 日的 3G 门户开创的中国 FREE WAP，直到 2009 年 1 月 7 日工业和信息化部在内部举办小型牌照发放仪式，为中国移动、中国电信和中国联通发放 3 张第三代移动通信（3G）牌照，中国的移动互联网的基础布局得以建成。但此阶段的移动互联网的内容比较单一且匮乏，直接引爆移动互联网大发展的是智能移动终端功能的进一步加强，尤其以 2007 年苹果发布的 iPhone 智能手机为标志，标志着全球移动互联网进入一个全新的发展阶段。随着 Andriod 智能手机平台的推出，各手机及智能终端厂商基于此系统开发出自己的智能终端系统，老手机用户更新换代，新生代用户更是以智能手机为一个生活、娱乐、工作的必需品。移动互联网大发展的硬件及软件、用户基础都已具备，用户可以真正地达到随时的互联互通，围绕着用户及内容的应用伴随着智能终端功能的进一步强大而丰富、实用起来。

2012 年 8 月 1 日，中国领先的本地生活消费平台——大众点评宣布其移动客户端独立用户数将破 4 000 万，而去年同期才刚破 1 000 万，移动应用进入前所未有的几何级数增长，而且来自大众点评移动客户端的浏览量已经超过了大众点评 PC 端的浏览量。截至 2012 年二季度末，中国第三方手机浏览器市场活跃用户规模达到 2.42 亿。当然移动互联网的智能终端不只是手机，还有平板电脑、掌上电脑（PDA）、电子阅读器、汽车电子产品（GPS/ABS/音频/视频）、移动视频设备、无线家电等等。移动互联网能够吸引大量的关注，本质上还是人们生活方式的变革，而技术只是引导和服务生活。

2. 移动互联网的特征与功能

移动互联网不但继承了桌面互联网的开放协作的特征，还继承了移动网的实时性、隐私性、便携性、准确性、可定位等特点。“小巧轻便”及“通信便捷”两个特点，另外加之移动互联网的隐私性更强、可定位的实现，决定了移动互联网与 PC 互联网的根本不同之处(见图 3.2)。

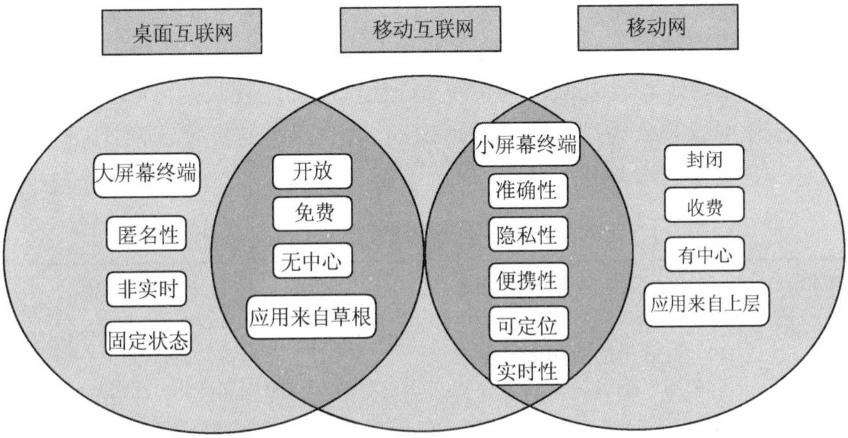

图 3.2 移动互联网特征与传统的桌面互联网和移动网的比较[1]

(1) 便捷性

除了睡眠时间，移动设备一般都以远高于 PC 的使用时间伴随在其主人身边。这个特点决定了使用移动设备上网，可以带来 PC 上网无可比拟的优越性，即沟通与资讯的获取远比 PC 设备方便。

(2) 应用轻便

除了长篇大论、休闲沟通外，能够用语音通话的就用语音通话解决。移动设备通信的基本功能代表了移动设备方便、快捷的特点，而延续这一特点及设备制造的特点，移动通信用户不会接受在移动设备上采取复杂的类似 PC 输入端的操作——用户的手指情愿用“指手画脚”式的肢体语言去控制设备，也不愿意在巴掌方寸大小的设备上去输入 26 个英文字母长时间去沟通，或者打一篇千字以上的文章。

(3) 隐私性

移动设备用户的隐私性远高于 PC 端用户的要求。不需要考虑通信运营商与设备商在技术上如何实现它，高隐私性决定了移动互联网终端应用的特点——数据共享时既保障认证客户的有效性，也要保证信息的安全性。这就不同于互联网

① 中国电信企业发展部. 移动互联网的特性与发展趋势研究. 2011 年 3 月.

公开透明开放的特点。互联网下，PC端系统的用户信息是可以被搜集的，而移动通信用户上网显然是不需要自己设备上的信息给他人知道甚至共享。

(4) 可定位

通过移动设备的GPS等定位功能，可以随时实现用户的准确定位，更加方便网络供应商提供准确实时的推送服务，更加方便满足用户的需要。用户并不需要在查找所在地信息的时候因为不知道所在地正确的名称或地理位置而烦恼，也无需输入大量的文字说明。这是PC所无法比拟的。

根据表3.1所示移动互联网与传统PC互联网的比较我们可以得出，移动互联网的基本特征可以表现为用户身份的可识别、基于用户的位置、随时随地、开放、互动以及用户更方便的参与。

表3.1 近期移动互联网与传统互联网主要特征的比较[①]

对比指标	传统桌面互联网	移动互联网
业务组织方式	(1) 分散型的应用服务结构 (2) 用户围绕服务为中心	(1) 以电信运营商为中心的服务体 (2) 应用服务以用户为中心
接入终端	(1) 台式机 (2) 笔记本电脑	(1) 手机 (2) 上网本 (3) 平板电脑及其他终端设备
应用网络	(1) 传统的有线网络 (2) WLAN等网络接入的扩展	(1) 电信运营商通信网络 (2) WiFi等无线网络
用户使用习惯	(1) 使用场景：学习、办公和大型娱乐 (2) 上网地点：学校、办公室等固定场所 (3) 使用时间：固定、块状	(1) 使用场景：休闲、娱乐、消磨时间 (2) 上网地点：交通工具、户外 (3) 使用时间：多为碎片化
可搭载服务	(1) 大型、复杂的应用服务 (2) 用户对多数应用服务是透明的	(1) 简洁、易操作的应用服务 (2) 基于位置、身份识别、权限鉴定的应用服务

注：表中列示的区别为当前及近期阶段中传统桌面互联网与移动互联网的业务区别。

随着移动通信网络的发展，特别是3G网络的出现，有效地解决了移动应用中的通信瓶颈问题。当前移动互联网的主要业务与服务呈现多元化和个性化的特点，包括了通信服务、商业和生活服务、信息和内容服务，以及最受现代人追捧的个

① 中国电信企业发展部. 移动互联网的特性与发展趋势研究. 2011年3月.

性化服务。具体如图 3.3 所示。

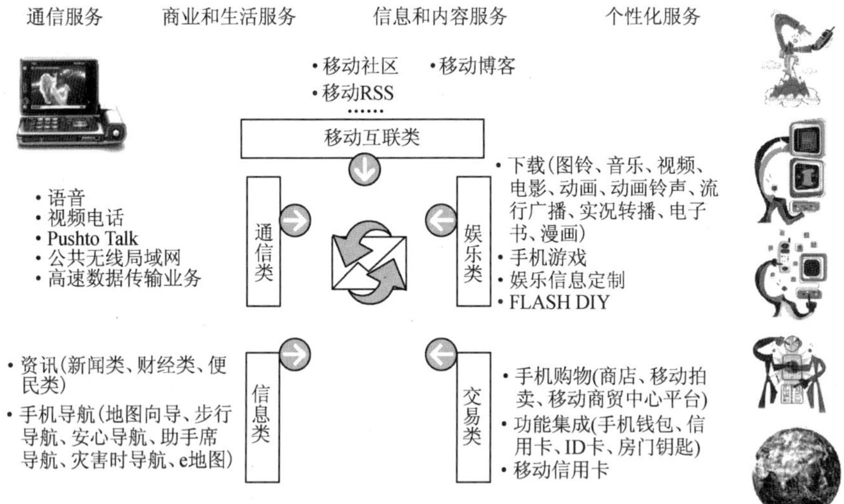

图 3.3　移动互联网主要业务与服务①

其中热点业务包括：

① 移动浏览和下载。这是最为基本的移动互联网业务功能。在移动应用中，OTA 下载作为一个基本的移动应用，能为其他的业务提供下载服务，是重要的移动技术基础。

② 移动社区。由于手机具有能随时随地进行沟通的特点，因此社区网络在移动领域具有独特的优势。移动社区以位置服务为基础，能提供聊天室、博客和视频等服务。移动社区业务提供了多元化的交流平台，建立群组和个人空间，具备独有的社会属性，是未来发展迅速的移动应用服务。

③ 移动搜索。是一种重要的移动服务，是指用户利用移动终端通过移动网络进行搜索，获取 WAP 站点和互联网信息。与传统互联网搜索相比，移动搜索更注重个性化和精确的搜索结果，并利用此搜索结果为用户提供增值服务。

④ 移动广告。实际是基于移动网络的支持互动的网络广告，通过移动平台传播信息，具有网络媒体的所有特点。同时，由于它的移动性使得用户能随时接收广告信息，因此比传统互联网具有更大的优势。按实现方式划分，移动广告业务可以分为短信广告、流媒体广告、游戏广告等。

⑤ 移动应用商店。作为新型的软件交易平台，苹果公司在 2008 年 7 月首先推出了在线应用程序商店，取得了巨大的商业成功。紧跟其后，各大厂商也纷纷推出各种基于 Andriod 的在线应用商店，促进了移动应用的发展。目前移动应用商

---

① 中国电信企业发展部. 移动互联网的特性与发展趋势研究. 2011 年 3 月.

店已成为重要的手机应用服务，也是移动互联网最为重要的发展趋势。

⑥ 移动游戏。随着移动终端的硬件技术的发展和3G网络带宽速度的提高，利用手机处理在线多媒体的能力日益增强，移动在线游戏成为移动产业的一大发展热点。移动游戏能提供多种形式的娱乐功能，且由于它不受时间和地点的限制，因此具有更大的用户群和更为广阔的发展空间。

3. 旅游界对移动互联网的关注

2008年电信行业重组和3G牌照发放后，各运营商开始在全国各地积极部署3G网络，推进了移动网络升级的步伐，中国移动互联网时代拉开序幕。而学术界和产业界对于移动互联网的研究和讨论在20世纪90年代就已经开始，并随着移动互联网的迅猛发展而迅速展开，目前对于移动互联网的研究成为热点。

就当前的研究现状来看，大部分的研究集中于移动电子商务，如对于旅游移动电子商务概念与特点的探讨。夏中朝、栾晓娜等对于旅游移动商务的服务内容与分类进行了研究，他们有的将移动电子商务在旅游行业中的应用按照服务的内容分为信息服务、订票服务和基于位置的服务(LBS)，其中LBS包含为旅游者提供导航服务、最佳路径建议、基于位置的移动黄页和基于位置的信息发布等等；而夏中朝、栾晓娜则将移动电子商务在旅游中的应用分为地图查询、旅游活动预订、旅游语音服务(如电子导游)、旅游信息服务和旅游娱乐服务，其中旅游活动预订包括客房预订、票务预订和游程预订，旅游信息服务包括通过短信或者彩信的移动信息服务，以及通过WAP等移动应用协议的信息服务①；马勇、石芝等从应用系统和构建模型的角度对旅游移动电子商务进行了探究性的研究，构建了B2C移动电子商务在旅游目的地的应用模型和B2C旅游移动商务服务平台框架。②③

也有一部分学者注重对于移动互联网技术与市场研究，比如移动应用商店，有研究者认为App Store的成功得益于智能手机等便携式终端设备的快速发展，它不仅充分满足了用户日益增长的体验需求，还秉承了苹果"内容+服务"这种独到的运营模式，使其能够将通信业的传输功能、软件的开发功能和互联网的服务相融合。有研究者认为，随着移动互联网时代的到来，运营商应该倡导更富媒体化的移动互联网、媒体化的3G，舍弃2G时代的增值业务运营模式，建设一个自由、开放、用户本位的内容应用商店平台，从而实现由SP向"地球村"式的移动互联网内容模式的转型。当然也有学者提出反对意见，认为移动互联网自身的发展还存在许多不足与困扰，譬如无线互联网的发展受频率资源的限制，手机的屏幕小、文字输入

① 夏中朝，栾晓娜. 移动电子商务在我国旅游业应用初探[J]. 四川烹饪高等专科学校学报，2008(4)：58-60.

② 马勇，刘军林. 智慧旅游应用前景巨大[N]. 中国旅游报，2011-08-26(13).

③ 石芝，杨莉，李常青. 旅游移动商务服务平台构建模式研究[J]. 技术经济与管理研究，2009(6)：96-100.

难、处理能力低等也会影响到无线互联网的作用。只有手机等智能便携式终端、网络环境、资费、服务应用四管齐下，才能做大做强 3G 市场。有研究者认为手机媒体运营处于初级阶段，仍不规范不成熟，其强大的传播优势还未真正得到显现，手机媒体产业各个环节的角色需要重新定位，其产业链亟待整合和完善，手机媒体商业模式的变革势在必行。

笔者通过对以上的诸多研究整理发现，一些研究者对移动互联网业务与运营领域的现状进行了梳理，主要从技术角度来讨论移动互联网的发展现状。也有研究者从终端设备的角度对移动互联网的传播形态进行了研究，认为碎片化传播的媒体特点是受众的娱乐和服务需求大于新闻需求，触发传播的效果优于直接传播的效果，人际传播动力高于大众传播动力。在这方面从我国的微博和国外的 Twitter 可见端倪。还有研究者从管理学的角度，对 3G 时代移动互联网的发展进行了 SWOT 分析，认为移动通信与互联网结合产生移动互联媒体，将是现在乃至未来很长一段时期内通信的发展趋势。移动互联网的发展机遇在于 3G 技术，有研究者对日本 NTT DoCoMo 的移动互联网发展进行了梳理，从最初的“互联网接入”到“影响生活方式”，再到“协助个人行为”，不断开创新业务新应用，满足用户需求。NTT DoCoMo 是最早基于 Web 方式提供移动互联网服务的运营商，而韩国运营商目前同时以 WAP 和 Web 方式提供移动互联网服务。英国代表性 3G 运营商 Vodafone 与和黄 3UK 都倾向采用 Web 方式提供服务，强调业务在 PC 互联网和移动互联网的互通。这些都为我国移动互联网的发展提供了参照和借鉴，也为移动互联网应用于旅游业提供了前提。

4. 移动互联网与智慧旅游的结合——旅游移动互联网平台

(1) 旅游移动互联网平台搭建的必要性

众所周知，一项旅游活动包括了旅游前目的地的确定、具体日程的安排，包括市内外交通、机船票务、中转安排和酒店预订等，当然商务旅游可能会更为复杂一些，而且这些旅游活动的具体时间安排可能无法预先确定。现在的电子旅游服务一般只对旅游者事先安排行程有一定帮助，但很难在旅游的整个过程中提供帮助。比如，在旅游前的准备阶段，可能旅游者可以通过 PC 等查阅相关的行程安排，对于移动互联网的需要没有那么强烈，一旦用户起身去机场或者车站，他会突然发现传统互联网提供的所有的内容和便利全部消失了，而这阶段才是他(她)真正需要了解飞机检票、离港起飞的时间，以及始发和终点港口的具体情况的开始，这个时候移动互联网的应用就显得至关重要。从中我们也可以看到，在旅游过程中观光的安排随时都可能发生变化。再比如，预先设定的道路突然阻塞，很长时间内都无法通行；事先计划的游览地对你的吸引力降低，突然想缩短在目的地的旅行时间，或是想就近选择别的旅游地继续游览参观。这些状况都是切实存在的，但此时传统的互联网已经帮不上你或者比较麻烦，因为你需要 PC、需要网络接入等，而除了商务旅行外，很少有游客会随身携带 PC。所以在这种情况下，如果游客拥有手机等便携式终端设备，加之数据移动传输由 2G、2.5G 逐渐发展到 3G(理论峰值速率 384K—2M bit/s)、4G(最大理论峰值速率 100M bit/s)后，这些问题就可以很轻易地得到解决。因此，结合移动互联网与旅游构建旅游移动互联网平台成为大势所趋。

(2) 旅游移动互联网平台的模式

对于移动互联网和旅游结合以及如何结合，很多人存有迷茫和疑惑。笔者认为，旅游移动互联网平台的搭建首先要有一个有别于传统互联网的模式。具体表述如下。

① 平台基础设施，这一部分包括以下几个方面：

a. 移动通信运营，包括语音、视频和数据的传输、发射和交换。这一部分的主要参与者是移动电信运营商，如中国移动、中国电信和中国联通等等。目前这三家运营商采用了不同的 3G 技术标准，分别是中国移动的 TD-SCDMA 标准、中国电信的 CDMA2000 标准和中国联通的 WCDMA 技术(全球通用)。

b. 移动通信服务和信息传输服务，包括无限网络接入、网络安全、服务器平台和移动支付系统等等。在相应的标准方面，比如无线互连协议 WAP 和安全支付体系技术是关键。目前传统互联网的在线支付功能的安全问题已经解决，其支付是在所选银行的支付网关中完成的，可以保障用户基本信息不泄露。

c. 移动服务支持系统。这个部分主要是把基础设施和移动用户的软、硬件通信系统集成起来，包括身份识别技术、用户界面、导航、中间件开发应用等。

d. 便携式智能终端，包括智能手机、iPad 等，这在后面章节将会详细探讨。

② 平台内容

a. 内容搭建，主要指向用户提供的移动商务信息服务内容，比如即时信息、在线支付、休闲游戏、音乐、视频、天气、票务、路况等。

b. 内容组织，即把时刻变化的移动信息内容数字化，重新组织、编辑、整合，以满足用户的需求。

c. 信息来源和供给。移动互联网时代是一个大众广泛参与的网络新时期，众多即时信息可以通过大众自愿提供的方式提供给需求者，此需要用户注册和激励机制，让广大用户能够在这个平台上享受到需要的即时信息。同时也可以通过移动门户将用户之前搜索频率比较高的或者其定制的信息在正确的时间发送给客户。

(3) 旅游移动互联网平台的具体应用

移动互联网在旅游业中的应用前景非常值得期待，就目前来看开发的进程很快，也提供了一些应用，但还有很多应用需求等待挖掘。笔者对移动旅游信息服务需求做了大量的调研分析，认为移动互联网在旅游中的应用研究重点应该放在移动旅游信息需求方面，而这些大量的信息又需要通过一个平台便捷地提供给游客。笔者将旅游移动互联网平台的应用分为以下几方面，即移动信息查询、信息定制服务、移动搜索、移动定位服务、移动支付服务等。

① 移动信息查询

一方面，游客可以通过智能手机、平板电脑等便携设备主动地查询到有关景区、交通、宾馆、购物、娱乐等信息以及使用者的评价信息，以便于游客比较之后做出选择。另一方面，旅游企业也可以及时向顾客提供外部信息，比如某趟列车或飞机晚点、某个活动临时取消等意外事件，从而为游客提供其他方式无法比拟的特别提醒服务。另外，由于某种意外的发生可能导致游客先前的一切准备都无法再实施，需要及时调整出行或者游玩计划，就可以借助旅游移动互联网来即时查询需求信息。笔者将旅游移动信息大体上归结为如图 3.4 所示：

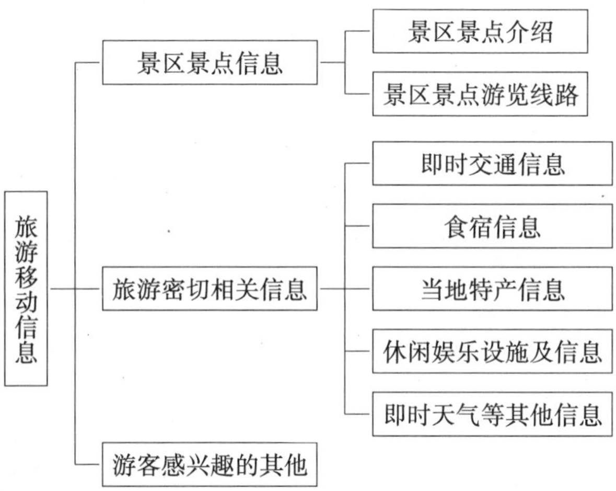

图 3.4　可供游客及时查询的旅游移动信息系统

② 信息定制服务

移动互联网所能提供的该项服务主要包括预订票务、住宿、餐饮等，当然也包括根据游客需要的个性化定制服务。个性化定制服务，旅游企业需要针对游客的特征、时间、位置和历史信息等等向游客能动地提供个性化的信息服务，而不是一般的信息。比如，在许多应用中，移动终端用户希望系统能够根据他们的不同特征提示给出有关的事件或者想去的地方，并且不想重复得到相同的信息，除非他们明确提出需要这些东西。这些用户之前可能已经获得了某一特殊领域的知识，愿意得到更多在某个时刻、关于某些主题的信息，并且把现在和过去的信息相互关联。一个在景点的应用假设：旅游者来到一个地区，如果他曾经来过这里，不想得到关于这个地方的基本概况介绍等等，而是想通过提问的方式获得进一步的信息。而按照以前的技术水平，还很难运用有效的系统把用户以前访问过的历史网页联系起来,然后根据客户特征来提供服务。移动互联网发展成熟以后,游客就能借助智能手机、平板电脑等便携式终端设备实现上述需求。

如果游客实现了有关交通、食宿和特产商品等相关信息的定制,旅游移动信息平台也会适时地给游客发送相关的信息。比如,游客开车经过事先表明比较喜欢的某一特产店时,智能终端就会接收到即时信息告知,并且会得到附近相关商店该特产的购买者评价、价格对比等信息,可以为游客的选择提供帮助。

③ 移动搜索

移动搜索是指以移动设备为终端进行对普通互联网的搜索,从而高速、准确地获取信息资源。由于无线接入的限制,2G 网络接入移动信息很难,游客在高速行进的列车上进行移动搜索更加缓慢,甚至根本打不开页面,因此在 3G 网络推出以前,游客所进行的搜索主要是通过 PC 或者通过短信的方式(也可算广义的移动搜索)。这种方式存在着诸多弊端,比如前者受制于网络端口接入,后者的资费则相对较高。而在 3G 通信的助推下,移动搜索的诞生可以满足游客不断变化的需求。

目前,移动搜索的实现方式主要有两种,一种是使用 WAP 接入搜索 WAP/Web,一种是 3G 直接搜索 Web 内容。现阶段 WAP 网络虽然比较发达,但是搜索引擎并不多,而且功能普遍不足。而伴随着 3G 通信的迅速发展和众多搜索引擎进军手机移动搜索,这种局面将很快得到改观。对于旅游而言,移动搜索可以帮助游客更加便捷地搜索飞机火车的余票信息,也可以在网上随时查看关于酒店、饭店以及旅游商品、特产的评价,以便做出更符合自身的选择。

④ 移动定位服务

移动定位服务利用移动互联网技术可以实现游客自身的定位查询功能,也可以查询目标手机的地理位置信息。我国目前的应用多集中于 GPS 导航系统,其他方面的应用都还在探索之中。而国外对于无线定位在移动通信中的应用较早,例如,美国联邦通信委员会(FCC)强制要求所有无线业务提供商在移动用户发出紧急呼叫时,必须向公共安全服务系统提供用户的位置信息和终端号码,以便对用户实施紧急救援工作;全球三大通信厂商——爱立信、摩托罗拉和诺基亚于 2000 年 10 月成立了“位置信息互操作论坛 LIF(Location Interoperability Forum)”,其目标是在全球范围内的无线网络和终端上提供基于位置的服务 LBS(Location Based Service);欧洲电信标准化协会 ETSI 对 GSM 系统的无线定位也提出了一系列标准。这些对于我们探知移动互联网在旅游中的应用极具借鉴意义。因为 GPS 导航对于旅游的意义已经为人所熟知,在此不做赘述,下面着重探讨一下移动定位服务在旅游安全救援中的应用。

移动的不确定性给人们的安全带来了一定的威胁,特别是一些自助旅游者,随意性更大,危险系数也相对更高,旅游事故发生的几率也随之增加,因此危险情况下的紧急救援就显得尤为重要。如遇到交通事故或者野外事故等需要求援，但是由于旅游的异地性，游客通常不能确切描述自己的位置，使用移动电话呼叫救援中心也无法明确求救游客的准确位置，因而不能实施快速、有效的救援活动。在这种情况下，移动定位业务将成功解决旅游过程中带来的安全方面的问题。救援中心可以根据通信基站和移动信号的信息反馈确定旅游者的确切位置。移动互联网的普及，使得移动技术能提供"无处不在、无时不在"的服务，通过事前安全宣传、警情预告，事中急救知识送达、组织安全救援等服务，在避免安全事故的发生、减少发生后的人员伤亡和损失等方面将发挥一定的作用。

⑤ 移动支付服务

移动支付是指进行交易的双方为了某种商品或者服务，利用一定信用额度或一定金额的存款，通过移动终端（通常指手机）从支付服务商处兑换得到代表相同金额的数据，以移动终端为媒介将该数据转移给支付对象，从而清偿费用进行商业交易的支付方式，即允许用户使用其移动终端（通常是手机）对所消费的商品或服务进行账务支付的一种服务方式。

现在的旅行由于游客的自主性增强，自驾游等游离于旅行社之外的旅游方式越来越多地受到人们的青睐，然而他们大多必须携带现金或者银行卡，以便支付在旅途中吃、住、行、游、购、娱等产生的费用。但是有些费用，譬如到达目的地之前的车票、门票和酒店的预订，这些很难用现金或者银行卡解决，而移动互联网的移动支付功能可以解决诸如此类的问题，也省去了携带大量现金旅游所带来的很多不便。

移动支付主要分为近场支付和远程支付两种。所谓近场支付，就是用手机刷卡的方式坐车、买东西等，很便利；远程支付是指通过发送支付指令（如网银、电话银行、手机支付等）或借助支付工具（如邮寄、汇款）进行的支付方式，如"掌中付"推出的"掌中电商"、"掌中充值"、"掌中视频"等属于远程支付。

三、互联网企业对旅游的关注

1. 百度

作为中国最大的互联网企业，拥有 4.57 亿中国网民，纳斯达克市值高达 460 亿美元，虽然其努力在外界保持低调，但它的一举一动都会引起中国互联网市场的轩然大波。此番"百度旅游"被冠以测试版的名义，但其进军在线旅游资讯市场的动作可见一斑。作为第二步棋，百度此次推出旅游资讯业务并没有使用搜索引擎抓取，而是采取了原创策略，类似时下流行的验客活动，推出了"行天下乐分享齐互动"活动来搜集原创资讯，希望通过高质量的原创文章来吸引网友。这些原创文章主要集中在旅游线路、旅游景点方面，网站通过目的地指南和旅游论坛来提供资讯，在积累了一定的内容和用户流量后，百度很有可能会推出同资讯最有关联的度假线路和景点门票业务。

百度旅游于 2011 年 4 月 28 日正式上线。百度旅游是一个旅游信息社区服务平台,旨在帮助准备出游的人更好更快地作出行前决策,满足用户在旅行前、中、后各种与旅游相关的需求,所提供的服务包括"目的地指南"及"游记论坛",其中覆盖了关于各旅游国家、城市、景点的吃住行游购娱等信息。

2011 年"十一"长假来临前,百度旅游适时推出了 iPhone 及 Android 版手机客户端 App 应用,目前支持 iOS 4.0 以上和 Android 1.6 以上的系统版本。该 App 是一款服务广大"驴友"的免费 App,主要为人们提供更详细更全面的出游帮助。百度旅游 App 已经收录了来自全球 203 个国家和地区的上万个景点和旅游目的地的相关信息,不管你在海角还是天涯,只要你打开了手机的定位功能,百度旅游 App 将主动给你推荐附近有什么热门的好玩景点。此外,用户也可以自己来搜索所需的旅游景点信息,不论是景点的开放时间、交通路线,还是当地的特色小吃、风土人情,还能够查看其他用户分享的游记和攻略,随时调整你的行程,随时随地记录微游记,上传照片,同步到新浪微博、人人网、腾讯微博等其他 SNS 网站与朋友们分享旅行的美景和趣事,还能查看其他好友的动态,跟远在天边的"驴友"互动交流。

百度于 2011 年获得了中国经营时间最长、规模最大的在线旅游网站之一"去哪儿"的多数股权,并在国内航班搜索中采用"去哪儿"的结果。2012 年 8 月,百度与英国航班信息搜索公司 Skyscanner 签署了合作协议,当用户在百度上搜索国际航班信息时,将能够获得来自 Skyscanner 数据库中 900 多家航空公司的超过7.5 亿个航班价格信息。这一举动也标志着百度正在进军旅游信息领域。

2. 谷歌

经过 3 个月的谈判,2010 年 7 月 1 日 Google 宣布以 7 亿美元收购旅游搜索技术公司 ITA Software Inc. 。谷歌作为全球最大的一个互联网广告平台,多年来一直专注于搜索引擎技术与服务。搜索引擎广告体现的是网民真实的、自发的购买需求,完全区别于其他以内容推送为主的压迫式广告,因此更加精准有效,而这一优势完全可以助力在线旅游完成搜索营销。因此,谷歌挺进相对简单的机票、酒店预订领域可谓意义重大。ITA 是麻省理工学院毕业生的研究成果,利用算法方便人们搜索到更优惠的机票或者旅行社服务,并提供网上订票链接。在美国,超过50%的机票价格搜索使用 ITA 的 QPX 系统。Google 还中意其与航空公司、在线旅游网站以及搜索网站广泛的合作网络。通过收购在线旅游指南和评价网站 Ruba,Google 已经悄悄地发布了一个三栏式的用户界面(见图 3.5),使得用户可以按照图片、视频、博客、新闻等等来筛选搜索结果,然后通过更多的过滤精确选择。对于企业来说,即使网站太老,或者尚无在线营销方面的投资,它们还是可以充分利用 Google 界面提供新功能。现在,收购 ITA 让 Google 如虎添翼。

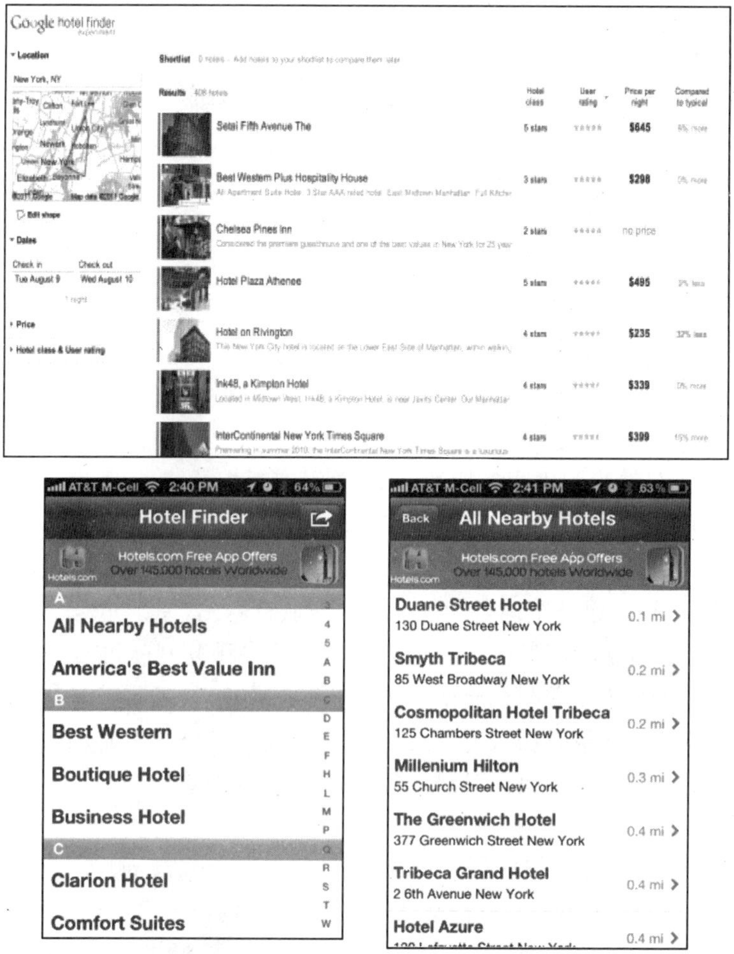

图 3.5　谷歌酒店搜索服务截图

2011 年 8 月，谷歌推出了酒店搜索工具 Hotel Finder 测试版（见图 3.5），旨在帮助用户寻找理想的酒店。Hotel Finder 配备了丰富图片，该服务与谷歌地图和 Google Places 服务进行了整合，可根据不同标准对酒店进行搜索，如酒店位置、价格、星级和用户评价等；对于每个酒店，Google 提供一个价格比，即你入住时的价格与过去一年该酒店日常价格的对比；使用“挑选列表”功能，用户能够编辑正在考虑的酒店列表。这些功能是对酒店信息做深度挖掘，并进行结构化整理，确保准确度和实用性，便于特定需求的消费者利用。随之也推出了相应的 App 应用。

2012 年 8 月 14 日，谷歌称该公司将从在科学、技术和医学领域领先的出版商 John Wiley & Sons（简称“Wiley”）手中收购旅游指南服务提供商 Frommer，包括旅游指南和酒店评分等。而谷歌在 2010—2011 年已经收购了旅游软件提供商

ITA 和餐馆评价服务商 Zagat，在整合 Frommer 与 Zagat 丰富的内容后，谷歌将通过其搜索功能，扩大在线旅游订购业务及本地商务信息业务，进而吸引更多的广告。谷歌发言人称，谷歌将为全世界的餐馆、旅店及旅游景点提供评价。

3. 腾讯

腾讯通过推出 QQ 旅游(go. qq. com)进入在线旅游预订市场，网友可以在 QQ 网站上在线预订机票和酒店。它目前正通过赠送航空意外险、返利以及砸金蛋等促销活动吸引用户。QQ 旅游的机票由艺龙(elong)、黄金旅游网、财付通特价机票(与南航、海航、东航直接合作)三家公司合作，酒店产品目前只有艺龙一家公司提供。QQ 把自己定位成“一站式在线生活服务提供商”，QQ 旅游是这一战略的延伸，其目的是为了满足 QQ 用户的在线预订需求，而不是(至少目前不是)大举进入市场。QQ 旅游在产品设计上还不完善，甚至可以说是存在缺陷，比如当你搜索往返机票时，系统只给出了去程的搜索结果，并没有返程的结果，只有点击去程的“预订”按钮后，在预订的页面才能看到返程的机票，但只有一个选择，网友不能自主选择最低价的返程机票。

2011 年 4 月，腾讯与全球最大的中文在线旅行网站“去哪儿网”，在 WebQQ 开放平台上合作推出旅游搜索应用。用户不用登录去哪儿网就可以直接在 WebQQ 的主页上即时获取和搜索在线旅游资讯，包括机票搜索、机票工具箱、酒店搜索等内容；同时，通过 QQ 空间和微博即时与好友在线交流个人旅游动态，不仅获取旅游信息变得更加简单和方便，而且与好友的互动交流更有乐趣。

4. 微软

2007 年 1 月 25 日，MSN 中文网与中国领先的在线旅行服务公司携程旅行网在北京共同宣布，双方将携手打造微软 MSN 旅游频道，为中国广大白领用户提供差旅及休闲度假一站式解决方案，并致力于将 MSN 旅游频道打造成一个可以提供丰富旅游信息资讯的信息与互动平台。用户只需轻松点击几下鼠标，即可方便完成酒店预订、机票预订、度假旅游预订等事务，同时用户还可享受携程提供的价格优惠。MSN 用户不仅可通过 MSN 旅游频道享受携程提供的各项优质服务，轻松消费的同时还可获赠携程积分，而累积积分可兑换酒店、机票、家居用品、时尚数码产品等各项精选礼品。除此之外，MSN 目的地指南频道可称为中国旅游网络百科全书，用户可在此找到国内国际主要旅游目的地的相关资讯及其他用户的反馈交流，为出行提供信息支持。社区频道更是旅友的天堂，在此您可和朋友分享您旅途的喜怒哀乐，发布您旅途中拍摄的美景和撰写的游记，结识更多志趣相投的朋友。

Microsoft Research Travel Guide 旅游指南是由微软亚洲研究院(Microsoft Research Asia)与微软亚洲搜索技术中心(Microsoft Search Technology Center Asia)研发的，是为用户提供旅游资讯服务的信息平台。Travel Guide 对超过 20 万

篇的网友游记进行信息筛选和分析，抽取出 3 万多个景点，提供景点的特色描述以及这些景点在全年各个月份中的热门排行情况；Travel Guide 以热门旅游、专题旅游、周边旅游与地图相结合的可视化方式组织推荐，同时提供旅游搜索功能；当用户给定任意搜索词(景点或特色词)，Travel Guide 能够给出与该搜索词相关的景点或商户，并且根据它们与搜索词之间的相关度或热门程度排序；除此之外，Travel Guide 还提供景点信息介绍、热度趋势统计图、图片浏览、游记浏览、相关旅游线路推荐、旅游问答浏览、餐饮推荐、住宿推荐、导游图等功能(见图 3.6)。

图 3.6　微软旅游指南截图

2011 年 3 月，微软还宣布与旅行搜索引擎 Kayak 达成协议，面向美国用户在必应(Bing)提供机票搜索结果。

5. 雅虎

2007 年，中国雅虎推出了自己的地图服务——雅虎路客。雅虎路客和 Google、百度的地图服务不同，是由地图+博客组成的新型服务形式。在这里可以方便、快捷地在地图上发布自己的“生活故事”，上传图片，记录文字，标注地址，来表达与分享自己生活中的点点滴滴，特别适合来写游记，并附图片加以描述。中国雅虎还将雅虎路客与旅游搜索、地图搜索、天气预报等组成了雅虎生活频道。

2012 年 5 月 25 日，雅虎发布了 iPhone 和 iPod Touch 版旅游应用 TimeTraveler

(见图 3.7 和 3.8)，旨在帮助用户用最短的时间获得最好的旅游体验。只要输入目的地、出发地和可用时间即可，其他的事情就由 TimeTraveler 负责，例如查找当地名胜、旅游景点和历史古迹等。TimeTraveler 根据用户可用时间和希望线路，以地图的形式为用户提供定制的行程表。用户还可以通过电子邮件、Facebook 或 Twitter 与好友共享行程表。TimeTraveler 背后的一部分技术来自于在 2005 年被雅虎收购的相片分享网站 Flickr。很明显，当带有日期、时间和地理元数据的相片被上传到 Flickr 后，这些数据可用来分析用户在设定时间内可访问的目的地。

图 3.7　雅虎旅游截图

图 3.8　Time Traveler 应用界面

6. 盛大网络

2004 年 4 月 8 日下午，上海盛大网络发展有限公司在杭州乐园水上会议中心就五一黄金周盛大嘉年华活动召开了主题为“游在杭州，论剑西湖”的新闻发布会，宣布将在杭州市旅游委员会等部门的支持下，联手中国最大的民营旅游投资集团——宋城集团，并利用其旗下的杭州著名旅游景点宋城及杭州乐园，进行一次为期七天的“游在杭州，论剑西湖——盛大游戏嘉年华”活动，让更多的人通过线下活动，近距离地接触盛大、了解盛大，进而认可盛大。这也标志着盛大网络涉足旅游产业。

2010年4月，知名互动娱乐企业盛大网络旗下的云游天地（中国）有限公司在沪成立，正式亮出了盛大进军旅游业的旗帜。云游天地一不卖机票，二不订房，而是致力于构建一个“线上＋线下”现实虚拟互动世界，通过移动客户端，打破传统旅游表现方式，实现人与网的联动、文化与旅游的结合。具体来讲就是运用云计算技术，制定线上和线下、虚拟与现实相结合的旅游解决方案，形成对旅游全过程的服务整合，打造基于云端海量旅游资讯及最具活力的互动运营平台，为互联网时代的用户提供随时随地的休闲度假游乐全程全网服务。

7. Facebook

Facebook应用社交旅游推荐服务Gtrot于2011年5月正式上线，通过分享个人旅游计划，基于社交图谱为用户提供旅游目的地的实时旅游推荐和亲身旅游信息推荐等。Gtrot通过Facebook上用户的社交图谱，将自动发现你的旅游目的地附近的社交好友以及曾经去过的那个旅游地的社交好友。Gtrot的优势在于还会将好友的旅行计划进行交叉比对，找出谁在目的地住过或曾经去过那里。

2012年7月，Facebook宣布购买一家新兴的旅游推介网站NextStop。Nextstop创办于2009年，集社交推荐与搜索于一体，还增添有声誉系统和游戏元素。

2012年9月，照片共享网站Instagram公司已经正式被Facebook收购。Instagram创立于2010年底，是一款最初运行在iOS平台上的移动应用，以一种快速、美妙和有趣的方式将你随时抓拍下的图片分享彼此，允许用户在任何环境下抓拍下自己的生活记忆，选择图片的滤镜样式（Lomo/Nashville/Apollo/Poprocket等10多种胶圈效果），一键分享至Instagram、Facebook、Twitter、Flickr或者新浪微博平台上。不仅仅是拍照，作为一款轻量级但十分有趣的App，Instagram在移动端融入了很多社会化元素，包括好友关系的建立、回复、分享和收藏等，这是Instagram作为服务存在而非应用存在最大的价值。安卓版Instagram于2012年4月3日起登陆Android应用商店Google Play。

Facebook与TripAdvisor两者于2010年6月进行了整合。长期以来Facebook和TripAdvisor一直都有业务合作，之前两家网站曾经实行整合，让在TripAdvisor查找旅行攻略的用户可以获得Facebook好友的攻略建议。2012年4月13日开始，TripAdvisor发布了深度整合Facebook的“好友的好友”功能，帮助用户从Facebook“好友的好友”那里获得有价值的旅行评论和意见。当用户以Facebook登入状态访问TripAdvisor网站时，就可以享受到定制化的旅行计划功能，为你显示 Facebook 好友的评论、好友去过地方的地图和朋友圈中最有人气的旅行目的地清单。

互联网巨头纷纷挺进在线旅游市场，一方面是因为看好该行业巨大的发展空间；另一方面，更深层的原因在于互联网行业拥有大量优质的客户资源，由于客户对旅游有需求，以及个人用户对互联网的依赖、旅游企业对电子商务的重视，已对大资金形成足够的吸引力。

第四章

便携式智能终端与智慧旅游

一、早期的智能终端

所谓便携式智能终端，也可称为手持移动终端，是指由电池充电供电，具有数据存储和计算功能，能与他人或设备在任何时间地点进行数据通讯、信息上传与搜索等特点的便携数据处理终端。早期的智能终端包括 PDA、导航仪、上网本等。

(1) PDA(20 世纪 90 年代初至 21 世纪初)

PDA，就是个人数字助理(Personal Digital Assistant)的意思。顾名思义就是辅助个人工作的数字工具，其主要提供记事、通讯录、名片交换及行程安排等功能。当然，随着技术的进步，一些新的功能比如数字录音等都被增加了进来。现在 PDA 的界定其实很模糊，所有的产品都采用这个统称招摇过市，甚至很多人都把 PDA 统称为掌上电脑。

PDA 其实应该细分为电子词典、掌上电脑、手持电脑设备和个人通讯助理机四大类。而后两者由于技术和市场的发展，已经慢慢融合在一起了。

通常，数码世界只会将掌上电脑称为是 PDA，也正代表了 PDA 的真正含义。因为它几乎有一般家用电脑的所有功能。掌上电脑最大的特点就是它们有其自身的操作系统，一般都是固化在 ROM 中的。其采用的存储设备多是比较昂贵的 IC 闪存，容量一般在 16 MB 左右。掌上电脑一般没有键盘，采用手写和软键盘输入方式，同时配备有标准的串口、红外线接入方式并内置有 MODEM，以便于个人电脑连接和上网。掌上电脑和前面的产品最大的区别，就是它的应用程序的扩展能力。基于各自的操作系统，任何人可以利用编程语言开发相应的应用程序，并可在掌上电脑上任意安装和卸载。由于其功能非常完备，所以在操作上也比较复杂，不太适合对电脑不太了解的初级用户。

Pocket PC(简称 PPC)是 PDA 的一种，而 PPC 对于刚刚使用的人来说比较轻松，操作方法和我们常用的 Windows 操作系统相似，国内称玩 PPC 的人为“蜥蜴”。Palm 是流行的个人数字助理的传统名字，为一种手持设置形式，也以掌上电脑而闻名。广义上，Palm 是 PDA 的一种，由 Palm 公司发明，这种 PDA 上的操作系统也称为 Palm，有时又称为 Palm OS；狭义上，Palm 是指 Palm 公司生产的 PDA 产品，以区别于 Sony 公司的 Clie 和 Handspring 公司的 Visor/Treo 等其他运行 Palm 操作系统的 PDA 产品。Palm 的操作对于新手来说可能有些生涩，但是长期用起来就会爱不释手，所以在当时国内也迅速地涌现出大批“胖友”（玩 Palm 的人）。如果 PPC 和 Palm 都玩的话就连称为“胖蜥蜴”。

掌上电脑的核心是操作系统，当时市场上的掌上电脑主要采用两类操作系统：一类是日趋完善的 Palm 操作系统，使用 Palm 系统的掌上电脑在世界市场份额中占到 65%以上，主要有 Palm、IBM 的 Workpad、Sony 的 Clie 和 TRGpro、Handspring 等 Palm 电脑；另一类则是微软 Win CE 系列，虽然起步晚，但已经打破了 Palm OS 一统天下的局面，而且由于 Win CE 授权比较广泛，国内大部分掌上电脑都是使用 Win CE 系统，包括国内的联想、方正以及国外的 HP、COMPAQ 等公司都有 Win CE 掌上电脑推出。作为两大操作系统，采用 Palm OS 的产品电池使用时间比采用 Win CE 的产品长；配置彩色显示屏的产品没有单色显示屏产品的电池使用时间长；在多媒体性能上，Win CE 要比 Palm 好一些；在操作界面与应用性能上，Win CE 更易上手；而在软件的数量上，Palm 要比 Win CE 多一些。

当然除了以上两大操作系统外，从整个国际市场来看，掌上电脑的操作系统还有 Pocket PC、EPOC、Hopen、Penbex 和 Linux 操作系统。

市场上也随之推出了 PDA 手机，所谓的 PDA 手机，就是集 PDA 功能和手机功能为一体，同时具备访问互联网的功能的产品。手机厂商诺基亚（Nokia）和索尼爱立信（Sony Ericsson）都推出配合 Palm、iPAQ 以及 Symbian 装置的手机。有许多使用 Windows Mobile 系统的智慧型手机都是由宏达国际电子股份有限公司（HTC）制造，再与电信运营商合作，挂上电信运营商的牌子，如 T-mobile 的 Dash、O2 的 XDA range、Orange 的 SPV 系列，以及 Cingular 和 Verizon 的自有品牌手机。在美国，Windows Mobile 的主要使用者分布在 Plam 和 Blackberry 这两个品牌；在英国，使用 Symbian 系统的人比 Palm 多很多。

但是 PDA 的缺点也是十分明显的，如待电时间短（5—8 个小时）、第三方软件不够稳定。而早期时功能还比较简单，只能存储一些个人信息（电话号码、记事、个人财务管理），不注重多媒体，CPU 速度也比较低，一般都在 33 MHz 以内；虽然后来的 Palm 也开始注重起多媒体功能了，也开始出一些类似于 PPC 的高速机，但随着配置的变高，待电能力也开始迅速下降。PDA 也就渐渐淡出人们的视线。

(2) 导航仪(1989 年至今)

导航仪是现代科技的产物,多用于汽车上,用于定位、导航和娱乐。而随着汽车的普及和道路的建设,城际间的经济往来更加频繁,车载 GPS 导航仪显得很重要,准确定位、导航、娱乐功能集于一身的导航更能满足车主的需求,成为车上的基本装备。1989 年,一群认真专注的工程师和一个伟大的产品构想,造就了今日全球卫星定位导航系统的领导品牌 GARMIN——兼具最佳的销售成绩与专业技术。由制造当初在波斯湾战争中被联军采用的第一台手持 GPS,到现今成为 GPS 的第一品牌,GARMIN 的产品以更优良的功能和用途远远超越传统 GPS 接收器,并为 GPS 立下一崭新的里程碑。

GPS 导航仪的常用功能如下:

① 地图查询。可以在操作终端上搜索你要去的目的地位置;可以记录你常去地的位置信息并保留下来,也可以和别人共享这些位置信息;可以模糊地查询你附近或某个位置附近如加油站、宾馆、取款机等信息。

② 路线规划。GPS 导航系统会根据你设定的起始点和目的地自动规划一条线路,规划线路具有可以设定是否要经过某些途径点、可以设定是否避开高速等功能。

③ 自动导航。包括三类,即语音导航,就是用语音提前向驾驶者提供路口转向、导航系统状况等行车信息,就像一个懂路的向导告诉你如何驾车去目的地一样,这是导航中最重要的一个功能,使你无需观看操作终端,通过语音提示就可以安全到达目的地;画面导航,即在操作终端上显示地图,以及车子现在的位置、行车速度、目的地的距离、规划的路线提示、路口转向提示等行车信息;重新规划线路,即你没有按规划的线路行驶或者走错路口的时候,GPS 导航系统会根据你现在的位置为你重新规划一条新的通向目的地的线路。

导航仪换代史如下所述:

① 第一代导航——自助导航。第一代自助导航产品由全球定位系统(GPS)和液晶显示器(LCD-DISPLAY)两部分构成。内置的 GPS 天线会接收到来自环绕地球的 24 颗 GPS 卫星中的至少 3 颗所传递的数据信息,由此测定汽车当前所处的位置。导航系统本身装有储存电子地图信息的 CD-ROM,通过 GPS 卫星信号确定的位置坐标与此相匹配,便可确定汽车在电子地图中的准确位置。在此基础上,实现行车导航、路线推荐等多种功能。驾驶者只需通过观看显示器上的画面、收听语音提示,操纵显示器上的按键即可实现上述功能,从而轻松自如地驾车。由于地图存储于本地,所以在路径的计算方面速度较快,但因此不易于更新、升级。

② 第二代导航——多媒体导航。多媒体导航系统是在第一代的基础上增加了多媒体播放的功能，一般具有GPS卫星导航定位、路线规划以及VCD/DVD、电视等功能。多媒体导航的基本原理和第一代基本相同，除保留了第一代的电子地图和电子语音提示功能外，另外增加了前方转向提示信息，即对于一些重要、复杂的交通路口，能提前在屏幕上显示路口的放大地图，并用醒目的提示指引正确的行驶方向。由于第二代只是在第一代的基础平台上添加了影音播放功能，从技术上讲并没有实现突破性、跳跃式的发展。

③ 第三代导航系统的导航功能实现可以说是革命性的。一是地图可以在信息服务中心和车上两地存储，目的地的寻找无需由驾驶员在地图上寻找，可由服务中心代劳，因此在导航起步时也不必停车；二是可有效利用实时交通信息实现"疏堵式"导航，自动避开堵车路段；三是服务中心地图更新，即实现全网更新，即使是存储在车上的地图也可以随时通过无线下载实现更新。同时由于第三代导航是基于平台式运作，还可以增加安全控制、远程检测、WEB链接、求助救援等服务内容。这样，不仅可以大大提高汽车的综合性能，提高行车质量，减轻驾驶者的负担，而且还可以使驾驶者始终保持与外界的紧密联系。

第三代导航系统已能实现动态导航、远程报警、被盗追踪、车载电话、求助便利、无线上网、影音播放、车况查询、行车顾问、信息资讯等功能，因此该系统更符合中国私家车主对导航、安全、信息等多样化的需求。而汽车导航网络化作为汽车的一个新卖点，将是不可阻挡的潮流和趋势。

如市场新推出的导航仪"纽曼(Newsmy)NT3223L－04大众途观汽车DVD导航仪"如下所述(见图4.1)：

该产品的特色在于：

• 1080P全高清解码，比视频播放器更专业，支持RM/RMVB、MKV、TS、AVI、MOV、MPG/MPEG、WMV、DAT、VOB、FLV等全格式视频，无所不解。

• 采用8层镍金高精密电路板，Wolfson顶级的HIFI编解码器WM 8580和ST顶级的HIFI音效处理器TDA 7415，支持AC3/DTS音频解码，实现真正的5.1声道高保真音效；支持MP3/WMA等全格式歌曲和APE/FLAC等无损压缩的发烧级音乐。

• 可自主选择联通、电信等3G网络信息；股票信息随时掌握，还能聊QQ、网页浏览看新闻、听音乐等；实现真正意义上的畅游3G网络。

• 纽曼专用车机地图，拥有国内最丰富的地图数据，再偏远的地带也能找到，最大限度地还原了现实路况。功能齐全，操作简单，其最大的亮点是3D实景导航，让导航更加清楚明了。全国5米距离的高精准度定位，不管您身处大都小市，都可以实现轻松定位，为您保驾护航。

[1080P]全高清视频
1080P 全高清视频解码，比视频播放器更专业，支持 RM/RMVB、TS、AVI、MOV、MPG/MPEG、WMV、DAT、VOB、FLV 等全格式视频

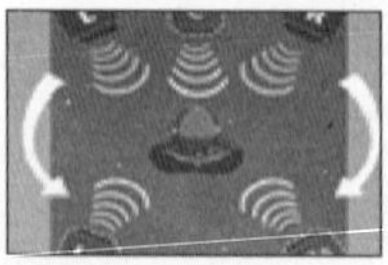

5.1 声道高保真音效
采用 8 层镍金高精度电路板，Wolfson 顶级的 HIFI 编解码器，ST 顶级的 HIFI 音效处理器，支持 AC3/DTS 音频解码，实现真正的 5.1 声道高保真音效；支持 MP3/WMA 等格式和 APE/FLAC 等无损压缩的发烧级音乐

工业级车载 DVD 机芯
全球应用最广泛的车载 DVD 机芯；性能高度稳定，可在－30 ℃—85 ℃的环境下正常工作

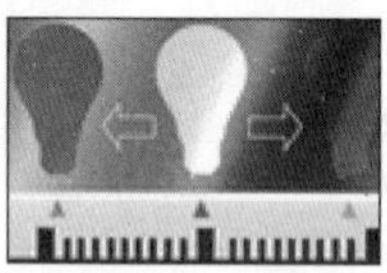

背景灯颜色无级调节
背景灯颜色用户可以任意设置，并可根据用户的任意喜好进行个性显示

畅游 3G 网络
可选联通、电信等 3G 网络，可实现数据通信等多种 3G 功能

智能自我保护功能
内置风扇、温度和湿度传感器，可智能启动散热、停机等自我保护功能

方便的收音机功能
全国收音机频道内置，用户选择该区域电台名称即可；支持自定义电台频率和名称

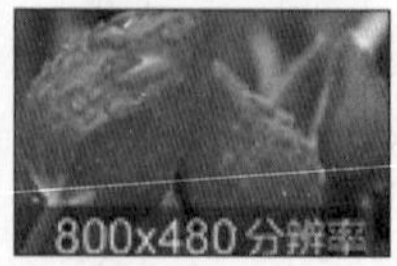

高清数字屏
800×480 高清数字屏，32 位色显示，影像更出色，更锐利，全屏灵动触摸控制

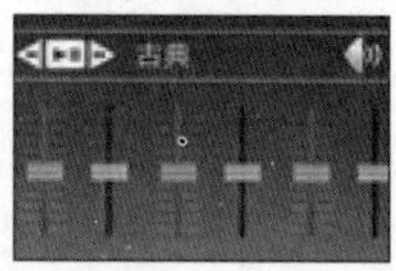

具有自然的混音效果
支持导航/DVD/音乐电视等多设备的自然混音，使声音更加自然动听

3D 实景导航
支持主流软件、360°全 3D 视角导航、3D 路口实景大图，支持第三代超级电子狗、城市实景图等

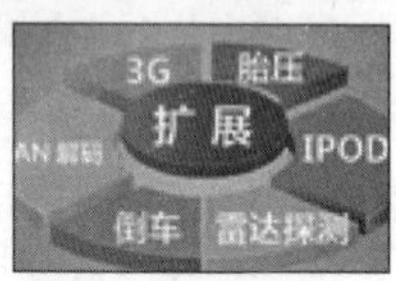

强大的功能可拓展性
硬件支持模块扩展；3G 上网、胎压监控、倒车轨迹、CAN 解码、主动雷达探测、IPOD 等；升级对应预留接口，无需拆装主机

支持大容量移动硬盘
文件系统兼容性好，支持 FAT、FAT32、ExFAT、NTFS 等文件系统

图 4.1　NT3223L－04 的功能

2011 年，市场上出现了同时具备全国车载导航和景区语音讲解的旅游导航仪。“世界文化遗产”杭州西湖提供的旅游导航仪是集导航、导游、导览于一体的“旅游导航仪”，它既能基于全国导航电子地图和千万级兴趣点信息查看电子地图、搜索周边设施、实时路径规划和语音导航，又能在景区通过真人语音讲解、图文展示为用户指点迷津，使游客在欣赏人文景观和自然风光的同时获取历史文化知识。

(3) 上网本(2007—2012 年)

上网本(Netbook)就是轻便和低配置的笔记本电脑，具备上网、收发邮件以及即时信息(IM)等功能，并可以实现流畅播放流媒体和音乐。上网本比较强调便携性，多用于在出差、旅游甚至公共交通上的移动上网。早期的上网本是一台功能不齐全的笔记本电脑，一般以 7 寸为主。后期的上网本已经能达到和普通笔记本一样的功能了，但是为了减轻上网本的重量，一般都不带光驱，而尺寸为 10～12 寸居多。上网本外形大多小巧轻薄，同时色彩绚丽。

上网本主要以上网为主，可以支持网络交友、网上冲浪、听音乐、看照片、观看流媒体、即时聊天、收发电子邮件、基本的网络游戏等。而普通笔记本电脑则可以安装高级复杂的软件，下载、存储、播放 CD/DVD，进行视频会议，打开、编辑大型文件，进行多任务处理以及体验更为丰富的需要安装的游戏等。

从配置和性能上来说，上网本基本上都采用英特尔 Atom 处理器，强调低能耗和长时间的电池续航能力，性能以满足基本上网需求为主；而普通笔记本电脑则拥有更强劲的多媒体性能。另外，上网本比较强调无线上网能力，硬盘大小也不如普通的笔记本。

上网本的屏幕分辨率极低，一般的都是 1024×600，具体使用上会碰到很多麻烦。举一个最能说明问题的例子：登录 QQ 空间的时候，有时候它的首页是一个 800×800 的界面，所有的鼠标点击都是在这个框架里完成，确定、取消、发送等按钮都是在最下面一排，而浏览器的上下拖动条不起作用。如果用上网本观看 QQ 空间的话，就看不到最下面的内容。这时需要用键盘上的 TAB 键来切换到底部再执行操作。同时上网本的显存很小，显示色彩偏差，屏幕显示内容较少，需要多次操作鼠标键盘才能浏览到更多的内容。上网本的 CPU 估计是 CPU 家族里运行速度最慢的一款芯片，但也是功耗最省的一款。

随着智能时代的演进，以平板电脑为首的新型便携产品正严重挤压着上网本的生存空间，这也让众多 PC 厂商开始打退堂鼓。继戴尔、联想之后，华硕和宏碁也纷纷宣布将退出上网本市场，这也意味着经历了短暂的风光后，上网本即将退出历史舞台。从 2007 年至 2012 年，上网本完成了其使命。

二、智能手机与智慧旅游

1. 智能手机

智能手机(Smart Phone)，是指"像个人电脑一样，具有独立的操作系统，可以由用户自行安装软件、游戏等第三方服务商提供的程序，通过此类程序来不断对手机的功能进行扩充，并可以通过移动通信网络来实现无线网络接入的这一类手机的总称"。

1987 年第一款手机摩托罗拉 3200(时称"大哥大")——一个"砖头"进入中国，这是早期的模拟用户用的；最早的 GSM 的手机是 1995 年上市的爱立信 398，发展成为一个能够自定义铃声的手机；1998 年上市的爱立信 768 又是一个超出通信范畴的、能够提供彩信服务的手机，是第一款蓝牙手机；2000 年上市的诺基亚 7110 是第一个能够使用 WAP 的，从此手机不仅仅是通话，而且能够连到后台提供网络信息服务；其后又经历了第一款触摸屏的手机、第一款内置游戏的手机；2000 年上市的爱立信 380 是第一款真正意义上的智能手机，之后智能手机就层出不穷地开始出现。目前，苹果、三星等手机厂家都陆续推出了自己的智能手机品牌。

智能手机具有五大特点：

① 具备无线接入互联网的能力，即需要支持 GSM 网络下的 GPRS 或者 CDMA 网络下的 CDMA 1X 或 3G(WCDMA、CDMA-EVDO、TD-SCDMA)网络，甚至 4G(HSPA+、FDD-LTE)；

② 具有 PDA 的功能，包括 PIM(个人信息管理)、日程记事、任务安排、多媒体应用、浏览网页；

③ 具有开放性的操作系统，可以安装更多的应用程序，使智能手机的功能可以得到无限扩展；

④ 人性化，可以根据个人需要扩展机器功能；

⑤ 功能强大，扩展性能强，第三方软件支持多。

(1) 操作系统

智能手机(Smart Phone)是一种运算能力及功能比传统功能手机更强的手机。其使用较多的操作系统有 Symbian、Windows Phone 7、iOS、Android 和 BlackBerry OS。它们之间的应用软件互不兼容。因为可以像个人电脑一样安装第三方软件，所以智能手机有丰富的功能。世界上许多手机生产商，如 Apple、Motorola、Nokia、Samsung、HTC 和联想等等；以及有许多软件系统，如苹果的 Mac OS X、谷歌的 Android、诺基亚的 Symbian、微软的 WP 等等。这些手机生产商都将智能手机作为未来的主要发展方向。

① iOS

iOS 作为苹果移动设备 iPhone 和 iPad 的操作系统，在 App Store 的推动之下，成为了世界上引领潮流的操作系统之一。原本这个系统名为"iPhone OS"，直到 2010 年 6 月 7 日 WWDC 大会上宣布改名为"iOS"。iOS 用户界面的理念基础是能够使用多点触控直接操作，控制方法包括滑动、轻触开关及按键，与系统交互包括滑动（Swiping）、轻按（Tapping）、挤压（Pinching，通常用于缩小）及反向挤压（Reverse Pinching or Unpinching，通常用于放大）。此外，通过其自带的加速器可以令其旋转设备改变其 *y* 轴以令屏幕改变方向，这样的设计令 iPhone 更便于使用。

最早 iPhone OS 1.0 内置于 iPhone 一代手机里，借助 iPhone 流畅的触摸屏幕，iPhone OS 给用户带来了极为优秀的使用体验。随 iPhone 3G 发布，App Store（应用商店）诞生了。App Store 为第三方软件的提供者提供了方便而又高效的一个软件销售平台，在软件开发者与最终用户之间架起了一座沟通与销售的桥梁，从而极大地丰富了 iPhone 手机功能应用。iPhone 3GS 开始支持复制粘贴。在 iPhone 4 推出的时候，苹果决定将原来 iPhone OS 系统重新定名为"iOS"，并发布新一代操作系统——"iOS 4"。在这个版本里，开始正式支持了多任务功能，通过双击 HOME 键实现。iOS 5 加入了 Siri 语音操作助手功能，用户可以与手机实现语言上的人机交互。该功能可以实现对用户的语音识别，完成一些较为复杂的操作，还可使用它来查询天气、进行导航、询问时间、设定闹钟、查询股票甚至发送短信等，方便了用户的使用。

从最初的 iPhone OS 演变至最新的 iOS 系统，iOS 成为苹果新的移动设备操作系统，横跨 iPod Touch、iPad、iPhone，成为苹果最强大的操作系统，甚至新一代的 Mac OS X Lion 也借鉴了 iOS 系统的一些设计。优秀系统设计以及严格的 App Store，使 iOS 成为应用数量最多的移动设备操作系统，加上强大的硬件支持以及最新 iOS 5 内置的 Siri 语音助手，无疑使得用户体验得到更大的提升，感受科技带来的好处。

② Android

从 2008 年 HTC 和 Google 联手推出第一台 Android（本义指机器人）手机 G1 开始，在 2011 年第一季度，Android 在全球的市场份额首次超过塞班系统，跃居全球第一。2011 年 11 月数据，Android 占据全球智能手机操作系统市场 52.5％的份额，中国市场占有率为 58％。如今 Android 已经成为现在市面上主流的智能手机操作系统，随处都可以见到这个绿色机器人的身影。

Android 的开源模式打破以往操作系统平台的授权模式，不但降低了厂商的成本，也赋予了他们更多自由发挥的空间，更提升了他们支持 Android 的热情，这是 Android 平台能够快速成熟、快速成长的源泉。谷歌为 Android 成立的开放手机联盟（OHA）不但有摩托罗拉、三星、HTC、索尼爱立信等众多大牌手机厂商拥护，还受到了手机芯片厂商和移动运营商的支持，仅创始成员就达到 34 家。

Android系统的底层操作系统是Linux。Linux作为一款免费、易得、可以任意修改源代码的操作系统,吸收了全球无数程序员的精华。Linux作为一种嵌入式操作系统,使得Android能够很方便地被应用、移植到各种平台并快速发展。同时,Android平台较快的版本更新速度使得手机硬件性能不断向最优方向发展,也使Android可玩、好玩、容易玩的特征越来越显著。Android版本数量较多,市面上同时存在着1.6、2.0、2.1、2.2、2.3等各种版本的Android系统手机,目前Android已经更新到4.1版本。

③ Windows Phone

早在2004年时,微软就开始以"Photon"的计划代号研发Windows Mobile的一个重要版本更新系统,但进度缓慢,最后整个计划都被取消了。直到2008年,在iOS和Android的冲击之下,微软才重新组织了Windows Mobile小组,并继续开发一个新的行动操作系统。

Windows Phone,作为Windows Mobile的继承者,其使用了一套称为"Metro"的新用户界面,与微软已经中止的Kin很相似。它的主画面亦称为"开始画面",是由许多正方或长方图形、称为"动态砖"(Live Tiles)的元素所组成的。"动态砖"相当于可以连接至应用程序、功能以及其他独立的组件(如联络人、网页或媒体项目)的按钮。用户可以自行增加、重新排列或删除"动态砖"。即使在设备锁定的情况下,"动态砖"也能够依据其所代表的内容随时更新。例如,电子邮件的"动态砖"上面会显示尚未阅读的邮件有几封;气象的"动态砖"也能够显示实时更新的天气内容。

全新的Windows手机把网络、个人电脑和手机的优势集于一身,让人们可以随时随地享受到想要的体验。内置的Office办公套件和Outlook使得办公更加有效和方便。在应用方面,虽然Windows Phone提供了很好的开发工具,但微软为了规范Windows Phone 7的用户体验,对开发者的开发应用进行了严格的约束,开发者必须严格遵循这些开发约束和条款来进行应用开发。例如,开发者不能开发涉及手机摄像头的应用程序,开发者不能对应用程序的界面进行私自的定制,涉及系统类的应用必须使用系统提供的界面来运行,开发者必须通过Zune同步功能将开发好的应用程序发送到手机上。目前Windows Phone的应用数量还很少,但最新的Windows Phone 8采用了和Windows 8相同的针对移动平台精简优化的NT内核并内置诺基亚地图,这意味着Windows Phone手机用户将可使用更多的设备和应用。Windows Phone 8系统也是第一个支持双核CPU的WP版本,宣布Windows Phone进入双核时代。移动版Windows Phone将提前与Windows系统(ARM)同步,部分Windows 8(ARM)应用可以更方便地移植到手机上,例如不需要重写代码等(注明:与PC平台版应用不兼容,也无法移植,可以移植的是ARM

的 Windows RT 版本应用,这是 ARM 与 X86 构架的原因,而且必须是.net 编写的应用程序,C 与 C++程序必须重写代码)。

Windows Phone 起步早,发展慢。虽然如此,目前 Windows Phone 7 已经应用在 Nokia 手机上,并作为 Nokia 手机主打系统推广到市面上。

④ Symbian

Symbian 作为昔日智能手机的王者,在 2005—2010 年间曾一度风靡,街上大大小小拿的很多都是诺基亚的 Symbian 手机,N70—N73—N78—N97,诺基亚 N 系列曾经被称为"N 等于无限大"的手机。对硬件的要求低、操作简单、省电、软件多是 Symbian 系统手机的重要特点。在国内软件开发市场内,基本每一个软件都会有对应的塞班手机版本。而塞班开发之初的目标是要保证在较低资源的设备上能长时间稳定可靠地运行,这导致了塞班的应用程序开发有着较为陡峭的学习曲线,开发成本较高,但是程序的运行效率很高。比如 5800 的 128M 的 RAM,后台可以同时运行十几个程序而操作流畅(多任务功能是特别强大的),即使几天不关机,它的剩余内存也能保持稳定。虽然在 Android、iOS 的围攻之下,诺基亚推出了 Symbian 3 系统,甚至依然为其更新(Symbian Anna,Symbian Belle),从外在的用户界面到内在的功能特性都有了显著提升,例如可自由定制的全新窗体部件、更多主屏、全新下拉式菜单等,但由于对新兴的社交网络和 Web 2.0 内容支持欠佳,塞班占智能手机的市场份额日益萎缩。2010 年末,其市场占有量已被 Android 超过,截至 2012 年 2 月,塞班系统的全球市场占有量仅为 6.8%,中国市场占有率则降至 11%。自 2009 年底开始,包括摩托罗拉、三星电子、LG、索尼爱立信等各大厂商纷纷宣布终止塞班平台的研发,转而投入 Android 领域。2011 年初,诺基亚宣布将与微软成立战略联盟,推出基于 Windows Phone 的智能手机,从而在事实上放弃了经营多年的塞班,塞班退市已成定局。2011 年 12 月 21 日,诺基亚官方宣布放弃塞班(Symbian)品牌。2012 年 5 月 27 日,诺基亚宣布彻底放弃继续开发塞班系统,取消塞班 Carla 的开发,最早在 2012 年底,最迟在 2014 年彻底终止对塞班的所有支持。

⑤ BlackBerry(黑莓) OS

BlackBerry 系统,即黑莓系统,是加拿大 Research In Motion(简称 RIM)公司推出的一种无线手持邮件解决终端设备的操作系统,由 RIM 自主开发。和其他手机终端使用的 Symbian、Windows Mobile、iOS 等操作系统有所不同,BlackBerry 系统的加密性能更强,更安全。安装有 BlackBerry 系统的黑莓机,指的不单单只是一部手机,而是由 RIM 公司所推出,包含服务器(邮件设定)、软件(操作接口)以及终端(手机)几大类别的 Push Mail 实时电子邮件服务。"黑莓"(BlackBerry)移动邮件设备基于双向寻呼技术,该设备与 RIM 公司的服务器相结合,依赖于特定的服务器软件和终端,兼容现有的无线数据链路,实现了遍及北美、随时随地收发电子邮件的梦想。

黑莓赖以成功的最重要原则是针对高级白领和企业人士，提供企业移动办公的一体化解决方案。现代企业有大量的信息需要即时处理，出差在外时也需要一个无线的可移动的办公设备。而企业只要装一个移动网关、一个软件系统，用手机的平台实现无缝链接，无论何时何地员工都可以用手机进行办公。它最大方便之处是提供了邮件的推送功能，即由邮件服务器主动将收到的邮件推送到用户的手持设备上，而不需要用户频繁地连接网络查看是否有新邮件。

(2) 智能手机介绍

手机终端尤其是智能移动通信终端正在朝着不断电脑化的方向发展。智能手机除了具有手机的功能，也具有电脑的许多功能，如上网、处理电子邮件、看书/文件、交友、玩游戏等等；还具有电脑所不具备的功能，如拍照/录像、GPS 导航等等。现在的移动智能终端性能已超过 10 年前的电脑，其功能的不断强大，可以让人们将互联网装入口袋，使用户可以随时随地利用终端来制作图片、视频，并随时随地将这些内容传递给他人，同时也可以通过移动互联网分享图片、即时通信、移动办公、移动支付、写博客、娱乐等等。智能移动通信终端正在人们的生活和工作中扮演着越来越重要的角色，成为个人信息中心。而强大的功能使智能手机成为许多人的厚爱，现我国智能手机的占有率已达到 50%，美国、日本等国则更高。这些变化无疑对移动终端的处理能力、功耗、性能等方面带来新的挑战，同时也推动着技术一次又一次的飞跃，促使人们不断研发出处理能力强、体积小、功耗低、集成应用多的方便实用的新型智能移动通信终端。

如今智能手机的基本要求如下所述：

① 高速度处理芯片。3G 手机不仅要支持打电话、发短信，它还要处理音频、视频，甚至要支持多并发，这需要一颗功能强大、低功耗、具有多媒体处理能力的芯片。这样的芯片才能让手机不经常死机，不发热，不会让系统慢得如牛。

② 大存储芯片和存储扩展能力。如果要实现 3G 的大量应用功能，没有大存储就完全没有价值。例如，一个完整的 GPS 导航图要超过一个 G 的存储空间；而大量的视频、音频和多种应用也都需要存储。因此要保证足够的内存存储或扩展存储，才能真正满足 3G 的应用。

③ 面积大、标准化、可触摸的显示屏。只有面积大和标准化的显示屏，才能让用户充分享受 3G 的应用。显示屏分辨率一般不低于 320×240。

④ 支持 GPS 导航。它不但可以帮助你很容易找到你想找到的地方，而且还可以帮助找到你周围的兴趣点。很多服务会和位置结合起来，这是手机独有的特点。

⑤ 操作系统必须支持新应用的安装。有可能安装各种新的应用，并使用户的手机可以安装和定制自己的应用。

⑥ 配备大容量电池，并支持电池更换。3G 无论采用何种低功耗的技术，电量的消耗都是一个大问题，必须要配备高容量的电池，现在 1 500 mAh 是标准配备，但随着 3G 的流行，很可能未来外接移动电源也会成为一个标准配置。

⑦ 全触屏智能手机便于操作。

自 2012 年以来多数智能手机必配置的 10 大功能如下所述：

① 4G LTE

4G LTE 将是移动连接的未来发展趋势，这已经不是什么秘密。2012 年，各大手机生产商都尽快在其设备中配置这一功能。据传闻称，任何一款已经推出或即将推出的大品牌智能手机，包括三星的 Galaxy S Ⅲ和苹果 iPhone 5 在内，都将支持 4G LTE 功能。

② 4 英寸或更大尺寸显示屏

曾几何时，3 英寸的显示屏几乎成了智能手机市场的标准，但如今，像 HTC、LG 和三星等公司都推出了大屏幕的智能手机，即使是苹果也在计划增大 iPhone 的显示屏。

③ 最新操作系统

各大公司，特别是搭载 Android 系统的公司没有理由不推出最新版本操作系统的智能手机。在 Android 市场，搭载 Ice Cream Sandwich 系统的设备一定会赢得市场的统治地位；而在 Windows Phone 8 领域，芒果(Mango)操作系统必将搭载到设备之中。至少到目前为止，几乎所有的生产商都已经认识到这一点，并都竞相推出最新版操作系统的智能手机。

④ 不使用物理键盘

尽管 RIM 仍在智能手机市场继续坚持，但推出配备物理键盘的智能手机之理念如今似乎已不再能够吸引众多用户，因此绝大多数公司仍将继续放弃在智能手机中配备物理键盘的理念，而是继续追求新版的触摸屏。

⑤ 更便宜的价格

诺基亚的 Lumia 900 售价为 99.99 美元，这一价格的确让诸多业内人士感到吃惊，这些分析人士最初认为，诺基亚的 Lumia 900 售价至少要达到 iPhone 4S 的 199 美元。但是，其他的一些大牌设备都以较低的价格推出，例如，三星 Focus 2 的售价只有 50 美元。

⑥ 四核处理器

三星的 Galaxy S Ⅲ在推出之际就宣称，此设备将配备四核 Exynos 处理器。2012 年已有多家生产商会推出配置四核处理器的智能手机，而在 2011 年各大公司还争着推出双核处理器的设备。目前已经有八核处理器手机出现。

⑦ 近场通信功能(NFC)

谷歌钱包已经能够提供移动支付功能，在此情况之下，新推出的每一部搭载 Android 系统的智能手机都将配备远程支付功能。随着银行和无线运营商支持移动支付解决方案，将会有更多的设备提供这一服务。总而言之，NFC 将是今后智能手机的一大热门功能。

⑧ 32 GB 的存储量

有意思的是，在 2012 年推出的多数智能手机都配备 32 GB 的存储量。例如，Galaxy S Ⅲ的存储量就已经达到了 32 GB；而苹果也将放弃 16 GB 的智能手机产品，转而推出 32 GB 的 iPhone。目前来看，各种智能手机的存储量似乎都呈现上升势头。

⑨ 更加完善的摄像头

随着数码照相机越来越强大，这些摄像头也开始置入智能手机。事实上，在 2012 年以后有越来越多的智能手机会配置更强功能的摄像头，包括 800 万像素功能和自动聚焦功能镜头等。如今，更加完善的摄像头业已成为智能手机的重要部分之一。

⑩ 强大的第三方软件支持

目前的智能手机功能强大，扩展性能强，第三方软件支持多。例如苹果的 App Store 便有超过万计的应用，2012 年 6 月就已经超过了 650 000 个，囊括了书籍类、游戏类、娱乐教育、生活方式等类别。

下面介绍 3 款比较热门的手机(见图 4.2)。

Apple iPhone 5　　Samsung Galaxy S Ⅲ　　Nokia Lumia 920

图 4.2　2012 年的热门手机

① 苹果 iPhone 5(16 GB)

a. 基本参数

手机昵称	iPhone 5	上市时间	2012 年
手机重量	112 g	手机尺寸	123.8 mm×58.6 mm×7.6 mm
长度	123.8 mm	宽度	58.6 mm
厚度	7.6 mm	外观设计	直板式
主屏尺寸	4.0 英寸	屏幕材质	IPS
屏幕色彩	1 600 万	分辨率(像素)	1136×640
输入方式	手写输入	触摸屏类型	电容触摸屏
多点触摸	支持多点触摸	操作系统	iOS 6
处理器核心	双核处理器	CPU 型号	Apple A6
外观特点	风格和 iPhone 4 差不多,屏幕变大,边框变小	手机天线	内置

b. 网络制式

手机制式	4G	3G 制式	WCDMA
支持频率(MHz)	GSM 850/900/1800/1900,CDMA EVDO 800/1900,TD-LTE	网络支持	GSM/GPRS/EDGE/CDMA 1X, EVDO rev. A,TD-LTE

c. 手机存储

内存大小	16 GB

d. 拍照功能:拍照、连拍、定时拍摄、视频录制。

摄像头像素	800 万	摄像头类型	内置摄像头
摄像头感光元件	CMOS	闪光灯	LED 闪光灯
自动对焦	支持自动对焦	拍摄模式	支持多种拍摄模式
数码变焦	数码变焦	照片分辨率	最高支持 3264×2448
照片质量	支持多种质量选择	照片特效	支持多种照片特效
照相功能描述	支持微距拍摄	影音编辑器	内置
图像编辑器	内置		

e. 娱乐功能：SNS 功能、MP3 播放、Flash 播放、图形格式。

SNS 支持	支持开心网、人人网、微博等	电子书	支持 TXT、PDF、Office 等格式浏览
收音机功能	支持 FM 调频收音机功能	游戏功能	内置
音乐播放	支持 AAC、Protected AAC、HE-AAC、MP3、MP3 VBR、Audible、Apple Lossless、AIFF、WAV 等多种格式播放	视频播放	支持 MP4/3GP/AVC/AVI/MPEG-4 等多种格式播放

f. 数据功能：重力感应器、距离传感器、加速传感器、光线传感器、蓝牙通信、WAP 浏览器、WWW 浏览器、GPS 功能。

Java 支持	MIDP 2.0	USB 充电	支持 USB 充电
WiFi 功能	支持 WiFi	红外接口	有
通信软件	支持 QQ、MSN、飞信等	WAPI 功能	支持 WAPI
导航功能描述	支持 GPS，内置 A-GPS 芯片	浏览器描述	HTML (Safari)

g. 商务功能：PDA 功能、语音拨号与控制、飞行模式、备忘录、日程表、机身录音、情景模式、闹钟功能、日历、记事本、秒表、计算器、电子词典、短信、防火墙、SyncML 功能。

电子邮件	支持 E-mail、Push E-mail	世界时钟	支持世界时钟
短信支持	SMS/EMS/MMS	电话本类型	名片式
免提通话	支持免提通话	通话记录	已接来电＋未接来电＋已拨电话
来电图片识别	支持来电图片识别	来电铃声识别	支持来电铃声识别
来电防火墙	支持来电防火墙	离线模式	支持离线模式

h. 其他参数

电池类型	锂离子电池	通话时间(分钟)	8 小时 3G 通话时间
待机时间(小时)	225 小时	其他时间(小时)	音频：40 小时；视频：10 小时
特色类型	社交手机	其他功能	支持红外线技术，达到红外线遥控器的效果；支持 App Store；支持无线射频识别(RFID)功能(RFID 是一种条形码替代技术，可以让 iPhone 成为一个具备支付甚至汽车钥匙功能的设备)

② 三星 Galaxy S Ⅲ I9300(16 GB)

a. 基本参数

手机昵称	Galaxy S Ⅲ / I9300 / Galaxy S3	上市时间	2012 年
手机重量	133 g	手机尺寸	136.3 mm×70.6 mm×8.6 mm
外观设计	直板式	主屏尺寸	4.8 英寸
屏幕材质	Super AMOLED	屏幕色彩	1 600 万
分辨率(像素)	1280×720	输入方式	手写输入
触摸屏类型	电容触摸屏	多点触摸	支持多点触摸
智能手机	是	处理器	1.4 GHz
CPU 型号	Exynos 4412 Quad Core	操作系统版本	Android OS 4.0
手机天线	内置	外观特点	Super AMOLED(超炫屏)以更少的反射、自由的观看角度和超快的触摸反应为用户带来超凡的屏幕体验

b. 网络制式

手机制式	4G	3G 制式	WCDMA
支持频率(MHz)	GSM 850/900/1800/1900、WCDMA 850/1900/2100	网络支持	GSM/GPRS/EDGE/WCDMA

c. 手机存储

内存大小	1 GB RAM+16 GB ROM	存储卡	支持存储卡
存储扩展	支持 Micro SD(T-Flash)卡扩展	扩展容量	最大支持 32 GB 扩展

d. 拍照功能:拍照、连拍、视频录制。

摄像头像素	800 万	摄像头类型	内置摄像头
摄像头感光元件	CMOS	闪光灯	LED 闪光灯
自动对焦	支持自动对焦	拍摄模式	美颜拍摄、全景拍摄、动作拍摄、卡通拍摄
照片分辨率	最高支持 3648×2736	照相功能描述	笑脸识别,采用 W750 BSI CMOS 感光元件
副摄像头	190 万像素前置摄像头	视频分辨率	1080p(1920×1080,60 帧/秒)视频录制

e. 娱乐功能：SNS 功能、MP3 播放、Flash 播放。

SNS 支持	内置 Social Hub(社交圈)、悦读圈、游戏圈	电子书	支持 TXT、PDF、Excel、PowerPoint、Word 等格式浏览
收音机功能	支持 FM 调频收音机功能	游戏功能	内置游戏、支持下载
音乐播放	支持 MP3、AAC、AAC＋、eAAC＋、OGG、AMR、WMA、WAV、MID、AC3、IMY、FLAC、XMF 等格式	视频播放	支持 MP4/3GP/AVC/AVI/MPEG-4/DivX/Xvid/VC-1 等格式
图形格式	支持 JPEG/PNG/GIF/BMP 等格式	铃声类型	支持 MP3/MIDI 等格式

f. 数据功能：Java 支持、重力感应器、距离传感器、光线传感器、蓝牙通信、WAP 浏览器、WWW 浏览器、GPS 功能。

USB 充电	支持 USB 充电	传输接口	HDMI、USB v3.0
耳机接口	3.5 mm 耳机插孔	WiFi 功能	支持 WiFi
WAPI 功能	支持 WAPI	导航功能	内置 GPS，支持 A-GPS

g. 商务功能：语音拨号与控制、飞行模式、备忘录、日程表、机身录音、情景模式、动画屏保、闹钟功能、日历、记事本、秒表、计算器、SyncML 功能。

电子邮件	支持 IMAP4，POP3，Exchange，GMail 等	世界时钟	支持世界时钟
短信支持	SMS/EMS/MMS	免提通话	支持免提通话
通话记录	已接来电＋未接来电＋已拨电话	来电图片识别	支持来电图片识别
来电铃声识别	支持来电铃声识别		

h. 其他参数

电池容量	2100 mAh	电池类型	锂离子电池
其他功能	NFC 近场通信		

③ 诺基亚 920（Nokia 920）

a. 基本参数

上市时间	2012年	手机重量	185 g
手机类型	4G手机	外观设计	直板式
手机尺寸	130 mm×10 mm×70 mm	屏幕材质	PureMotion HD+
主屏尺寸	4.5英寸	输入方式	手写输入
分辨率(像素)	1280×720	多点触摸	支持多点触摸
触摸屏类型	电容触摸屏	处理器	1.5 GHz
智能手机	是	操作系统	Windows Phone
处理器核心	双核处理器	CPU型号	高通骁龙S4 MSM8960
操作系统版本	Windows Phone 8	手机天线	内置

b. 网络制式

手机制式	4G	3G制式	WCDMA
支持频率(MHz)	GSM 850/900/1800/1900,WCDMA 900/2100	网络支持	GSM/GPRS/EDGE/WCDMA

c. 手机存储

内存大小	1 GB RAM+32 GB ROM	存储卡	支持存储卡
存储扩展	支持Micro SD(T-Flash)卡扩展	扩展容量	最大支持32 GB扩展

d. 拍照功能:拍照、视频录制。

摄像头像素	870万	摄像头类型	内置
摄像头感光元件	CMOS	闪光灯	LED闪光灯
自动对焦	支持自动对焦	照片分辨率	最高支持3264×2448
副摄像头	130万像素前置摄像头		

e. 娱乐功能:SNS功能、MP3播放。

SNS支持	支持开心网、人人网、微博等	电子书	支持TXT、PDF、Office等格式浏览
收音机功能	支持FM调频收音机功能	音乐播放	支持MIDI/MP3/AAC等格式
视频播放	支持3GP/MP4等格式	图形格式	支持JPEG等格式

f. 数据功能：蓝牙通信、WAP 浏览器、WWW 浏览器、GPS 功能。

耳机接口	3.5 mm 耳机插孔	WiFi 功能	支持 WiFi
通信软件	支持飞信、移动 QQ 等	导航功能描述	内置 GPS，支持 A-GPS

g. 商务功能：机身录音、情景模式、闹钟功能、日历、记事本、计算器、电子词典。

世界时钟	支持世界时钟	短信支持	SMS/EMS/MMS
免提通话	支持免提通话	通话记录	已接来电＋未接来电＋已拨电话
来电图片识别	支持来电图片识别	来电铃声识别	支持来电铃声识别

h. 其他参数

电池容量	2000 mAh	电池类型	锂离子电池

苹果的 iPhone 5 摄像头维持在 iPhone 4S 的 800 万像素水准，而且采用防刮的蓝宝石玻璃来保护摄像头；为了保证图片稳定，在软件和硬件方面都做了升级，添加了人脸识别选项，并在录像的同时添加了拍摄功能，摄像头在暗光条件下的性能也有了提升，内置了弱光模式，在超大光圈的帮助下能够在光线不强的时候获得更好的拍摄效果。iPhone 5 摄像头具有 F2.4 光圈，可拍摄分辨率为 3264×2448 的照片。iPhone 5 还有一个新特性，那就是全景拍摄，在该模式下可以用 iPhone 5 拍摄全景照片，全景照片可达 2 800 万像素。iPhone 5 在拍摄全景照片时实际上是拍摄多张，然后进行无缝拼接并进行转换，凭借 A6 处理器的优异表现，拼接转换速度非常快。同时前置摄像头 Facetime 画质提升至 720P 级别。

而诺基亚的 Lumia 920 采用的是最先进的第二代纯景 Pure View 相机技术，利用了先进的光学防抖技术，在不使用闪光灯的情况下能比别的智能手机摄入多 5 倍的光，所以在室内和夜间它都能拍摄出清晰、明亮的照片。而且 Lumia 920 采用了光学影像稳定系统(OIS)，也被称为光学防抖。虽然业内已经有一些手机支持数码防抖功能，但这没法和光学影像稳定系统相比。Lumia 920 的像素水平和 iPhone 5 一样都是 800 万像素，而弱光模式要比 iPhone 5 的功能更强。

而 Galaxy S Ⅲ的摄像头则是来自索尼的 IMX145，像素达到了 800 万，采用了背光 CMOS 图像传感器。

所以就摄像头的性能而言，iPhone 5 和诺基亚的 Lumia 920 各有千秋，而三星的 Galaxy S Ⅲ则稍逊一筹，但是差距不大。

苹果 iPhone 5 在网络上支持 GSM/EDGE、UMTS/HSPA＋、DC-HSDPA、CDMA：CDMA EVDO rev. A 和 rev. B、LTE、WiFi（802.11a/b/g/n；802.11n

2.4 GHz和5 GHz)。iPhone 5相比iPhone 4S在3G演进方面提供了更好的支持HSPA+网络，使iPhone 5可拥有最高21 Mbps的理论下行速率；DC-HSDPA网络，使其最高理论下行速率进一步提升至42 Mbps；而对CDMA EVDO rev. B的支持，也将使未来电信版iPhone 5的最高下行速率由目前rev. A的3.1 Mbps提升至9.3 Mbps，甚至是14.7 Mbps，全面提升3G互联的速度。

4G方面，对LTE的支持使iPhone 5更具魅力，下行100 Mbps的速率将移动宽带的优势发挥得淋漓尽致。但对于国内用户来说，iPhone 5未来对TD-LTE的支持还是未知数，因此国内用户想体验4G的极速魅力，可能还需要等上一段较长的时间。

而在WiFi方面，iPhone 5相比iPhone 4S的提升仅在双频(2.4 GHz和5 GHz)支持方面，虽然利用5 GHz频段"较空闲"的优势可避开目前较拥挤的2.4 GHz频段，在一定程度上提升了无线接入体验；不过未能支持802.11ac(1×1，最高理论速率可达433 Mbps)，未能实际提升无线连接速度，多少让人有些失望。

诺基亚的Lumia 920利用的是5 GHz 802.11 n"MIMO"WiFi系统，在4G方面Lumia 920的下载速度可达到10 Mbps。

三星的Galaxy SⅢ也有5 GHz频段的WiFi，而且在部分市场支持4G，比如美国。

2. 智能手机与智慧旅游

智慧旅游，主要是通过互联网/移动互联网，借助便携的终端上网设备，主动感知旅游资源、旅游经济、旅游活动、旅游者等方面的信息。而手机终端尤其是智能移动通信终端正在朝着不断电脑化的方向发展，现在的移动智能终端性能已超过10年前的电脑。智能移动终端功能的不断强大，智能手机的3G甚至是4G上网、WiFi上网、无线上网功能，使得人们可以很轻易地将互联网装入口袋，及时了解各类旅游信息，从而合理安排和调整工作与旅游计划。旅游运营商也能通过智能手机的移动互联网功能获取游客信息，以及向游客推送各类旅游资讯。

智能手机面积大、标准化、可触摸的显示屏，特别是目前电容屏①的普及，使得触摸读写方便流畅，用户可以充分享受3G的应用；高分辨率使得画面更加清晰美观，高像素的拍照摄像功能随时可以为你留下最美的画面，用户可以随时随地利用这个智能手机终端来制作图片、视频，并与互联网相结合，随时随地将这些内容传

① 电容式触摸屏在触摸屏四边均镀上狭长的电极，在导电体内形成一个低电压交流电场。在触摸屏幕时，由于人体电场，手指与导体层间会形成一个耦合电容，四边电极发出的电流会流向触点，而电流强弱与手指到电极的距离成正比，位于触摸屏幕后的控制器便会计算电流的比例及强弱，准确算出触摸点的位置。电容式触摸屏的双玻璃不但能保护导体及感应器，更能有效地防止外在环境因素对触摸屏造成影响，就算屏幕沾有污秽、尘埃或油渍，电容式触摸屏依然能准确算出触摸位置。

递给他人，共同分享旅游资讯，同时也可以通过移动互联网分享图片、即时通信、移动办公、移动支付、写博客、娱乐等等；GPS 导航，它不但可以帮助你很容易找到你想找到的地方，而且可以帮助你找到周围的兴趣点，未来的很多服务也会和位置结合起来，更好地为旅游服务；智能手机中的电子罗盘，随时为游客指明方向。

随着智能手机的发展，NFC 即将成为智能手机标配。NFC 手机内置 NFC 芯片，比原先仅作为标签使用的 RFID 增加了数据双向传送的功能，这个进步使其更加适合用于电子货币支付；特别是 RFID 所不能实现的，相互认证和动态加密和一次性钥匙(OTP)能够在 NFC 上实现。NFC 技术支持多种应用，包括移动支付与交易、对等式通信及移动中信息访问等。通过 NFC 手机，人们可以在任何地点、任何时间，通过任何设备与他们希望得到的娱乐服务与交易联系在一起，从而完成付款，获取海报信息等。NFC 设备可以用作非接触式智能卡、智能卡的读写器终端以及设备对设备的数据传输链路，其应用主要可分为以下四个基本类型：用于付款和购票、用于电子票证、用于智能媒体以及用于交换、传输数据。据悉，以谷歌电子钱包为代表的基于近距离通信技术的"碰触式"是目前最简单的支付方式。消费者可以将手机本身当作信用卡，在卖场收银台"碰一下"支付设备，无需任何密码，即可完成支付。这使得传统旅游过程中所涉及的票务等消费变得更加便捷安全。种种智能手机功能的完善，使得智能手机与智慧旅游完美结合，为智慧旅游的发展打造了平台。

三、平板电脑与智慧旅游

1. 平板电脑

平板电脑(Tablet PC)是一种小型、携带方便的个人电脑，以触摸屏作为基本输入设备，并允许用户通过触控笔或数字笔进行操作，而不是传统的键盘或鼠标。早在 2002 年微软就提出平板电脑概念：平板电脑除了具有笔记本的功能外，还有语音识别和手写功能。当时平板电脑的主要生产商有 Acer、HP、Fujitsu 等，多采用 Windows XP Tablet PC Edition 操作系统，它们都以触控笔作为输入设备。很多软件是专为平板电脑设计的，不能运行在其他设备上。由于技术和价格等原因，平板电脑不能实现普及，主要应用于一些垂直行业，如医疗、运输和物流等。直到 2010 年苹果公司的乔布斯对平板电脑概念进行了重新思考定位：以超薄、轻便的外观，高精度的电容多点触控屏，更低价格，更强娱乐性能等特点区别于传统平板电脑。2010 年年初，苹果推出 iPad 平板电脑大热以后，世界各地掀起了平板电脑热，许多大电脑制造商纷纷跟进，准备推出自己的平板电脑，而小制造商的仿制品也正在渗入市场。当前平板电脑生产商有苹果、三星、Dell、HP、联想、汉王、爱国者等。能上网、拍照片、多点触控是平板电脑的基本要求，未来装有射频或短距离通信(RFID/NFC)芯片、GPS 导航模块是平板电脑的发展方向。

平板电脑作为 PC 机的一个衍生品,相较于笔记本具有很明显的优点:小巧便携、开关机速度快、电池续航时间长、可以在移动中操作、支持手写输入或语音输入、可提供一个相对完整的 PC 机功能,因此应用领域广泛,如外出旅行、实地考察、户外数据采集等;又能很方便地接入无线网络,使得平板电脑相比其他 PC 设备有明显优势。它与智能手机相比,屏幕更大,功能更多,处理能力更强。

(1) 平板电脑的操作系统

平板电脑的操作系统主要有 iOS、Windows OS、Chrome OS、Android OS、Web OS、MeeGo。当前平板电脑市场主流的操作系统是微软的 Windows、谷歌 Android OS 和苹果 iOS。

很多平板电脑运行 Windows XP Tablet PC Edition,最新版本是 2005 版。其包含了 Service Pack 2,并且可免费升级,增强了手写识别率并且改善了输入皮肤,还让输入皮肤支持几乎所有程序。Windows Vista 系统在 Windows 家族里地位比较尴尬,这个系统高于 XP 但是并未能取代 XP。Windows 7 的出现,市场的接受能力明显加温。Windows 7 是一款基于 Windows NT 核心的桌面电脑操作系统,用户可使用鼠标和键盘获得更好的体验,而且兼容绝大多数应用配备。但该系统占据非常大的存储空间,对硬件的要求高。当应用于平板电脑时,在硬件配置较低情况下会出现系统运行不流畅、待机时间短等问题。Windows Phone 7 架构基于 Windows CE 6.0 内核,主要包括三个组件区域,即内核模式组件、用户模式组件和硬件组件,采用两种不同的文件系统:系统文件为 IMFDS,用户文件为 TexFAT。微软提供 2D 和 Direct 3D11 的硬件加速,此外还支持蓝牙 2.1,该平台与软件的兼容性近乎完美。2011 年 9 月,随着微软 Windows 8 系统的发布,平板阵营再次扩充。微软在 2012 年 9 月 13 日推出了一款由三星电子开发的设备,该设备采用了微软最新的 Windows 8 操作系统。Windows 8 操作系统能够让超薄笔记本电脑和平板电脑立即开机,而且充电一次便能够使用一天。微软新一代操作系统 Windows 8 的开始屏幕具备诸多定制化功能,用户方面可以激活彩色滑动条然后从众多深色背景中挑选开始屏幕的用户背景色。Windows 8 大幅改变以往的操作逻辑,提供更佳的屏幕触控支持。新系统画面与操作方式变化极大,采用全新的 Metro 风格用户界面,各种应用程序、快捷方式等能以动态方块的样式呈现在屏幕上,用户可自行将常用的浏览器、社交网络、游戏等添加到这些方块中。Windows 8 相对于 Windows 7 能带来更好的图像体验。Windows 8 系统无疑是最适合平板电脑的操作系统,因为其具有真正的电脑功能。

iOS 是由苹果公司开发的以 Darwin 为基础的操作系统,主要为 iPhone、iPod、

iTouch以及iPad使用。iOS的系统架构分为四个层次，即核心操作系统层、核心服务层、媒体层、可轻触层。虽然iOS不是开源操作系统，但可从官方App Store上下载30万款应用程序。2012年6月，苹果公司在WWDC 2012上宣布了iOS 6，提供了超过200项新功能。iOS 6拥有更完善的文本输入法，并内置了对热门中文互联网服务的支持，将全新购物体验融入重新设计的iTunes Store、App Store和iBookstore；iCloud标签可记录你在设备上打开的页面，因此你可以先在一部设备上开始浏览，稍后再使用手边的任何一部设备，从上次暂停的地方继续浏览；Safari可在阅读列表中保存网页，而不仅是链接，因此即使你没有互联网连接，也能继续阅读网页；当你向eBay或Craigslist等网站发布照片或视频时，不用退出Safari即可拍照或摄录，也可从相机胶卷中选择照片。

对于苹果之外的厂商来说，如今有实力与苹果抗衡的还有Android。当前在世界Android系统的市场份额超过苹果iOS。Android OS是Google开发的基于Linux平台的开源操作系统，包括操作系统、用户界面和应用程序。操作系统分为四层，即Linux内核层、系统运行库层、应用框架层、应用层。Android OS允许存在云应用程序、基于服务器的应用程序和本地应用程序，而Chrome OS缺乏这一优点。这就是为什么各大硬件厂商都决定生产使用Android OS的平板电脑。目前Android系统，既可以用于手机也可用于平板电脑。2011年Google推出应用于平板电脑的Android 3.0蜂巢(Honey Comb)操作系统。未来大多数平板电脑可能采用Android系统。从厂家角度来说，选择Android系统能降低平板电脑的生产成本，同时Android平台的开放性和诸多的开源应用，可以为平板电脑提供足够的内容资源。从操作系统安全性上看，Android、iOS、MeeGo等基于Linux内核的系统相比Windows系统具有更高的安全性。到底谁是移动电子设备系统的最后赢家，现在还是个未知数。

(2) 平板电脑介绍

平板电脑的显示器可以随意旋转，一般采用小于10.4英寸的液晶屏幕，并且都是带有触摸识别的液晶屏，可以用电磁感应笔手写输入。平板式电脑集移动商务、移动通信和移动娱乐为一体，具有手写识别和无线网络通信功能，被称为笔记本电脑的终结者。其具有如下优点：

① 平板式电脑本身内建了一些新的应用软件，用户只要在屏幕上书写即可将文字或手绘图形输入计算机；

② 数字化笔记本，平板电脑就像PDA、掌上电脑一样，做普通的笔记本，随时记事，创建自己的文本、图表和图片；

③ 平板电脑的操作系统种类丰富，拥有Windows 7、Windows 8、Android、iOS以及Web OS等，能更好地符合不同人士的不同需求；

④ 平板电脑的内置存储非常大，最低的都在 16 G 左右，更高端的更搭配了 SSD 固态硬盘；

⑤ 便携移动，它比一般笔记本电脑体积小而且轻，基本上 7 英寸 400 g 以下，10 英寸 900 g 以下，可以随时转移它的使用场所，比台式机具有移动灵活性；

⑥ 锂聚合物电池技术的应用，使其稳定性和续航时间以及环保性上得到进一步完善。

平板电脑轻薄便携、功能强大，更能迎合时尚人士的娱乐、新潮等消费心理，更充分满足了商务人士办公、手写输入等需求。

近期，索尼推出了可折叠的双屏平板电脑 Tablet P，E 人 E 本推出了带手写笔的平板电脑 T4，华硕推出了带外置键盘底座的平板电脑 TF201，联想推出了支持云技术的平板电脑乐 PAD S2007，给平板电脑市场注入了一股活力。下面介绍几款常用的平板电脑。

① 索尼 Tablet P(见图 4.3)

图 4.3 索尼 Tablet P

索尼 Tablet P 独特的双屏折叠设计虽然会导致折叠后厚度增加，但宽度会缩短一半，可以像长款钱包一样放入口袋和手提包中，而 372 g 的重量对于大多数人来说都称不上累赘，是名副其实的“口袋电脑”。

索尼 Tablet P 还具有不错的内在配置和强悍的性能：一是处理能力出色，采用了主频为 1 GHz 的 Nvidia Tegra 2 双核处理器，内置 1 GB 运行内存，整体性能达到了主流水准；二是显示效果出众，搭载了两块可视面积为 5.5 英寸的 IPS 电容触摸屏幕，每块屏幕的分辨率为 1024×480 像素，在 TruBlack“纯黑”技术的驱动下，带来了鲜活、清晰的色彩表现力；三是内置了达到主流水准的 500 万像素摄像头，拍摄效果可以和 New iPad 媲美；四是操控感受行云流水，通过“快触”摸屏优化和“快览”浏览器优化技术带来不同以往的高速畅快操作享受；五是采用了 Android 3.2.1 操作系统，内置了丰富的应用程序，涉及游戏、工具、生活等各个方面，还可以通过 Select App 应用软件推荐平台下载新的应用。其主要参数规格如下表所示。

索尼 Tablet P(WiFi 版) ——规格参数	
型号	SGPT212CN/H
操作系统	Android 3.2
处理器	Nvidia Tegra 2
系统内存	1 GB
存储容量	4 GB
屏幕尺寸	5.5 英寸
分辨率	1024×480(双屏)
摄像头	前置 30 万像素摄像头,后置 511 万像素摄像头
USB	USB 2.0
重量	约 0.372 kg

② E 人 E 本 T4(32 GB/3G 版)(见图 4.4)

E 人 E 本 T4 是一款专门为商务人士打造的平板电脑。这款主打手写输入功能的平板电脑是信息输入的“利器”,标配平板电脑中少见的 Wacom 3D 电磁式数位压感手写笔,具备原笔迹手写技术,可以成为商务人士工作生活上的“好帮手”。

图 4.4　E 人 E 本

E 人 E 本 T4 可以充分满足商务人士在各种环境下上网的需求。除了提供 WiFi、联通 3G(WCDMA)、电信 3G(CDMA2000 EVDO)等无线上网方式之外,还具备平板电脑中少见的 RJ45 网络接口。这样一来,当用户出差旅行时便无需携带笔记本电脑,在酒店房间内插上网线,简单设置一下就可以上网了。E 人 E 本 T4 支持名片扫描仪、USB 转 VGA 投影线等可选配件,可以为移动办公提供强有力的支撑。此外,E 人 E 本 T4 还具备指纹识别功能,满足商务人士营造私密空间的需求。其主要参数规格如下表所示。

E人E本 T4——规格参数	
型号	T4(32 G/3G 版)
操作系统	Android,SPOS 4.0(深度定制系统)
处理器	飞思卡尔 iMX53
系统内存	512 MB
存储容量	32 GB
屏幕尺寸	8 英寸
分辨率	1024×768
USB	1 个 mini USB 接口,USB HOST
重量	约 0.52 kg

③ 华硕 TF201(32 GB 标准版)(见图 4.5)

华硕 TF201 堪称平板电脑中的"变形金刚",通过拆装键盘底座,可以在平板电脑和笔记本电脑之间进行"变身"。用户根据自身需要,自由选择合适的产品组装状态。

图 4.5 华硕 TF201

华硕 TF201 还配备了业界领先的 Tegra 3 四核处理器,主频为 1.3 GHz,配合 1 GB运行内存,可以实现 Android 平板电脑中顶级的运算效率。在存储方面,华硕 TF201 提供了 32 GB 存储空间,还可以通过存储卡扩展。尽管搭载的系统为 Android 3.2 版本,不过可以升级为最新的 Android 4.0 版本,以获取最新的应用元素。同时,华硕 TF201 具有精湛的"摄术",搭载了业界领先的 800 万像素摄像头,拥有 F2.4 超大光圈,并配备 LED 补光灯,支持 1080P 全高清视频摄录,拍摄质量领先于绝大多数平板电脑,即使和顶级拍照手机相比,差距也不明显。1280×800 像素的分辨率可以满足大多数用户对画质的要求,还有约 12 小时的电池续航时间。其主要参数规格如下表所示。

华硕 TF201(32 GB标准版)——规格参数	
型号	Eee Pad Transformer Prime TF201 标准版(32G)
操作系统	Android 3.2,后续可升级至 Android 4.0
处理器	Nvidia Tegra 3
系统内存	1 GB
存储容量	32 GB
屏幕尺寸	10.1 英寸
分辨率	1280×800
摄像头	前置 120 万像素摄像头,后置 800 万像素摄像头
USB	外接底座:USB 2.0 接口
重量	约 0.582 kg

④ 联想乐 Pad S2007(见图 4.6)

联想乐 Pad S2007 可以通过“家庭云”技术掌控所有的家庭数字娱乐功能,内建联想乐云服务,支持“一云四屏”数据同步。

图 4.6 联想乐 Pad

在硬件配置上,联想乐 Pad S2007 云集了 7 英寸平板电脑中出类拔萃的元素。首先,屏幕采用了支持多点电容触控的 IPS 材质,分辨率达到了主流的 1280×800 像素,达到了 216PPI 的解析度,与苹果 New iPad 的 264PPI 差距较小,画质表现在同规格产品中处于较高水平;其次,配备主频 1.5 GHz 高通 Qualcomm 8660 双核处理器和 1 GB运行内存,内置 16 GB闪存,可以支持 TF 存储卡扩展,最高可达 32 GB;最后,800 万像素主摄像头,具备 F2.2 大光圈、LED 闪光灯、DC 专业拍摄功能芯片、5X 快速变焦、智能防抖、移动对焦、快速连拍和人脸识别等特性,拍摄效果出色。

联想乐 Pad S2007 机身厚度仅为 9.7 mm,整机重约 360 g,尽管尺寸较小,却配备了 3780 mA 的大容量电池,电池续航能力在小尺寸平板中首屈一指。

其主要参数规格如下表所示。

联想乐 Pad S2007——规格参数	
操作系统	Android 3.2,联想定制:格调 UI
处理器	高通 Qualcomm 8X60
系统内存	1 GB
存储容量	16 GB
屏幕尺寸	7 英寸
分辨率	1280×800
摄像头	前置 130 万像素摄像头,后置 800 万像素摄像头
USB	1 个 mini USB 接口
重量	约 0.357 kg

⑤ iPad(见图 4.7)

2012 年 3 月 8 日,苹果在美国旧金山芳草地艺术中心发布第三代 iPad,据苹果中国官网信息,苹果第三代 iPad 定名为“全新 iPad”。

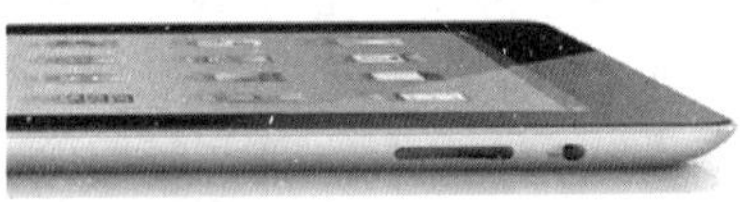

图 4.7 iPad

全新第三代 iPad 突破性的 Retina 显示屏精细看不止,精彩挑不尽,令一切看起来都更清晰、更传神。文字清晰明锐,色彩更加丰富,照片和视频富于细节表现。这全得益于 310 万像素,以及为其提供动力的全新 A5X 芯片,这些条件令其成为先进卓越的移动设备显示屏。

全新 iPad 的 Retina 显示屏拥有 2048×1536 分辨率,色彩饱和度提升 44%,在同样 9.7 英寸的屏幕空间内,像素数量更达到惊人的 310 万之多。这是 iPad 2 像素数量的 4 倍,比 HDTV 甚至还多 100 万像素。这些像素非常密集,人眼在正常观看距离下已经难以分辨单个像素。当无法看到像素颗粒时,就能看清整张图片、整篇文章或是整个游戏画面。

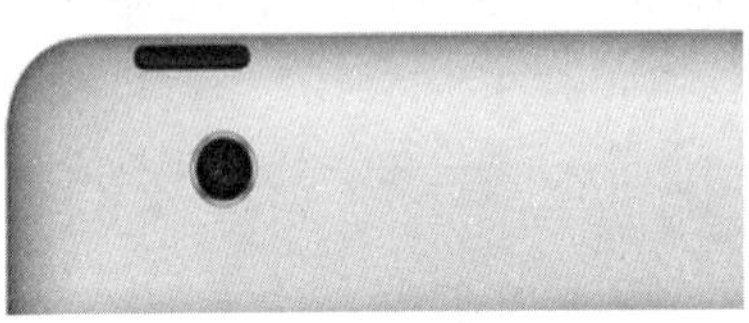

全新 iPad 配备 500 万像素 iSight 摄像头。它经由先进的光学技术设计而成,具备背部照度传感器、自动白平衡和面部检测功能,可以拍摄精彩动人的静态照片。此外,还能拍摄 1080P HD 高清视频。因此,捕捉的每个瞬间都如记忆中的一

样美好。

500 万像素 iSight 摄像头配备背部照度传感器，无论在阳光下或是烛光里都能拍摄精彩的照片。自动对焦、轻点自动对焦和轻点设置曝光度功能使拍摄的每张照片都能瞬间化身为可以裱入相框的珍品佳作。内置的面部检测功能可在 10 张面孔之间自动平衡焦点和曝光度，于是有了更多空间来呈现更多张笑脸。全新 iPad 的 iSight 摄像头，能将那些难以预料的美好而欢闹的时刻捕捉殆尽，而且是以 1080P HD 高清格式拍摄，凭借自动的视频防抖动功能，拍摄不会受颠簸和抖动的影响。

适用于 iPad 的 iLife 和 iWork 的 200 000 多款 App 尽在 App Store

适用于 iPad 的 iLife 和 iWork 的 200 000 多款 App 尽在 App Store。全新 iPhoto App 加入 GarageBand 和 iMovie 之列，让适用于 iPad 的 iLife 家族完整集结。你可以在 App Store 中查找它们以及 iWork App，包括 Pages、Keynote 和 Numbers。其中还有为 iPad 量身定制的大量 App。iPad 的 App 与众不同。因为在 200 000 款 App（数量还在不断增长）中，每一款 App 都能利用 iPad 的特性和功能，如亮丽的 9.7 英寸屏幕、Multi-Touch、加速感应器和陀螺仪等。从 App Store 购买 App 时，只需使用 Apple ID 登入即可，找到喜爱的 App，轻点购买，它就会立即开始下载。每当 App 有更新时，iPad 就会出现提示，这样总能拥有最新版本的 App。

超快的无线网络连接
全速前进

全新 iPad 采用新一代无线技术设计而成，是提供可接入全球高速数据网络的机型。使用全新 iPad，能以令人惊叹的速度下载内容、传输视频与浏览网页。全新 iPad 为全球各地的网络提供全面的支持。它所采用的蜂窝网络天线可访问更大的频谱范围，这意味着几乎可以随时随地上网；在外出旅游时，只要插入当地的 SIM 卡，就能接入网络。全新 iPad 支持全球多种快速蜂窝网络，包括 HSPA 及 HSPA 2，可以高速浏览网页、传输内容或下载视频。

iOS
了不起的先进移动操作系统

iPad 背后的神奇力量源自 iOS，能够使用 Multi-Touch 查看和掌控一切。它包含所有强劲、创新、好玩的内置 App，人们会每天使用或一天多次使用它们。它是 App 开发者的首选，也是 iPad 令其他设备望尘莫及的另一个原因。同时，iOS 5 还拥有拼音、手写和笔画三种汉字输入方式，轻松契合各种输入习惯，让我们便捷、高效地用汉字表情达意。

iCloud
你的内容，
在你所有的设备上现身。

iCloud 可以存放照片、App、电子邮件、通讯录、日历和文档等内容，并以无线方式将它们推送到你所有的设备上。如果用 iPad 拍摄照片或编辑日历事件，iCloud 能确保这些内容也会出现在 Mac、iPhone 和 iPod Touch 上，完全不用费心。

全新 iPad 的参数规格如下表所示。

全新 iPad 规格参数	
操作系统	iOS 5.1
CPU	Apple A5X（双核 CPU，四核 GPU，CPU 主频为 1 GHz）
存储容量	16 GB/32 GB/64 GB
存储介质	闪存
外形	长度为 241.2 mm，宽度为 185.7 mm，厚度为 9.4 mm，重量约为 0.652 kg(WiFi)/0.662 kg(WiFi+3G/4G)
WiFi 功能	支持 802.11a/b/g/n/ac 无线协议
蓝牙功能	支持蓝牙 4.0
4G 功能（WiFi+4G 版）	支持 LTE、HSPA+、WCDMA、CDMA2000 EVDO、GSM、CDMA 网络
音频	频率响应：20～20 000 Hz 支持 HE-AAC（V1 和 V2）、AAC（8～320 Kbps）、受保护的 AAC（来自 iTunes Store）、MP3（8～320 Kbps）、AIFF 和 WAV
视频	支持视频格式：M4V，MP4 和 MOV 文件格式，MPEG－4 视频可达 2.5 Mbps，640×480 像素，30 帧每秒
邮件附件支持	文件类型：JPG，TIFF，GIF（图像），DOC 和 DOCX（Microsoft Word）；PDF（预览和 Adobe Acrobat）；PPT 和 PPTX（微软 PowerPoint）；TXT（文本）；RTF（富文本格式）；vcf（联系人信息）；XLS，XLSX（Microsoft Excel 中）
续航时间	10 小时
摄像头	前置 30 万像素、后置 500 万像素、iSight 摄像头
图片浏览	支持 JPG、TIFF、GIF 格式
内置感应	智能重力感应、环境光传感器、陀螺仪、数字罗盘
生活助理	辅助 GPS

2. 平板电脑与智慧旅游

平板电脑小巧便携、开关机速度快、电池续航时间长、可以在移动中操作、支持手写输入或语音输入、可提供一个相对完整 PC 机的功能，与智能手机相比，屏幕更大、功能更多、处理能力更强。只要接入无线，上网浏览查阅各类信息方便快捷。另外平板电脑的应用也是五花八门，十分齐全，为游客查阅旅游信息、预定和购买各类旅游产品和服务带来了巨大的方便。因为它并不像笔记本电脑那么笨重，重量和大小与一本不算厚的书籍差不多，并不占游客行李太多空间与重量，游客可以在旅游途中与他人分享照片、心得等。但是目前市场上大多数的平板电脑要上网必须要有无线或有线接入互联网，但是不少景点或旅游地并没有无线网络覆盖，这使得平板电脑似乎就是旅行途中的一个累赘。但是随着技术的进步，平板电脑将做到无线宽带化，具备多种联网手段，包括 WiFi 和 3G、4G 网络等，而且平板电脑的体积和重量也会逐渐变小，甚至可能与手机相结合(既具有相当于完整 PC 的功能，还兼具手机功能)，更加方便游客携带，而且可以随时随地上网，真正意义上成为便捷式的移动智能终端，并与智慧旅游完美结合。

智能手机和平板电脑的超便携性，为智慧旅游提供了硬件支撑，使移动互联网有了使用的载体。当 4G 时代到来的时候，智能手机和平板电脑，或者其他目前还未知的超便携终端，其普及程度将非常高，届时智慧旅游也将随之普及。

四、旅游应用软件系列

随着移动技术的发展，移动终端上为服务大众出游的第三方应用不断出现，如以下几个应用。

(1) 玩伴

“玩伴”是苏州海客科技有限公司基于智能手机和移动互联网行业所开发的智慧旅游软件，是国内领先的智慧旅游服务平台，将全国景区专业导游解说和吃住行游购娱全覆盖(见图 4.8)。“玩伴”智能导游不是单一的技术产品，它依托自主产权的 GPS 定位提升算法和独家制作的景区 GIS 地图，参照旅游行为特点，以手机为载体，为游客提供旅游规划、旅游社区、智能导游、旅游消费推荐等核心旅游服务，是集多种属性为一体的全新服务。“玩伴”智能导游通过科学的信息组织和呈现形式让游客方便快捷地获取旅游信息，帮助游客更好地安排旅游计划并形成旅游决策。“玩伴”智能导游通过基于物联网、无线技术、定位和监控技术，实现信息的传递和实时交换，让游客的旅游过程更顺畅，提升旅游的舒适度和满意度，为游客带来更好的旅游安全保障和旅游品质保障。[①]

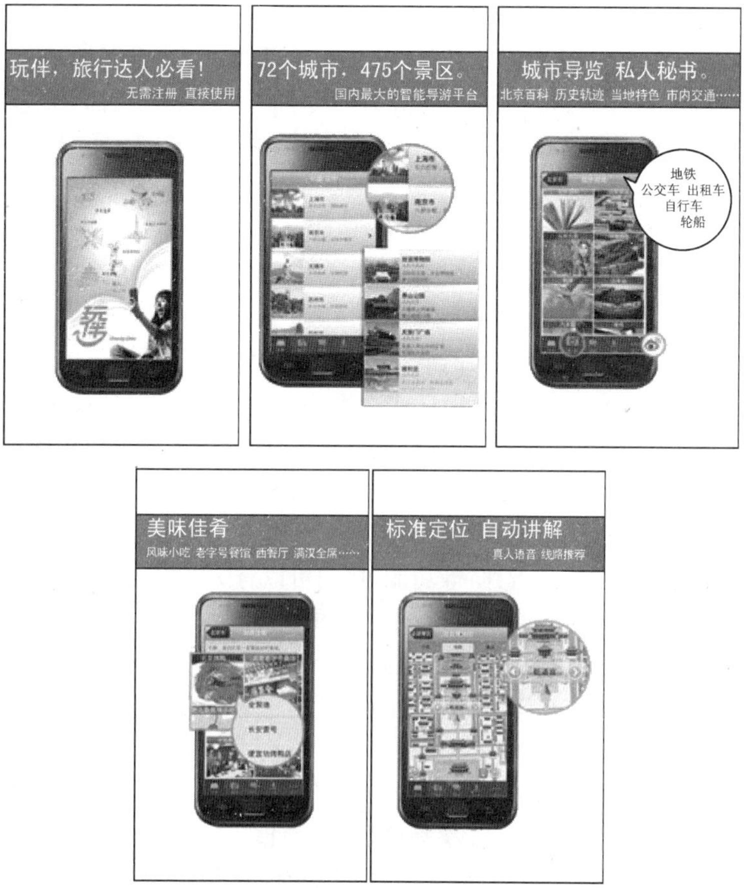

图 4.8 玩伴界面图示

作为景区导游，为你讲解原汁原味的景点故事，让你移步换景，带你品味景区的人文历史；为你规划游玩的最佳路线，带你省时省力全面玩转景区；她还会英文，有英文版本。她作为本地向导，带你穿梭于大街小巷，吃遍本地特色美食；为你寻找合适的住所，让你住得安心舒心；向你推荐特色旅游线路，深度体验本地文化；“去哪儿，怎么走”，她一键索引，轻松便捷；“想买本地特色物品”，她如数家珍，价廉物美；“需要休闲娱乐”，她第一时间为你找到娱乐场所，快速、贴心。她也是私人秘书，帮你管理旅游行程安排，什么时间出发，吃什么，住哪里，怎么走，她都一一记录，随时修改，即时更新。还能帮你和亲朋好友自助组团，告诉他

① “玩伴”助力智慧旅游[OB/OL]. http://www.yhiker.com/onebyone/index.php/details/news_products/1/58,2012-04-13.

们旅游行程与安排,约他们一起出发。没有行程安排,她可以为你做落地规划,为你安排吃、住、行、游、购、娱,让你体验最具当地特色的旅程。"拍照太多,没法整理",不用担心,她已经为你整理好了,在哪个景区拍照,照片自动存放到该景区文件夹,让你一目了然。"旅程很精彩,要与朋友分享",很简单,告诉她你的SNS账号,她会帮你把你的所见所闻所想分享给微博、QQ、豆瓣、人人、开心网等SNS好友。

虽然只是手机上一个小小的应用,但是对游客来说却是出门游玩的最佳伴侣。

(2) 朋游风景

朋游创办于2011年初,公司前期投入资金5 000万,于2011年8月1日正式推出了网站和手机应用。第一阶段的产品主要提供手机导游导览、景区信息、手绘地图、签到分享、行程足迹纪录、在线订票等服务,还内置了用于折扣优惠的数字会员卡。通过旅游兴趣点的深度采集等方式,让景区地图信息化,让旅游攻略分享变得更加实时、快捷、精致。朋游风景网还推出了基于旅游POI(Point of Interest,兴趣点)的"微攻略"、"景区点评"等功能,用户可以查看"谁曾经来过"、"谁在附近"等信息。朋游的优势更多的是在景区信息化的过程当中和景区建立的战略合作关系,与携程、艺龙、途牛等在线旅游的优秀企业形成一个互补的关系,因为朋游解决的更多是"旅游最后一公里"景区导游问题(见图4.9)。

(3) Touch China系列的手机旅游软件

明卓求思基于用户的移动体验,开发出Touch China系列的旅游相关移动产品,提供随身导游、地图、公交、汇率换算、天气预报等一系列相关服务。目前已经涵盖了国内40多个景点的导游语音,主要产品有《故宫》、《上海地铁》、《旅游天气》等iPhone、Android版本,iOS的累积下载量达到100万次。瞄准的主力人群是每年有固定假期或出游计划的时尚青年,同时他们也是互联网的深度用户。首先,这是个贴身导游。在参观之前,用户可以通过手机显示的景区微缩地图选择个性化的行走路线。每到一个景点可以实施定位,有详细的语音讲解辅助游客参观。放大到整个城市,这款软件也会提供城市导览服务,把著名的景点通过不同的排列组合供用户选择。此外,还把当地的吃喝玩乐信息实施了定位整合,可以设定条件搜索酒店、餐饮之类的信息,消费结束后进行打分。用户还可以获取与当前位置相关旅行信息,在任意地点分享微博,通过应用下载众多旅游景点详细导游。除了景区和消费信息,还提供地铁等交通工具信息。不仅可以让用户针对某一景点展开互动,而且还可以做类似旅游攻略性质的线路设计。①

---

① 贴身导游[OB/OL]. http://www.zcom.com/tags/TouchChina/,2011-09-26.

图 4.9　朋游风景 App 截图

(4) 南京智慧旅游游客助手

“游客助手”是将“旅游综合资讯”和“手机终端”合二为一的信息化产品，它是通过智能手机客户端，将景区介绍、线路导航、餐饮预订等应用嵌入，集吃、住、行、游、购、娱等旅游信息功能于一体的手机旅游通(见图 4.10)。

该客户端通过手机公共部分的信息展示，将南京的旅游资讯及时展现在智能手机终端中，方便游客进行查询和浏览，并且结合 12580 商盟和 12580 商旅业务使游客方便快捷地进行餐厅、酒店、航班等信息的查询和预订。

主要功能包括：

① 资讯，展示南京旅游园林局发布的旅游资讯实时信息；

② 线路，分为推荐线路和主题线路两块，由旅游协会联合各大旅行社提供，全面展示南京各类旅游线路信息；

图 4.10 南京旅游游客助手

③ 景区，提供景区介绍和景区导览助手，实现景区景点信息的报送；

④ 导航，提供南京市地图导航，后期将增加 2.5D 景点地图和语音导航功能。

在"智慧旅游"客户端里，还拥有"乡村旅游农家乐营销平台"。游客可以在休闲栏目里获取乡村旅游方面的资讯，包括特色、路线、咨询电话等，甚至还有一键投诉，如果服务不好可以直接拨打上面的投诉电话，一键就能够投诉到市旅游园林局的质监所。目前，南京市 4A 级以上的所有景点信息以及近 100 家农家乐信息都已收录到了"智慧旅游"的客户端当中，网友可以通过市旅游园林局官网入口以及扫描触摸屏二维码来下载客户端，在 iPhone 的商店和 Android 的市场也可以通过搜索"南京旅游助手"字样免费下载。

(5) 杭州旅游

“杭州智慧旅游”(见图 4.11)手机 App 应用(iPhone 版和 Android 版)于 2012 年 5 月正式上线,是杭州市旅游委员会专门推出的一款免费手机导游软件,专门为游客提供杭州旅游信息服务和指南。该应用主要包含杭州介绍、天气预报、景点住宿、美食购物、推荐线路、旅游咨询、实用信息、周边旅游等 15 个板块内容,以电子地图为基础,结合 GPS 定位功能和搜索功能为游客提供吃、住、行、游、购、娱等全方位、全要素资讯。游客只需动动手指,就可以快速找到最近的酒店、餐饮、景点、旅游咨询点等位置和交通出行线路及景点语音介绍,具有导航、导游、导览三位一体功能,大大方便了来杭旅游者。

图 4.11　杭州旅游

(6) 其他

除了以上几种手机应用,其实还有很多与旅游相关的第三方应用。在手机应用下载网(http://app.cnmo.com/)上查找一系列智能手机的第三方应用时,以 iPhone 4S 为例,输入“旅游”关键字就能搜索到成百上千的相关应用(见图 4.12)。这些应用在我们出行时会给我们带来前所未有的帮助,使得旅游变得越来越简单易行,越来越精彩。只要一部智能手机,就能出门旅游,轻轻松松,简简单单。

图 4.12　各种旅游 App 应用

第五章

位置服务与智慧旅游

一、旅游地图的演变

1. 导游图

来到一个城市，一般都能在书店、车站码头、报刊亭、星级宾馆等处买到当地的城市交通旅游图，其名称五花八门、形形色色，如“旅游交通图”、“交通游览图”、“导游图”、“观光图”、“指南图”等。拥有一张当地的城市交通旅游图，那些有代表性的景点跃然纸上，还能指点游客以最经济、最便捷的方式和路径到达目的地，省去了问路的麻烦和盲目的交通费用。

旅游景区导游图，就其作用而言，是为了标示景区内各景点及其他相应设施的位置，以引导游客在景区内游玩和消费的；另外，导游图还具有一定的营销宣传功能。导游图向游客展示了景区的多种信息，包括景点（游乐项目）简介、位置、路线，以及其他建筑、设施的位置等。

导游图是综合反映园区内各项设施的引导图。就像一张地图包括了当地的所有信息一样，导游图必须向游客充分展示园区的各个景点，各项游乐设施，及游玩线路、消费情况等。导游图的主要作用是“引导”，因此其所有标示的数据（包括模拟图）都必须准确无误，不致产生误解。但一张导游图的面积很小，不可能将园区的所有信息都展示在上面（虽然应该做到尽量全面）。还因为纸张的局限，纸质的非电子版的导游图通常存在信息不全、更新不及时的问题，无法将景区的特色完全展现给游客，甚至有些游客会因为有些因素而产生误解。另外，由于纸质的导游图通常容易折损、丢失，携带使用也存在很多不便之处，而且会产生不必要的纸质浪费，并不是最环保的。因此，纸质的导游图在不久的将来会渐渐退出人们的视线。

2. 互联网地图

(1) 互联网地图概述

国家测绘局2010年发布的《互联网地图服务专业标准》中，将互联网地图定义为“登载在互联网上或者通过互联网发送的基于服务器地理信息数据库形成的具有实时生成、交互控制、数据搜索、属性标注等特性的电子地图”。

互联网地图服务包括地图搜索与位置服务、地理信息标注服务、地图下载与复制服务、地图发送与引用服务。

2005年，谷歌、雅虎、搜狐进军地图搜索领域，百度、新浪等也相继推出了类似服务，互联网地图产业在不断与网络、通讯和GPS等信息技术的整合中迅速发展。根据易观国际的报告显示，目前国内互联网地图服务已经形成了一条完整的产业链，由电子地图的制造商（如四维图新、高德、灵图等）、专业地图运营商（MapABC、Map-bar、51ditu等）以及将地图信息整合检索技术后提供服务的搜索引擎运营商和行业应用网站构成。从互联网地图表现形式来看，目前绝大部分地图网站是以平面线划图的形式作为基本服务界面，而Google Earth还提供遥感影像，即卫星影像与航拍的数据整合。此外，三维地图形式得到快速发展，从三维动画虚拟地图到简单模型地图再到三维地景地图，在贴合信息技术拟人化、满足用户真实性体验需求上越做越精细。

互联网地图服务，随着Web 2.0技术发展和应用的推广，从最早的地图搜索、公交查询、点标注等与地理信息定位相关的位置服务，逐渐出现了地图博客、维客、网络虚拟社区等综合服务模式，在不断丰富信息内容的基础上增加了许多互动性和趣味性。而与移动通信技术的结合是互联网地图服务的又一重大发展，各大地图搜索引擎都推出了面向手机终端的地图服务，其中以Google Earth、百度手机地图等为代表。①

随着卫星定位技术、遥感技术、地理信息系统技术和网络通信技术的发展，互联网地图应用更加丰富、服务更加完善，与商业模式的结合也更加清晰，市场规模快速扩大。互联网地图服务除了提供地理信息等传统服务之外，已经创生出多种新型增值服务。因为互联网的发展，基于位置的服务（LBS）大幅度发展创新了互联网地图服务的形式和内容，极大地吸引了用户，为城市旅游、房产、休闲娱乐、百货零售、电子商务等众多商务领域开辟了一个崭新的窗口。

(2) 互联网地图的应用

① 定位

手机定位是指通过特定的定位技术来获取移动手机或终端用户的位置信息（经纬度坐标），在电子地图上标出被定位对象的位置的技术或服务。

只要拥有一部支持WAP功能的手机，开通WAP功能后，可以通过无线方式直接联入互联网，获取自己当前的位置。假如你在浙江省，当在手机上启动自己的WAP浏览器后，这时在浏览器中输入网址 http://wap.monternet.com，然后点击一系列菜单进入“浙江风采→手机导航→找自己”业务就可以找到自己的位置。

① 邵国川，邵艳丽，李晓霞. Web 2.0时代的互联网地图服务——发展策略与前景展望[J]. 现代情报，2011(6)：95-98.

随着移动技术的发展，手机不仅仅只具有通话功能，还可以将它当作一个 GPS 定位系统。我们平日生活中常常会外出，现在的大城市是不是经常让你迷失方向，找不到自己所在的位置？这时如果你带了功能比较强的手机的话，就可以使用手机定位来寻找自己，当你和自己的朋友互相授权之后，也可以使用手机找到他们。

随着无线通信技术的发展，专家学者提出了许多以电磁波这类无线信号为基础的定位技术解决方案，例如 WiFi、ZigBee、蓝牙和超宽带等，这些技术在拥挤的城市街道、办公室、家庭、工厂等复杂的环境下得到了广泛应用。

通过互联网地图的定位功能，用户可以获取所在地以及周边的各类所需信息，而互联网地图也能同时记载用户所在位置，获取用户相关信息，如用户的需求信息，以便于改进以及更加精准的营销。

② 路线规划及导航

行程规划是游客出行的必要准备和前提需要。在出行前，游客可以通过在互联网地图中查找自己的出发地和所要途经的地点，以及最终的目的地等信息，包括各类交通信息、食宿、景点等信息，规划合理的游览路线，为出行做准备。

在游览途中，随着移动互联网的兴起，汽车与互联网地图之间有了更大的发展空间，同时也将带来全新革命，即手机、平板电脑、导航仪等各种在物理上相互独立的智能终端在导航与位置服务应用中将通过移动互联网实现相互融合。地图作为一样产品，在不同终端实现统一的用户体验。

③ 信息标注

互联网地图定位于"基础地图服务平台"，通过 Java Script 将地图嵌入到网页应用程序接口，并提供多种工具用以处理地图和向地图添加内容。互联网地图 API 的开放，使 300 万中文网站可通过二次开发，扩展服务内容。个人可定制个性化中文地图，团体则可以最低成本开发各种 LBS(Location Based Services)应用。同时还可通过互联网地图获得数据。

互联网地图服务商相继开始提供用户标注功能，总体来看可归为三类：一是用户对信息进行标注，通过审核后在服务器上显示，所有用户都可以看到。如 Google Earth 的 Panoramio 图层，用户可以将使用支持 GPS 的手机拍摄的照片或者包含地理位置的数码照片上传到 Panoramio 相册，通过 Picasa 和 Google Earth 标记照片坐标，经过工作人员审核后就能够在 Google Earth 的相应位置上显示。但 Panoramio 的运营非常严格，用户上传的照片需要符合一系列标准才能被收录。二是用户在标注的时候只有本地机器或本用户登录以后才可以看到标注，或者将标注生成网页发给其他用户才可以使其看到，不直接在服务器端显示，如灵图 UU、搜狗地图。三是自由标注，地图厂商不对标注信息进行过滤和监管。如 Google 地球社区图层，用户可以在任何区域标注任何地标，包括各种可能涉密的信息，因此也备受争议。

通过信息标注或是标记，用户可以在互联网地图上添加地图上原本没有的信息，也可以更改错误的信息，还可以为一些重要信息做突出标注。下面介绍两种地图的标记或标注。

a. Google 地图中标记功能的使用方法

首先，在 google 首页登录账户后选择“我的地图”，点击“开始”后可以看到主界面区变为如图 5.1 所示：

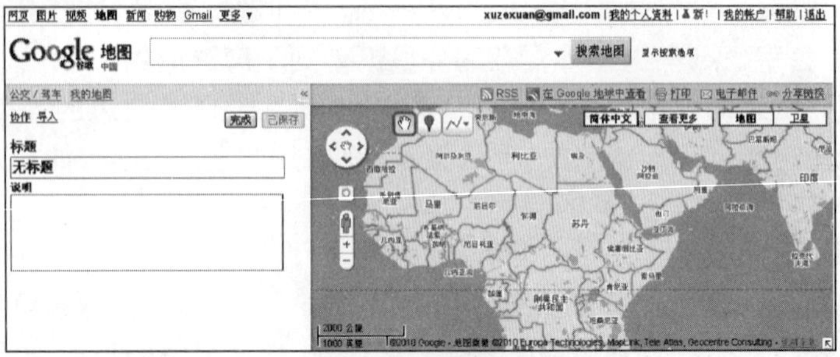

图 5.1 我的地图

选择主界面中的 ，在地图上标记点（见图 5.2）。

图 5.2 添加标记及说明

可以在地图中选定区域，选择左上方的  。同样可以添加标题及说明（见图 5.3）。

图 5.3 添加区域及说明

可以画直线并测量两点之间距离，同样也可以添加标记（见图 5.4）。

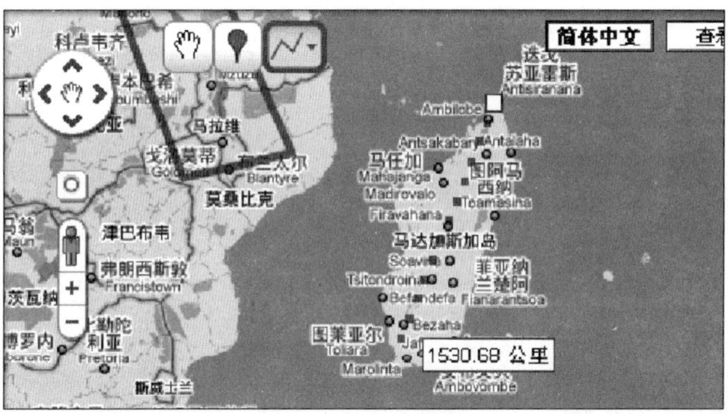

图 5.4 添加直线

可以在左边对整个文本添加标题及说明（见图 5.5）。

图 5.5 添加说明

点击保存，即可保存该地图（点击左上角“协作”，还可邀请同组成员协作编辑地图）。从“我的地图”中，即可查看之前创建的地图，并创建新地图（见图 5.6）。

图 5.6　我的地图的构成

b. 详解百度地图 API 之地图标注[①]

标注（Marker）是用来表示一个点位置的可见元素，每个标注自身都包含地理信息。比如你在西单商场位置添加了一个标注（见图 5.7），不论地图移动、缩放，标注都会跟随一起移动，保证其始终指向正确的地理位置。

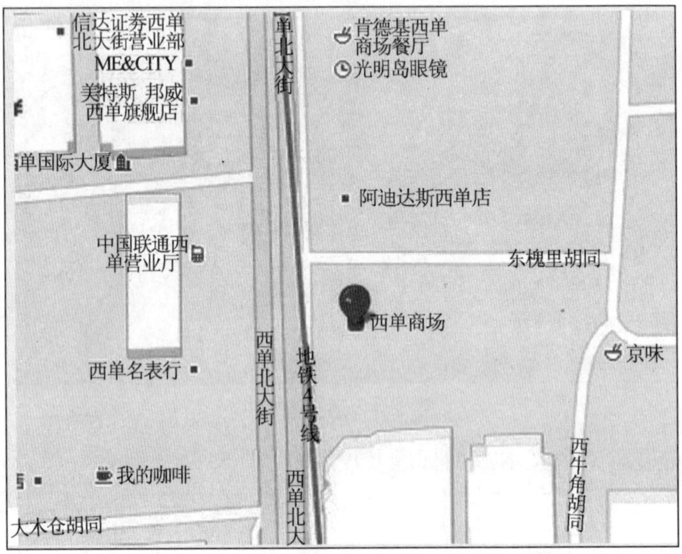

图 5.7　百度标注

如何知道某个点的坐标？上例中在西单商场位置添加了一个标注，可以通过 API 的事件机制来获取它的坐标点：

① 详解百度地图 API 之地图标注[OB/OL]. http://developer.51cto.com/art/201109/291710.htm, 2011-09-16.

```
map.addEventListener ('click', function(e) {
console.log(e.point);
});
```

在 map 对象上添加了一个 click 事件的监听函数，当点击地图上某个位置时，监听函数通过控制台把当前点击的位置输出来(注意需要有控制台的支持，比如 firebug，如果没有控制台则可使用 alert 把 point 的 lng 和 lat 属性输出来)。此外，你也可以使用 API 提供的坐标拾取工具来完成，它支持检索并且点击地图上任意位置时会出现该位置的坐标。

从 DOM 元素构成角度看，一个完整的标注是由标注点击区域、标注图标、标注阴影这三个部分组成的。在地图 API 实现中，这三个 DOM 元素位于不同的容器中，这些容器可以通“map.getPanes(　)”方法获得，其中 Marker Mouse Target 就是标注点击区域所在容器，Marker Pane 为标注图标所在容器，Marker Shadow 为标注阴影所在图层。你可能会在自定义覆盖物时需要这些容器对象，这里只需要知道 Marker 的各个部分是如何放置的即可。

通过 Icon 类可以自定义标注的图标。比如我希望使用作为标注图标。已知这个图标大小为 20×32。首先初始化地图，接着定义 Icon，并赋给一个 Marker 实例：

```
varmap =newBMap.Map ('container');
map.centerAndzoom (newBMap.Point (116.380797, 39.918497), 18);
var icon = new BMap. Icon ('pin.png', new BMap.Size(20,32),{anchor:
new BMap.Size(10,30)
anchor: new BMap.Size (10, 30)
}); varmkr =nweBMap.Marker (nweBMap.Point (116.38075, 39.918986),
icon: icon)
});
map.addoverlay (mkr);
```

给定 icon 所需图片的 url 以及图片尺寸，另外还要增加 anchor 属性；在自定义标注图标时有一点需要注意的就是标注的定位点(anchor)(见图 5.8)，通俗地讲就是要指定图片的哪个位置是与标注真正的位置对应在一起。

获取到地图上一个位置(图 5.8 中标注下端所在的黑色小方块)，如果希望标注中间下端指向这个位置，就需要通过 anchor 来调节，即定位点距离图片左上角的偏移量。如果不给 anchor 的话，API 会自动获取图片中心点作为 anchor 位置。

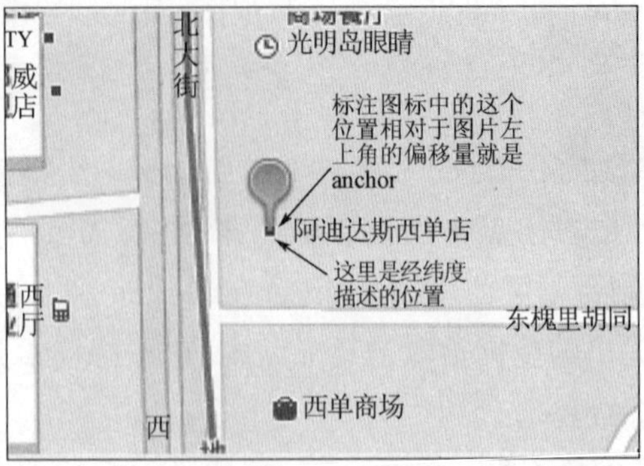

图 5.8　anchor 属性

除了 anchor，info Window Anchor 属性是用来控制信息窗口开启的位置的（注意这里调用的是 Marker 的 openInfo Window 方法，而不是 Map 的 openInfo Window 方法），默认情况下它和 icon 的 anchor 是一个位置。

标注支持拖拽，并且可以配置是否有动画效果。通过修改创建标注的代码：

```
varmkr =newBMap. Marker (nweBMap. Point (116. 38075, 39. 918986),{
icon: icon,
enableDragging: true,
raiseOnDrag: true});
```

这样就开启了拖拽功能以及相应的动画效果。

通过监听标注的 dragend 事件，可以知道拖拽结束后标注的地理位置：

```
mrk. addEventListener ('dragend', function (e){
alert (e. point. lng +','+e. point. lat);
})
```

为了增加立体感，可以单独给标注添加阴影，也可以把阴影直接画在 icon 所用的图片上，但是由于阴影和标注本身在一起，所以就不建议使用任何动画效果，否则会缺乏真实感。阴影可以通过 Marker Options 的 shadow 属性配置，类型也是一个 Icon 实例。具体使用方法和 icon 属性一样。

④ 第三方调用

国家测绘局在 2010 年 10 月 21 日正式发布了中国公众版国家地理信息公共服务平台“天地图”，公开开放了地图数据服务接口，第三方使用者可以直接通过互联网获取地图数据，无需授权认证。“天地图”的调用地址如表 5.1 所示。

表 5.1 “天地图”调用地址

服务类型	覆盖范围	显示级别/显示比例	服务调用地址
线划地图	全球		http://tile0.tianditu.com/services/A0512_EMap(地图) http://tile0.tianditu.com/services/AB0512_Anno(中文地名注记) http://tile0.tianditu.com/services/AB0106_AnnoE(英文地名注记)
	全国		http://tile0.tianditu.com/services/B0627_EMap1112
	全国		http://tile0.tianditu.com/services/siwei0608
影像地图	全球(MODIS)	2—7 级	http://tile0.tianditu.com/services/sbsm0210 http://tile0.tianditu.com/services/A0610_ImgAnno(中文地名注记) http://tile0.tianditu.com/services/A0104_ImgAnnoE(英文地名注记)
	全国(卫星 ETM)	8—10 级	
	全国(卫星 P5)	11—14 级	http://tile0.tianditu.com/services/e11
			http://tile0.tianditu.com/services/e12
			http://tile0.tianditu.com/services/e13
			http://tile0.tianditu.com/services/eastdawnall
	城市(航片)(QB、WVⅠ、WVⅡ)	15—18 级	http://tile0.tianditu.com/services/sbsm1518 http://tile0.tianditu.com/services/AP0115_SWHK http://tile0.tianditu.com/services/siweiAnno68(注记)
高程模型	全球	3—10 级	http://tile0.tianditu.com/services/J07098
地名地址	全球		http://search.tianditu.com/wfsgchina1024/wfs
地理实体	全球	行政区划:国家/地区	http://search.tianditu.com/National_WFS/wfs
	全国	行政区划:省级	http://search.tianditu.com/Provincial_WFS/wfs

2011 年 6 月 13 日,国内领先的互联网地图服务商——搜狗地图(map.sogou.com),正式对外宣布开放 API 接口(地图服务系统应用程序接口)。此举意味着第三方网站可通过搜狗地图的 API 接口免费获取并为其自身用户构筑数据精确、功能丰富、特点鲜明的地理位置或生活信息服务。搜狗地图开放 API 接口,将为第三方网站提供多种丰富的接口与功能,包括地点搜索、本地搜索、公交、自驾、步行、

路况、收费、IP 识别、智能提示等常用功能。在个性化定制方面上，搜狗地图的自驾路书、3D 路口实景图，以及包含北京、上海、广州、深圳、杭州等 73 个城市的三维城市地图，也将开放并供第三方免费调用。

2011 年，谷歌地图全面向通过开发接口(API)载入地图的中小网站收费，对于普通网民来说，可以直接免费访问谷歌地图服务。大量餐馆、房地产中介机构等第三方网站，也通过开发接口载入谷歌地图，显示定制化的信息。谷歌 2012 年 6 月宣布，第三方网站每 1000 次载入谷歌地图的收费将从 4 美元大幅下降到 50 美分，降幅为 88%。而每天载入次数少于 2.5 万次的网站，仍然可以免费调用谷歌地图。对于企业用户，谷歌也提供了“谷歌地图企业 API”服务，其中囊括了技术支持、服务质量保证。此外，谷歌地图也对非营利机构提供了方案。

下面介绍一下我国的“天地图”。

中国互联网地图服务网站“天地图”(www. tianditu. cn)在 2011 年 1 月 18 日正式上线，这标志着中国测绘服务方式实现了由离线提供地图、数据服务向在线提供地理信息服务的根本性转变。

“天地图”是基于互联网的基础地理信息服务网站，集成了海量基础地理信息资源，中国范围内的数据尤为详尽。“天地图”具备二维与三维地图浏览、地名分类搜索定位、距离和面积量算、兴趣点标注、驾车路线规划、中英文地名切换、屏幕截图打印等功能，以门户网站和服务接口两种形式提供 24 小时不间断的“一站式”地图服务，满足公众对地理位置查询、出行、旅游、教育学习等方面的需求。

作为中国区域内数据资源最全的地理信息服务网站，“天地图”将为公众提供权威、可信、统一的地理信息服务。

“天地图”装载了覆盖全球的地理信息数据，这些数据以矢量、影像、三维 3 种模式全方位、多角度展现，可漫游、能缩放。“天地图”中中国数据尤为详尽，覆盖范围从宏观中国全境到微观具体县市乃至乡镇、村庄，数据内容包括不同详细程度的交通、水系、境界、政区、居民地、地名、不同分辨率的地表影像以及三维地形等。

“天地图”容纳了覆盖全球范围的 1∶100 万矢量数据和 500 米分辨率卫星遥感影像，覆盖全国范围的 1∶25 万公众版地图数据、导航电子地图数据、15 米分辨率卫星遥感影像以及 2.5 米分辨率卫星遥感影像，覆盖全国 300 多个地级及以上城市的 0.6 米分辨率卫星遥感影像等地理信息数据。

在设计思路上，“天地图”把全国地理信息资源整合为逻辑上集中、物理上分散的“一体化”数据体系，实现了测绘部门从离线提供地图和数据到在线提供信息服务的根本性改变；此外，“天地图”采用了具有我国自有知识产权的软件产品，在很短的时间内实现了全国多尺度、多类型地理信息资源的综合利用和在线服务，实现了关键技术创新；在建设机制方面，“天地图”以国家和地方各级基础地理信息数据库为依托，集成整合了部分地理信息企业的技术力量和地理信息资源，实现了资源共享。

与此同时，区别于普通的地图网站，“天地图”做到了以门户网站和服务接口两种形式为用户提供服务。

通过“天地图”门户网站(见图 5.9)，用户接入互联网可以方便地实现各级、各类地理信息数据的二维、三维浏览，可以进行地名搜索定位、距离和面积量算、兴趣点标注、屏幕截图打印等常用操作。公众还可以以超链接的方式接入已建成的省市地理信息服务门户，获得各地更具个性化的服务，畅享省市直通。此外，在“天地图”上，用户也可以访问国家测绘成果目录服务系统，了解掌握国家和各省(区)、市的测绘成果情况，并能够链接国家测绘局相关地理信息服务网站，获取包括“动态地图”、“地图见证辉煌”等专题地理信息。

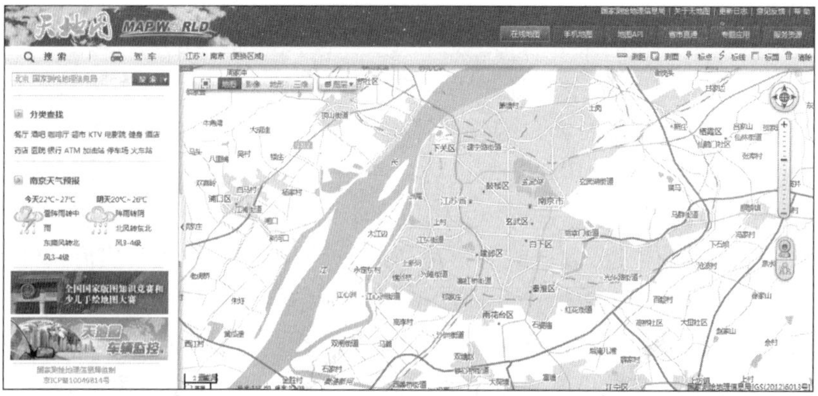

图 5.9　天地图网站截图

对于企业、专业部门而言，经过授权后可以利用“天地图”提供的二次开发接口自由调用“天地图”的地理信息服务资源，并将其嵌入已有的 GIS(地理信息系统)应用系统或利用“天地图”提供的 API(应用程序编程接口)搭建新的 GIS 应用系统。各类进行专题信息服务的商业地图网站(如导航、餐饮、宾馆酒店)能够在其搭建的公共地理信息平台上进行专题信息加载、增值服务功能开发，省去了它们处理并维护公共地理框架数据、承担底层地理信息服务的高昂成本，避免了基础地理信息重复采集以及维护更新造成的人员、资金与时间浪费，极大地降低了开发 GIS 应用系统或网站的成本和周期，使这些运营商可以将主要精力集中于网站运营与增值服务，而不是公共地理信息的采集维护。目前，“天地图”服务已在“全国灾情地理信息系统”中率先应用，实现了灾情专题数据与“天地图”地图服务的聚合与集成服务。

随着“天地图”开发应用的不断深入，地理信息数据资源将继续得到丰富，特别是省、市测绘部门的“数字省区”、“数字城市”等成果，将以网络互联、服务聚合的形式纳入“天地图”中，逐步以技术手段消除信息孤岛，从而使用户能够享受到更全面、更完整、更详细、更准确的地理信息服务；与此同时，相关企业将以“天地图”提供的公共地理信息服务为基础，增值开发与公众衣食住行相关的专题信息服务，如公交查询、导航、餐饮等，为公众提供更为丰富、翔实、便捷的地理信息服务。国土资源部副部长、国家测绘局局长徐德明表示，在不久的将来，“天地图”将成为数据全球覆盖、内容丰富翔实、应用方便快捷、服务高速可靠、拥有自主产权的互联网地理信息服务中国品牌。它标志着中国国家地理信息公共信息服务平台建设取得重大进展，而且从根本上改变了中国传统的地理信息服务方式，有助于促进信息共享、避免地理信息数据重复采集，并确保国家地理信息安全。

二、LBS(基于位置的服务)

LBS即“基于位置的服务”，指通过移动通信网络，采用GPS、基站等相关定位技术，结合GIS地理信息系统，通过手机终端确定移动终端用户实际位置信息，以短信、彩信、语音、网页以及客户端软件等方式为用户提供的地理位置信息服务。

LBS可以分成触发和用户请求两类。在用户请求模式中，用户需要经过申请获取位置信息并利用此信息进行相关的服务申请。这种类型的服务通常包括个人定位(如确定用户的位置)或者服务定位(如最近的饭店的位置)，实际应用的例子是导航和路径寻找。触发类型的LBS依赖于预先设定的规则，一旦满足规则，系统将自动获取移动端的位置，如基于位置的收费系统中用户跨越移动网络中的小区边界，或者在救援服务中拨打特定的电话号码将自动触发定位申请。

一个完整的LBS系统由4部分组成，即定位系统、移动服务中心、通信网络和移动智能终端(见图5.10)。

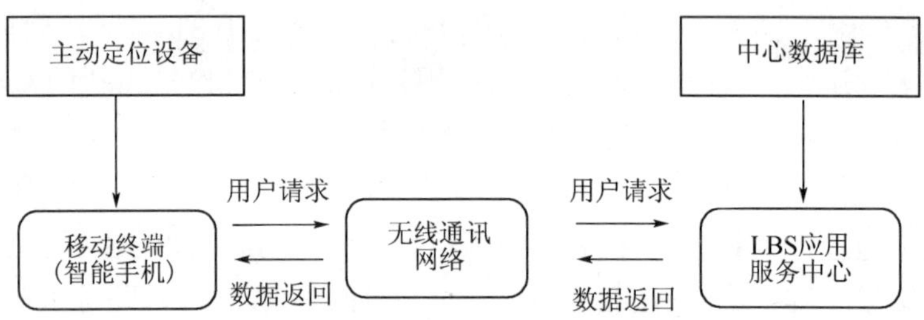

图5.10 LBS应用系统工作流程

(1) 定位系统。地理位置服务的提供需要依托相应的定位技术才能得以实现，不同的商家所开发出的定位技术也不尽相同，市场上出现的定位技术多种多样，例如

① 刘远征，李纬，丁辰. 多种定位技术融合构建LBS体系[J]. 地理信息世界，2003，1(3)：24－27.

GPS定位、基站定位、地标定位、IP地址定位、WiFi定位、RFID定位等等。空间定位技术是整个LBS系统得以实现的核心技术,这一部分正在不断地完善当中。

(2) 移动服务中心是定位服务系统的核心,负责与移动智能终端的信息交互和各个分中心(定位服务器、内容提供商)的网络互连,完成各种信息的分类、记录和转发以及分中心之间业务信息的流动,并对整个网络进行监控。

(3) 通信网络连接用户和服务中心,要求实时准确地传送用户请求及服务中心的应答。用户可以借助无线手持设备,如掌上电脑、手机、呼机、双向广播、智能电话等,通过WAP获取信息。WAP支持绝大多数无线网络,包括GSM、CDMA、CDPD、PDC、PHS、TDMA、FLEX、ReFLEX、iDen、TETEA、DECT、DataTAC和Mobitex,在此基础上依托LBS体系发展无线增值服务。另外,国内已建成的众多无线通信专用网,甚至有线电话、寻呼网和卫星通讯、无线局域网、蓝牙技术等都可以成为LBS的通信链路,在条件允许或必须时可接入Internet网络,传输更大容量的数据或下载地图数据。

(4) 移动智能终端是用户唯一接触的部分,手机、PDA、平板电脑等均有可能成为LBS的用户终端。但是在信息化的现代社会,出于更完善的考虑,它要求有完善的图形显示能力,良好的通讯端口,友好的用户界面,完善的输入方式(键盘控制输入、手写板输入、语音控制输入等),因此平板电脑以及智能手机将成为个人LBS终端的首选。

随着3G、WiFi的铺设、智能手机以及随身电脑(Pocket PC)等移动互联网设备(MID,Mobile Internet Devices)技术的不断成熟,以及SNS与微博等快速分享概念深入人心,个人位置服务成为定位导航应用重要的新兴市场。而互联网地图和智能手机等移动终端整合点之一就是LBS(基于位置的服务)。位置服务是在电子地图平台的支持下,通过通信网络获取移动终端用户的位置信息(经纬度坐标),从而为用户提供相应位置服务的一种新型业务①。依托智能手机等移动终端数量的飞速增长以及无线网络的普及和提速,LBS应用在近几年时间内异军突起。经过市场的探索和实践,LBS应用找到了最佳的展示平台——基于地图平台的位置应用服务。

首先,位置服务是一种系统化的服务。从技术的角度上看,它的实现体现了定位技术、互联网、通讯网络以及移动智能终端的集成,是定位导航跟通讯网络融合的产物;从产业链的角度上看,位置服务也体现了移动智能终端厂商、通讯运营商、定位系统、软件服务商及内容提供商等多个产业的分工合作。

---

① 3G互联网促进位置服务发展 商业模式需要创新[EB/OL]. http://www.cd-accp.net/html/201048174289.htm, 2010-12-27.

其次,位置服务是一种提供实时信息的服务。不管是面向企业的应用还是面向个人的应用,其服务的基础都是用户当前实时的地理位置信息,进而提供与实时地理信息相关的各种信息查询搜索服务,比如 GPS 导航、兴趣点 POI(Point of Interests)搜索及生活设施搜索等等。也正是因为位置服务的实时性,与特定使用情景下用户需求的相结合,成为位置服务的价值源泉。

最后,应用领域的多元化也成为位置服务的一个重要的趋势。从最初用在军事上以及用于救援的位置服务,发展到现在的点对点导航、位置信息相关游戏、广告、餐饮、兴趣点搜索等等多种类型的位置服务应用,特别是在互联网与移动通信融合的今天,智能手机能够将位置服务与各种互联网服务(如搜索引擎)结合起来,这也将大大增加位置服务的应用可能性和实际价值[①]。

目前众多通信运营商、地图厂商、软件开发商加入了 LBS 的行列。现在的手机地图可以帮助用户查找到基于位置的一切生活化服务,因为提供衣食住行、吃喝玩乐的所有商家的信息都转化成地图上的定位和电话号码两个基本坐标,提供给手机用户;同时地图软件还会帮用户规划好行车路线,提供诸如导航、交通路况播报等多种附加服务;用户还可以将地址或者路线通过短信的形式发送给好友。

旅游的时候,用户一般没有条件随时通过电脑上网查询信息,因为获取信息所需要的机会成本太大。然而由于位置服务的提供,用户利用手机等易于携带的移动终端,可以不必事先花费成本选择对象、选择信息等,而能够随时随地了解位置信息及相关服务。旅游行为具有很强的移动性,因此可以很好地与位置服务结合起来。目前市场上有的旅游类位置服务有朋游风景、百度旅游、微途、乐自游、到这儿。以地理位置为中心的信息平台围绕旅游生活信息提供旅游中的餐饮、住宿、娱乐休闲、景点信息等相关引导服务,以及优惠券等,还可以分享图片和评价。

伴随移动互联网的发展,社交网络与互联网地图结合也是一种趋势,游客更能充分享受 LBS 应用所带来的服务。谷歌在 2010 年推出兼具社会化网络和微博客功能的 Google Buzz,并和谷歌地图实现了不同程度的整合,成为谷歌地图的新图层,在谷歌地图中可以看到用户发布的信息。用户可以看到某个城市的某个建筑物里人们的 Buzz 发文,而在 iPhone 中用户还可以看到周围有谁在 Buzz,以及 Buzz 了什么[②]。知名社会化网站 Foursquare 在 LBS 领域的成功进一步说明互联网地图服务业的“SNS + LBS”新模式是未来发展的重要方向。手机用户可通过 Foursquare 服务“检入”某个地点,Foursquare 将向用户提供该地点附近的价值信息,并把用户当前所在位置通知给其好友。

---

① 贺彬彬. 手持移动设备中社交型位置服务研究[硕士学位论文]. 长沙:湖南大学,2010.

② 中国互联网地图发展前景分析[EB/OL]. http://www.william-long.info/archives/2188.html, 2010-12-27.

三、获得旅游位置信息

1. 定位技术

举个简单的例子，大多数人更倾向于到离自己近且手艺又好的理发店理发，只有少数人会长途跋涉。因此可以看出，资讯优化的下一个发展方向就是信息定位，也就是 LBS 的核心概念——精准营销，信息定位，区域受众。所以说 LBS 应用概念的诞生有着社会需求与技术需求的必然性。

(1) GPS 定位

GPS(Global Positioning System)即全球定位系统，是由美国建立的一个卫星导航定位系统，利用该系统，用户可以在全球范围内实现全天候、连续、实时的三维导航定位和测速；另外，利用该系统，用户还能够进行高精度的时间传递和高精度的精密定位。

现实生活中，GPS 定位主要用于对移动的人、宠物、车及设备进行远程实时定位监控。GPS 定位是结合了 GPS 技术、无线通信技术(GSM/GPRS/CDMA)、图像处理技术及 GIS 技术的定位技术。

全球定位系统，简单地说是一个由覆盖全球的 24 颗卫星组成的卫星系统。这个系统可以保证在任意时刻、地球上任意一点都可以同时观测到 4 颗卫星，以保证卫星可以采集到该观测点的经纬度和高度，以便实现导航、定位、授时等功能。这项技术可以用来引导飞机、船舶、车辆以及个人安全、准确地沿着选定的路线准时到达目的地。

GPS 定位系统由 GPS 卫星空间部分、地面控制部分和用户部分三部分组成。

GPS 的空间部分是由 24 颗工作卫星组成，它位于距地表 20 200 km 的上空，均匀分布在 6 个轨道面上(每个轨道面 4 颗)，轨道倾角为 55°。此外，还有 4 颗有源备份卫星在轨运行。卫星的分布使得在全球任何地方、任何时间都可观测到 4 颗以上的卫星，并能保持良好定位解算精度的几何图像①。这就提供了在时间上连续的全球导航能力。

地面控制部分由一个主控站、5 个全球监测站和 3 个地面控制站组成。监测站将取得的卫星观测数据包括电离层和气象数据，经过初步处理后传送到主控站。主控站从各监测站收集跟踪数据，计算出卫星的轨道和时钟参数，然后将结果送到 3 个地面控制站。地面控制站在每颗卫星运行至上空时，把这些导航数据及主控站指令注入卫星，每天一次。如果某地面站发生故障，那么在卫星中预存的导航信

---

① 孔志宏. 全球卫星定位系统原理及应用[J]. 山西科技，2006(1).

息还可用一段时间，但导航精度会逐渐降低。

GPS的用户部分由GPS接收机、数据处理软件及相应的用户设备如计算机气象仪器等组成。它的作用是接收GPS卫星所发出的信号，利用这些信号进行导航定位等工作。目前各种类型的接收机体积越来越小，重量越来越轻，便于野外观测使用。

全球定位系统具有高精度、全天候、高效率、多功能、操作简便、应用广泛等特点。

① 车载GPS定位系统

提供出行路线规划是汽车导航系统的一项重要的辅助功能，它包括自动线路规划和人工线路设计。自动线路规划是由驾驶者确定起点和目的地，由计算机软件按要求自动设计最佳行驶路线，包括最快的路线、最简单的路线、通过高速公路路段次数最少的路线的计算；人工线路设计是由驾驶员根据自己的目的地设计起点、终点和途经点等，自动建立路线库。线路规划完毕后，显示器能够在电子地图上显示设计路线，并同时显示汽车运行路径和运行方法。

汽车导航系统还为用户提供主要物标如旅游景点、宾馆、医院等数据库，并在电子地图上显示其位置。同时，监测中心可以利用监测控制台对区域内的任意目标所在位置进行查询，车辆信息将以数字形式在控制中心的电子地图上显示出来。

② 手持定位系统

户外探险活动本身存在许多危险，其中最重要的一点就是在不熟悉和不安全的区域有走失的可能性。现在徒步旅行者、骑自行车的人和户外探险者越来越依赖GPS而不是传统的纸上地图、指南针或地面标志。因为纸上地图常常是过时的，而指南针和地面标志不一定能提供确切的位置信息；另外，黑暗和恶劣天气也会造成不确切的导航结果。手持GPS定位系统有野营郊游、户外探险、自助旅游等野外定点导航记录的功能，且全天候不受阴天黑夜、起雾刮风、下雨下雪等气候的影响，所以越来越受到人们的欢迎。

(2) 基站定位

基站定位主要应用于手机用户、GPS手持端等，像中国移动动感地带提供的动感位置查询服务、谷歌手机地图等各类手机地图软件中的粗略定位和GPS配合产生的A-GPS等等都是利用基站定位来实现的。手机基站定位服务又叫做移动位置服务(Location Based Service，简称LBS)，它是通过电信移动运营商的网络(如GSM网)获取移动终端用户的位置信息(经纬度坐标)，在电子地图平台的支持下为用户提供相应服务的一种增值业务。

基站定位的精度很大程度依赖于基站的分布及覆盖范围的大小，有时误差会超过1千米。随着位置的改变要不停地搜索新的基站，没有基站或者基站比较少的地方信号就搜不到或者很差。然而我们出门旅游不可能会一直待在室外，有一部分时间是在车上休息或者在室内游览，此时的GPS信号会很差或者根本没有，这时我们就可以借助手机网络。手机定位系统是随着GSM手机网络不断成长的技术，利用GSM移动通信网的蜂窝技术来实现位置信息的查询。每个手机基站都有自己的编号，手机在开机状态下会接收到多个基站的信号，虽然它只与其中信号最佳的一个基站建立通讯，但定位的时候就需要用3个或更多基站了。所以，基站定位在人们出游的过程中还是有很大的用处的。

(3) RFID定位

RFID系统是由阅读器(Reader)与应答器(Transponder)及应用软件系统三个部分所组成，其工作原理是阅读器发射一特定频率的无线电波能量给应答器，用以驱动应答器电路将内部的数据送出，此时阅读器便依序接收解读数据，送给应用程序做相应的处理。

RFID是一项易于操控、简单实用且特别适合用于自动化控制的灵活性应用技术，识别工作无须人工干预，既可支持只读工作模式也可支持读写工作模式，且无需接触或瞄准。它可在各种恶劣环境下自由工作，短距离射频产品不怕油渍、灰尘污染等恶劣的环境，可以替代条码，例如用在工厂的流水线上跟踪物体；长距射频产品多用于交通上，识别距离可达几千米，如自动收费或识别车辆身份等。其所具备的独特优越性是其他识别技术无法企及的。

由于阅读器的位置一般是固定的，其辐射范围也是一定的，而且RFID定位系统不需要卫星或者手机网络的配合，其精确度在于RFID读写器的分布，而读写器的分布可以由用户自身根据实际需要进行设置，很适合只需要在特定区域进行定位的用户，具有极高实用价值。目前一些景区的电子导游采用了这种方法，未来手机里将装有这种芯片。

目前部分景区已开展数字化建设，网站、电子门票、导览系统等已为大众所接受，而有的景区推广的电子门票还可以为旅游者提供网上订票服务。互联网已经成为信息化带动产业化发展的核心关键平台。有了电子门票和网络平台支撑，RFID技术就有了充分发挥的空间，包括追溯技术在内的，诸如人员实时监控、人员密度监控等个性化服务都有了基础。

对RFID电子门票来说有两种方式来存储人员信息：一是RFID电子门票内存储个人信息，并将追溯记录写入票内存储；另一种是业务系统内存储个人信息，在RFID电子门票内使用唯一序列号或只存储个人ID号。追溯技术实现方式可以分成两种，一是脱机方式，二是联机方式。

脱机方式主要是在RFID票内设置记录区，在景区每个适宜或需要记录的地点上安装脱机的基于RFID的追溯设备，当旅游者持票游览到此处时在设备上刷票，此地点的追溯信息就写入了旅游者所持的RFID票内；当旅游者出景区时，在设置在出口处的RFID设备上刷一下票，票内的记录就被设备读出并存入到业务系统内。系统将通过对记录的处理实现对旅游者在景区内的游览路线或行为进行追溯及分析。

联机方式是在景区内设置联机的基于RFID的追溯设备，当旅游者持票游览到此处时在设备上刷票，RFID设备读入此票内所存的旅游者ID号，并将此条记录上传至后台服务器，后台系统根据旅游者ID号获取旅游者个人信息，并根据RFID追溯设备编号取得追溯点的信息，合成一条追溯记录，而系统对记录的处理实现景区内路线或行为的追溯及分析。联机设备可以采用有线或无线连接到服务器，此种方式还可以实现对旅游者进行实时追踪。

后台系统通过对每位旅游者追溯记录的处理，可以绘出每个人在景区内的浏览轨迹以及在景区内发生的行为，如游客在景区内的售卖点购物。在已有数字化基础的景点扩充RFID追溯功能并不复杂，但平台和设备需要重点关注。

(4) WiFi定位

WiFi定位，即利用无线局域网的覆盖范围定位，尤其适合在室内。这是一种能让人们在咖啡馆、自家的花园或者候机厅，无需借助网线就可轻而易举地接驳互联网的网络连接技术。

WiFi定位是指通过定位终端接受的WiFi无线热点所在地理位置来实现精确定位。这一技术主要基于以下原理：WiFi热点(也即AP或无线路由器)越来越多，在大中城市中更趋向于空间任何一点都能接收到至少一个AP的信号(在美国，每个点收到3～5个AP信号的情况相当多见；而中国也会越来越多的)。当支持WiFi的手持设备(如手机、笔记本)接受WiFi信号时，通过检测附近热点以及热点的信号强弱，并把这些数据上传给定位服务器提供商的主机中。服务器根据每个热点的全球唯一ID及其扫描到的WiFi地理位置数据库进行运算，就能知道定位终端的具体位置，并返回经纬度给客户端。

热点只要通电，不管它怎么加密的，都一定会向周围发射信号，而信号中包含此热点的唯一全球ID。即使距离此热点比较远，无法建立连接，但还是可以侦听到它的存在。热点一般都是很少变位置的，比较固定。定位端只要侦听一下附近都有哪些热点，检测一下每个热点的信号强弱，然后把这些信息发送给网络上的Skyhook的服务器。服务器根据这些信息查询每个热点在数据库里记录的坐标，然后进行运算，就能知道客户端的具体位置了，最后将坐标告诉客户端。容易理解的是，收到的AP信号越多，定位就会越准。

WiFi定位精度比GPS要低，受服务范围限制，而且没有方向、速度等数据，不能导航，更不能离线使用。不过它有比GPS更优越的地方，就是在人口、楼群越密集的地方，使用的效果会更好。GPS启动时间长，在室内是无效的，天气不好的时候表现也欠佳，楼群太密集的地方也不太好用。而这些因素都被WiFi定位克服了。

虽然iPhone利用3G上网很方便，不过有些信号不太稳定的地方，使用WiFi上网可能会比较顺畅；尤其是偏远的郊区，可能连EDGE讯号都没有，只能用龟速的GPRS上网。遇到这种情形，WiFi Finder就是一个好用的小工具。WiFi Finder可利用手机定位，找出附近的WiFi热点；另外也能把数据库存在iPhone里，脱机搜寻找到能够连上WiFi的地方，脱离龟速上网的梦魇。

(5) IP地址定位

IP定位地理位置并不是一项很新的技术，从显示QQ用户的位置到站点统计，到处都有其应用。IP和地理位置的关系实际上比较简单，因为大量IP段是根据地域来分配的现象，这就为查询IP对应的地理位置带来了方便。比如北京的广电网，国家信息产业部只分给它27.12.0.0—27.15.0.0这个网段的IP地址，那么用户申请了它的宽带服务后，它会按照你填写的家庭住址和联系方式给你个账号和密码，当你联网时，它的机房会分配给你一个27.12.0.0—27.15.0.0之内的公网IP，也就是说在你这段联网的时间内广电知道某个IP具体分配给了谁。等你断网后，这个IP就会分配给别的用户。广电网会知道某个账户正在联网时用的IP，也就可以查到其申请时的住址。不过国内的IP资源紧缺，只能动态分配。

每台上网的计算机IP地址是唯一的，根据IP地址可以大致确定范围。但是这种数据库不可能100%准确，因为存在大量IP是动态分配的现象，而且即使是固定IP也会出现变更而数据库来不及更新的情况。况且对于移动上网设备来说，很难通过IP地址来获得位置信息。

(6) 地标、地名定位

地标是户外广告的特殊名词，是指每个城市的标志性区域或地点，或者能够充分体现该城市(地区)风貌及发展建设的区域。地标定位即是根据与明确位置的地物或建筑之间的空间关系确定位置，在现场和地图上都可以使用。而利用图像识别技术也可以根据地标进行定位。

当我们对众多的旅游信息无所适从的时候，会趋向于选择一些为我们所知的比较知名的景点，而那些景点就是其所在城市的标志，循着那个景点我们就会想要去了解这个城市，然后再搜寻这个城市的其他一些旅游信息。

地名定位，是指根据地名信息(名称、门牌号码、经纬度等)查询位置，一般用在网络或地理信息系统里。但是游客在出游过程中很少有人能知道自己所处的位置的具体地址，甚至还存在同一地方名称不同的现象，于是造成游客在地理信息系统查找自己所需信息时的不便。

2. 位置信息

涉及位置的信息主要包括旅游景点、旅行社、饭店宾馆等所属的省市，旅游景区景点、旅行社、饭店宾馆的详细地址(需要精确到某条路几号，如果所在位置是写字楼，还要说明是几楼几号房间)、经纬度。比如当旅游者选定了一个旅游景点之后，旅游景点的信息标注其所属的省市，可以让旅游者在同省市或邻近省市搜索旅游对象，更好地安排旅游线路。而旅游景区景点等地详细地址则是旅游者顺利找到该地方的保证。无论是自驾、乘坐公交或是乘坐出租车，都需要详细的地址作为前提。而具体的经纬度信息则是为旅游者提供更准确的旅游信息服务的基础和保证，比如 GPS 导航、旅游者从一个城市进入到另一个城市时收到的欢迎信息。

现如今位置信息得到了扩展，将越来越多的旅游信息囊括在内。

① 景点简介，包括景点景区开放时间、门票、历史概况、神话传说、景区内的主要景点、建筑等。这些介绍可以让旅游者对景区景点有一个大致的认识，引起旅游者的向往。例如在网上搜索常州恐龙园，可以看到景区简介里边第一条就是去常州恐龙园的各条理由，概括了恐龙园的整体面貌，并点出了 6 大旅游点的特色之处，不能不让人心动；同时下边还有每一个景点的简要介绍，并配以季节感强烈的图片，让人恨不得马上就去体验一番。

② 交通信息，包括到达景区景点的公交地铁路线、本地的出租车服务、自驾路线，甚至还包括即时导航。根据环球旅讯的调查显示，在旅游预订阶段，目的地地图、机场交通信息、城市或度假区的交通指南是最重要的影响因素。

③ 价格。价格是旅游者最关心的问题之一。食、宿、行、游、娱、购，每一项都跟价格息息相关，而很多时候，价格并不是维持不变的，游客可以通过查询获得即时的价格。

④ 促销活动。旅行社和旅游网站利用自己集中大量采购的优势，可以获得更低的价格，为了吸引更多的消费者，通过打折促销的方式让利于顾客。当然通过位置服务，可以更精确地将促销活动信息推送给周边的游客。相对的，游客可以随时查询身边正在进行的各种促销活动。

⑤ 用户点评。由于旅游产品的非移动性和消费的滞后性，旅游者无法事先体验或观看旅游产品，因此其他消费者的评价对旅游者的旅游决策有着极大的影响。环球旅讯的调查结果显示在影响旅游计划的方式中，旅游网站的用户评论和其他的宣传信息几乎同等重要。用户点评除了对旅游产品特定项的评分，还有游客自己写的旅游体验，而后者更具体直接地描述用户对该旅游产品的看法和体会，更能赢得消费者的信赖。

⑥ 周边景点。旅游者在计划阶段，很多因素都可以左右旅游者的决策。旅游

者在作出旅游的决策后，也不会只游览一个景点就结束行程，特别是旅游者到达一个目的地后。提供周边景点的信息有几点好处：首先可以和旅游者的目标景点互补。每个景点的特色和风格都不一样，有的来自美妙的历史传说，有的来自现代的科技灵感，不同的景点会给旅游者不同的感觉。提供周边的景点信息，可以丰富旅游者目的地的旅游信息，提升目的地的旅游期望。其次促使旅游者作出旅游决策。比如旅游者查阅目标景点信息后，不是特别愿意选择该景点，而在周边的景点中却发现了其比较感兴趣的景区景点，就会促使旅游者选择该目的地，把目标景点和该景点都纳入旅游计划之中。最后，丰富的景点信息可以让旅游者延长在旅游目的地的停留时间。

⑦ 注意事项。旅游网站或旅游景区应该提醒旅游者在该景点旅游时需注意的一些细节事项，避免引起纠纷。如在同程网上可以看到常州恐龙园水世界温馨提示如下：

恐龙园室外项目较多，遇阴雨天气室外项目基本上都是停运的，请游客出行前注意下天气情况；恐龙园＋温泉、恐龙园＋大剧场、恐龙园＋温泉＋大剧场三种联票，游玩时间有效期为2天，单景点只能入园一次；中华恐龙园实行彩信二维码电子票入园，届时会有同程网和环球恐龙城彩信提示，请保持手机畅通；网络预订景区门票、恐龙园买票均不提供发票，同程网不提供发票，中华恐龙园景区支付的不支持刷卡；大剧场请提前半个小时入场，每场70分钟；同时，旅游景区、旅游网站、旅行社等还要做好天气预报工作，提醒旅游者带好出游必备品，避免在旅游途中发生中暑、感冒等状况。

这些细致入微的内容，体贴的提醒，容易获得消费者认同和信赖。

3. 基于GIS的旅游信息系统

旅游地理信息系统是以旅游地理信息数据库为基础，在计算机硬软件支持下，运用系统工程和信息科学的理论和方法综合和动态地获取、存储、管理、分析和应用旅游地理信息的计算机信息系统，一切与旅游关联的地理信息和数据，如景点、交通、住宿、娱乐、购物、文化特征、特色及提示等都是旅游地理信息系统（TGIS）的研究对象。

旅游地理信息系统常用的功能如下所述。

① 旅游地区（点）的介绍。各个地方旅游景点的历史概括、详细的地理位置、具体的业务运作等介绍资料，主要包括图片、图像等其他相关的多媒体信息、旅游业基本情况统计、旅游者对旅游点的意见和建议、旅游景区景点的优势、旅游公告等。

② 地图检索，包括旅游胜地和公共汽车站；在地图上选择旅游胜地或公共汽车站可进入的相应页面；为旅游者提供每个公共汽车站通过的公共汽车数及发车

时间等信息;旅游路线图输出。可根据用户的查询条件搜索出其需要的铁路和公路线路,还可以根据用户的状况选择出最好的出游路线。

③ 旅游信息查询,主要描绘著名的旅游景点及营业时间、宾馆介绍、饭店、购物地区。旅游地理信息系统不仅可查询单一旅游信息,如某景点的具体位置、景点门票价格、景点附近范围内的宾馆酒店的详细信息,同时还能在空间上进行复杂的旅游信息综合分析,如某地点周围 20 km 范围内有哪些景点,某条选定的道路沿线有哪些自然类景点,从一个地点出发到其他旅游景点旅游大致的时间、费用是多少,以及景点或酒店近期的人数饱和情况等。旅游信息查询这一部分功能为旅游者提供的旅游信息服务主要包括旅游景点的查询、旅游宾馆饭店的查询和筛选、旅游景点与酒店人数统计与预测分析。

④ 旅游企业机构查询。用户可以查询旅游企业,通过自己的分析、比较,选出自己满意的旅游单位为自己服务。

⑤ 事件检索,主要包括当地主要节庆活动以及举办的体育文化活动,比如洛阳牡丹节、山东荷花节、南京梅花节等。

⑥ 交通信息查询,主要包括目的地和目的地之间的主要交通工具、具体的交通路线图、准确详细的交通工具时刻表和候车地点、停车场、汽车修理站等信息。

⑦ 消遣与娱乐信息查询,包括休闲、体育和其他娱乐信息,如高尔夫球、扑克、桌球等及夜生活信息。

⑧ 简单电子商务功能,即通过网络连接数据库将各类信息发布在互联网上,这样游客就可通过旅游信息网页选择相应信息继续检索、查询或进行旅游服务预约登记。

四、LBS 与智慧旅游

1. LBS 的功能与应用

基于位置的服务(LBS)就是通过手机等终端设备与无线网络相互配合,获取使用者当前所在位置的信息,并根据使用者需求提供个性化的位置信息服务。完成基于位置的服务需要两个过程:一是定位过程,即获取用户手机当前所在位置的经纬度和高度,通常这些信息不直接提供给用户;二是定位服务过程,即利用定位操作获得信息完成一些面向用户的业务。

① 位置搜索。游客已经到达一个旅游目的地之后,迷茫中不知道要去哪里玩的时候,或者是游玩了一个景点后不知道下一个景点该去哪的时候就要用到搜索这个功能。游客可以通过位置服务定位系统,搜索并了解到周边值得去的景区或景点,终端设备还会给出相应的路线、景区信息、景点推荐等以方便游客。同样,游

客也可以通过此功能搜索周边好吃的地方、好住的地方、好玩的地方。在提供用户信息的同时，平台还可以搭载推送有关目的地的酒店、旅行社、交通等广告信息。

② 签到评价。游客在到达一个旅游景点或是比较特别的地方的时候，总希望在那儿留下一个自己的足迹，就好比很多人在景点的墙上写着“某某到此一游”的心态一样，因此签到这个功能在旅游的时候非常受人欢迎；签到之后还可以对景区或该地方发表一下自己的评价和感受，与好友分享心得体会，还能作为其他游客的选择依据。用户在所在的位置“签到”，还可以赢取徽章，成为地主，获取来自应用合作伙伴的特殊优惠。

③ 好友互动。在旅游的时候，难免会遇到一些情况是需要获取一些景区信息的，或者需要其他人一起合作来完成某项任务，但是有些信息没办法立马查到，这时候就需要求助于周围的人，游客通过移动网络可以快速地寻找到附近的驴友，获得更加精准的信息和帮助。

④ 寻找结伴者。通过手机登录移动 LBS 旅游社交平台，发布自己前往甲地旅游的信息，并启动定位功能，定位范围设定为方圆 500 米(一般车站大小)。平台将搜索结果反馈给 A，可能在车站有 B、C、D 等若干用户有相同意愿，他们可以建立联系，结伴同行。

⑤ 旅游见闻、照片分享。旅游的时候会遇到很多新鲜事，看到很多自然美景，这时候人们会有很强烈的分享欲望，想要把所见所闻的东西快速传播给好友，位置服务就能迅速发布信息，并主动标注游客所处的位置。

⑥ 景区内部导游。景区可以通过遥感技术，根据游客的手持智能终端的信号源实时获取游客的位置，然后通过向游客推送文字图像和语音讲解信息的方式为游客进行导游讲解。这就要求有精确的定位系统。就是说通过位置服务，服务提供商可以主动为游客进行精准的推送服务。

⑦ 信息收集。由于获得了旅游用户的旅游活动范围和规律、在某个位置的活动频度、特定时刻的需求情况、特定地点的热门程度等数据，LBS 平台就可以提供用户习惯分析、流量分析、市场调研报告等调查分析的增值服务。例如，可以对一段时期内每个周末出现在北京南锣鼓巷的用户的需求和行动路线进行分析，而这样的数据分析无疑对商家的经营活动具有极大的参考价值[①]。

⑧ 精准营销。有了位置服务，商家可以迅速找到潜在的顾客，并根据顾客喜好向顾客推送产品服务信息，以吸引顾客到商家进行消费。即商家可以利用位置服务，做到精准营销。

目前基于位置的服务在旅游业中的运用主要有以下几个方面：

---

① 邵晓. 基于 LBS 的移动社交传播模式及应用研究[J]. 东南传播，2011(1)：22－24.

① 旅游者自己手动的信息检索服务。旅游者的手动检索主要有地图查询、公交线路搜索、最优化路径、乘车时间预计、饭店餐馆信息等。如果你想搜索附近的餐馆，打开大众点评网，其会自动定位你所在位置，显示周围的商家，比传统的检索服务更省事省力。目前大众点评已经推出了 Android 和 iPhone 客户端，用户可以搜索周边的一些饭店餐饮信息。同样的，基于地理位置的其他的周边搜索服务（娱乐等）应该也有很大的需求；另外就是基于类似 Foursquare 的签到数据的实施搜索，并且基于签到数据的深度挖掘也将很有价值，比如可以生成各类服务的按照签到次数的热榜。

② 旅游企业向旅游者手机终端发送的信息服务。利用的就是所谓的 Push 技术，它是一种基于客户服务器机制，由服务器主动将信息发往客户端的技术。基于地理位置向用户实时的推送是指通过检测用户位置向用户主动发送 Push 信息的方式，如 Getyowza 用户通过安装 Getyowza 提供的客户端，Getyowza 会根据用户的地理位置将给用户推送附近的优惠券信息。随着手机的普及，越来越多的商家在手机广告上起了心思。各种各样的短信不断地发送到每一个手机用户端，但是这样的效果并不见得很好，许多信息反而引起了消费者的反感，主要原因就是消费者在没有消费的想法之下收到了这样的信息。但是基于位置的服务可以改变消费者的这一感受，给企业带来意想不到的收获。比如当一个人从一个地方到达另一个地方时，向其发送欢迎短信，并附带该地区的特色文化、旅游景点、便捷的交通饭店信息等，自然会获得旅游者的好感，从而促使其作出消费决策。正如要把一个蜷在自家椅子上的人拉到电影院来也许并不容易，但是如果他刚好在电影院附近，就是另一回事了。基于位置的服务就是让你刚好在电影院附近时收到电影院的优惠信息。

③ 旅行过程的应急处理。旅行社组团旅游业务中，一个导游要照看四十个人，同时还要向游客讲解景点景区的内容，稍有疏忽，就会发生人员走失的情况，给导游的工作带来极大的麻烦，也会耽误全团人员的旅程。一旦发生这样的事情，基于位置的服务中有一个功能可以帮助导游解决问题。Friend Finder 是一个"找朋友"的定位服务，它能使用户通过手机迅速而轻松地获悉朋友所处的位置，无论是在附近还是在全球范围内，只要朋友同意。其主要是通过无线网络提供定位数据；定位网关通过适当的定位方法确定手机用户位置信息；中间件根据用户隐私设置将位置信息分发给应用程序（Friend Finder）；应用程序从中间件提取手机用户位置信息，使用户能够找到朋友。导游在带团的过程中可以利用该功能轻松找到走失的游客。

同时旅游者在外出旅游过程中如发生旅游紧急事件，而自己又对周围不熟悉，不知道是什么地方，通过拨打 110，接线员就会根据其无线网络定位准确获知旅游者的具体位置，并施以援助。这就是基于位置服务中的 Safety First（安全第一）服务。

借助手持终端的互联网地图服务，发展基于 LBS 的景区导游图应主要包括（见图 5.11）：

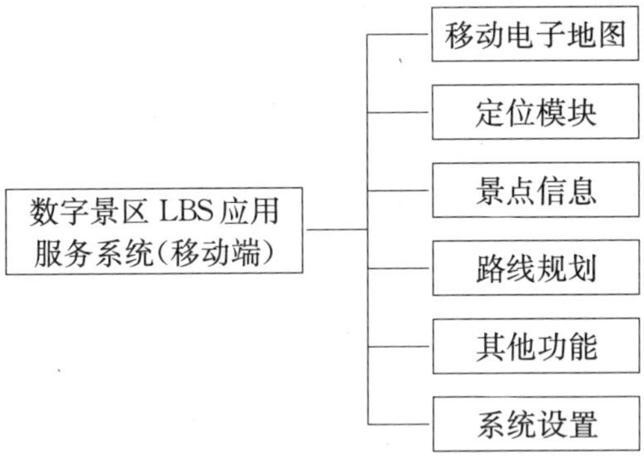

图 5.11 景区 LBS 应用系统功能框架

① 景区移动电子地图服务，能够给用户提供关于景区的详细电子地图，供用户查询浏览；

② 游客定位服务，提供一定精度的定位服务，能够直观地将游客位置显示在地图上，同时显示周边相关信息；

③ 景区信息公告服务，提供景区相关公告信息的查询、浏览等服务；

④ 景点介绍，提供景区相关景点的详细介绍，包括文字、图片、语音、视频等内容；

⑤ 路径查询，能够查询特定地点，也可以规划从一个地点到另一个地点的最短路线；

⑥ 紧急呼叫，是为了处理突发事件，供游客报警或寻求景区管理人员帮助，软件开发了紧急呼叫功能，当用户触发此功能后，景区服务中心工作室能够收到该呼叫并能在监控系统显示发起呼叫终端的准确经纬度位置；

⑦ 系统设置，包括为用户提供界面更改、通信端口设置、紧急呼叫号码设置等功能。[①]

2. 基于 LBS 的旅游服务

应用开发的繁荣，促使了基于 LBS 技术的广泛应用。谷歌移动战略的巨大成功，使谷歌的各种优势项目毫无疑问地被移植到了移动终端应用上——强势的谷歌搜索、Gmail，还有众所周知的谷歌地球（地图）等等。谷歌地球在

① 徐锡珍，苗放. LBS 在数字景区中的应用设计[N]. 成都大学学报（自然科学版），2011(2)：142 - 144，154.

提供精准的定位导航和环境查看的同时，也会提供与之配套的所在地交通状况、餐馆、ATM机、加油站等等服务。这些使LBS的基本形式和服务得以显性化。

基于地理位置的服务(LBS)，从谷歌地球和谷歌地图的大力推广之后在国外就一直风起云涌。这两年，一方面是SNS的崛起，一方面是智能手机逐步走向主流，地理位置的应用也逐步走向社区化和手机化。2005年，谷歌收购了dodgeball，这是一家较早的提供好友间地理位置通知服务(通过短信)的网站。而dodgeball的两个创始人离开了谷歌之后，再次创业做了Foursquare，于2009年3月上线，利用智能手机实现了LBS SNS的功能，成为近来移动互联网的大明星。

(1) 基于LBS的旅游社交

为了充分吸引SNS社区庞大的用户群体使用LBS功能，许多LBS网站开始与SNS实现信息同步分享。目前市场排名前9位的LBS网站中，有6家网站开通了与新浪微博等SNS的同步信息分享。例如，切客网与国内的新浪微博、腾讯微博、人人网以及国外的Foursquare、Facebook等社区都建立了同步分享的链接，可以实现两个平台间的实时信息同步。企业可以将自己的信息发布在平台上，当有用户在地图上搜索相关的旅游目的地、住宿、交通等信息的时候，系统可以将企业的信息推送给用户，这样让企业的信息能够被更多的用户浏览到，增加双方建立联系的机会，辅助创造商业机会。

街旁网是基于真实位置的社区。它在传统的社交服务所拥有的时间、人物、事件之外，成功引入了第四个维度——地点，让用户的网络生活和真实生活更紧密地结合。用户可以使用街旁网来“签到”自己所处的地点，用创新有趣的数字化方式记录足迹，和朋友分享心情。街旁网自上线以来，以出色的用户体验及与国内主流社交网络的无缝同步广受业界褒奖。使用“街旁”，用户可以在所在的位置“签到”，赢取徽章，成为地主，获取来自“街旁”合作伙伴的特殊优惠，并最终与好友分享他们与地理位置相关的社交活动，并同步到中国主要的社交网络上(新浪微博、开心、人人和豆瓣)。

现在，街旁拥有iPhone和Android以及Symbian、黑莓(BlackBerry)、Windows Phone 7等不同版本的应用软件(见图5.12)，并为HTC Sense定制了特别的整合体验；“街旁”还同时拥有HTML5和WAP的版本。

图 5.12　街旁安卓手机版截图

街旁也针对商户推出一套网络推广工具，帮助免费推广商户。

① 街旁会员卡：手机上的虚拟集章卡，帮助培养忠诚客户；

② 街旁惊喜：派发手机上的优惠券，是最精准的促销投放方式；

③ 商户展示：获得各种人气展示位，吸引街旁用户到店消费；

④ 顾客互动：发现最忠诚的顾客群，与顾客互动交流；

⑤ 店长报表：察看商户数据报表，帮助优化推广计划。

(2) 位置签到

位置签到服务是位置服务在移动互联网的延伸和发展。位置服务指通过电信运营商的移动通信网络，采用GPS(Global Positioning System，全球定位系统)/基站等相关定位技术，结合GIS(Geographic Information System，地理信息系统)，通过手机终端确定用户实际地理位置信息，以短信、彩信、语音、网页及客户端软件等方式为用户提供的地理位置信息服务。

位置签到服务是在位置服务的基础上引入用户主动签到机制(Check In)，围绕签到信息提供勋章、头衔等虚拟用户激励，整合本地生活信息、社交服务、游戏元素及场景化服务，在此基础上聚合用户、开发者及广告主的产业链生态系统。它具有如下特征：

特征一：引入基于位置服务的用户签到机制，实现真实地理信息与用户主动行为的绑定；

特征二：提供用户签到后的整合型服务，扩展位置服务外延及用户交互；

特征三：以垂直签到企业为主体，严格围绕签到行为开展业务。

国外的Foursquare网站让全球人都知道了位置服务和Check In这个行为。除了以Foursquare为代表的以位置签到为核心的垂直型位置签到服务企业快速涌现并迅速发展外，国内社交网站和微博服务提供商也纷纷更新移动互联网产品，将位置签到作为"标配"融入手机客户端产品功能中，加快移动互联网战略部署，使得位置签到服务在国内移动互联网产业界得到广泛认同和快速发展。

艾瑞咨询根据对位置服务的服务特性、服务方式的综合考虑，将其分为两种类型，即狭义上的位置签到服务和广义上的位置信息服务(见表5.2)。狭义上的位置签到服务又分为三种类型，即SNS、游戏和场景化服务；广义上的分为两种，即位置信息和本地生活信息。

表 5.2　中国位置签到服务分类①

分类标准	类型	服务方式	业务模式	企业类型	典型企业
按运营企业类型不同	狭义位置签到服务	SNS	以签到机制为核心的社交服务	位置签到服务运营商	嘀咕、街旁玩转四方、切客、开开
		游戏	以签到机制为核心的虚拟游戏		16fun
		场景化服务	以签到机制为核心的场景服务		冒泡
	广义位置信息服务	位置信息	以位置信息为核心提供虚拟激励	传统互联网企业	邻讯
		本地生活信息	以本地商家信息推送为核心引入签到机制		大众点评

中国位置签到服务行业目前处于早期发展阶段，从早期运营商推动的 LBS 以 Foursquare 模式在中国的引进为标志，用户规模快速增长，行业迅猛发展。而教育用户、培养用户使用习惯成为这一时期的发展重心。各家企业均专注于打造产品功能、优化用户体验，并进行早期的用户拓展。2010 年签到服务用户规模达到 330 万人(签到服务用户指下载安装并注册位置签到手机应用程序的用户)。2010—2013 年，随着 3G 推动下的移动互联网普及、智能手机渗透率的进一步提升以及用户使用习惯的形成，艾瑞预计位置签到服务用户规模将以 290.6%的年度复合增长率飞速成长。到 2013 年，用户规模将达到 8 100 万人。

位置签到服务的产业链较为复杂，主要涉及位置签到服务提供商、地图信息提供商、本地机构、第三方应用开发者、其他社会化媒体和用户等多个方面，它们之间有着非常密切的关系，少了一个都不行。各方在产业链条中的角色如图 5.13所示。

尽管 Foursquare 的成功见证了美国位置社交网络市场的快速发展，但是中国市场仍然处于起步阶段，市场逐步成熟至少需要 2～3 年；在国内，嘀咕、切客、玩转四方、开开等诸多创新型企业都是“LBS＋SNS＋Game”模式的实践者。

中美两国在移动互联网基础设施、商业环境、文化价值观念和消费习惯等方面存在较大差异，位置社交网络服务的本土化创新是实现 Foursquare 最佳实践成功引入中国市场的关键；面对位置社交网络服务的巨大发展潜力和商业价值，电信运营商、互联网服务提供商、本地生活信息企业等将成为强有力的市场潜在

① 艾瑞咨询，2010—2011 年中国位置签到服务行业研究报告[EB/OL]. http://news.iresearch.cn/Zt/136043.shtml. 2011-10-1.

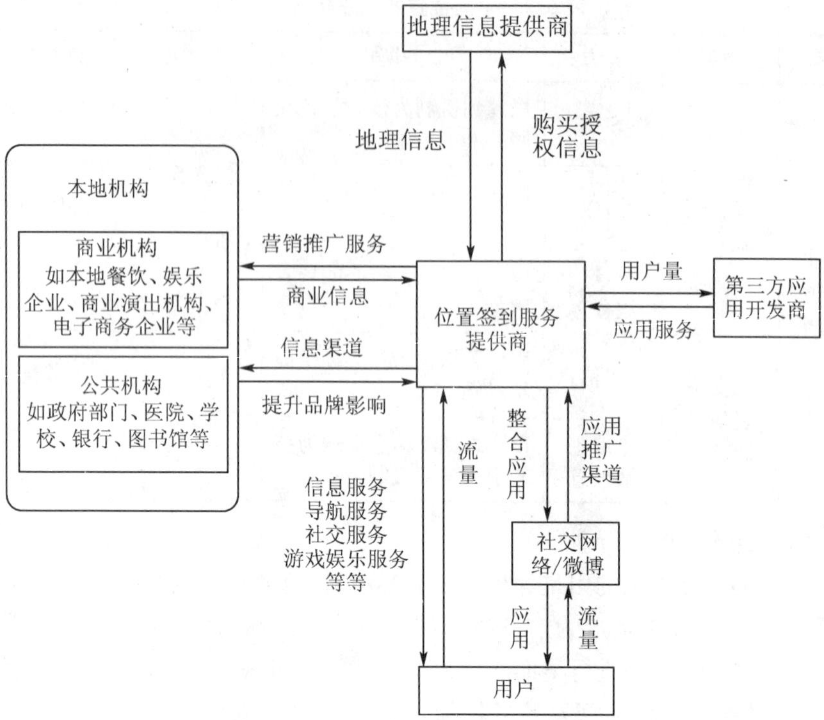

图 5.13 中国位置签到服务产业链①

进入者。

① Foursquare 模式

Foursquare 是一家基于用户地理位置信息的手机服务网站，并鼓励手机用户同他人分享自己当前所在地理位置等信息。之前就有互联网公司开始做类似 Foursquare 的足迹类网站，但一直没有成功者，基本都与旅游网站结合了。Foursquare 模式出现之后，把传统互联网和移动互联网进行了很好地融合。

按照官方的说法，Foursquare 模式 50%是地理信息记录的工具，30%是社交分享的工具，20%是游戏工具。Foursquare 并不仅仅针对 iPhone 用户，而且能够在所有主流智能手机平台中运行，其中包括谷歌 Android、Palm 的 Web OS、微软 Windows Mobile 以及 RIM 黑莓(BlackBerry)手机平台等等。

该公司称，自 Foursquare 服务开通以来，超过 72.5 万手机用户在将近 200 万个地点检入(Check In) Foursquare 网络，检入次数超过 2 200 万次。在这 200 万处地点中，约 1 400 处的附近商家同 Foursquare 存在合作关系，用户在这些地点检

① 艾瑞咨询，2010—2011 年中国位置签到服务行业研究报告[EB/OL]. http://news.iresearch.cn/Zt/136043.shtml，2011-10-1.

入后，可得到商家提供的免费啤酒或咖啡。

利用 Foursquare 服务，手机用户可“检入”某个地点，该地点可以是全球任何城市的一家饭店、好友家庭居住地或一家商店等等，相应检入过程非常迅速。用户完成检入过程后，Foursquare 将根据用户检入时的位置向用户返回该地点附近的其他信息。如果用户检入的位置没有收录在 Foursquare 网络当中，用户只需进行简单操作，Foursquare 将收录用户提供的这个新地理位置。一旦用户检入，Foursquare 将把用户当前所在位置通知给该用户的其他好友。用户每检入一次，就可增加积分；在某些情况下，用户还可获得虚拟勋章。如果某位用户在特定地点检入的次数最多，他将获得该地点虚拟“市长”的头衔。用户为获得虚拟勋章，会竞相增加在某一地点的检入次数。如用户希望获得“健身鼠”(Gym Rat，美语中特指经常前往体育馆锻炼的人)虚拟勋章，就必须在 30 天内在同一家体育馆至少检入 10 次；如果用户希望获得“当地人”(Local)勋章，就必须一周内在同一地点至少检入 3 次；如果用户同时与其他 50 人在同一地点检入，就可获得“群居”(Swarm)勋章。虽然不少用户关注自己的隐私信息，但他们也经常在 Twitter 和 Facebook 上宣布他们的 Foursquare 检入情况。

Foursquare 用户分享的地理位置信息越多，各商家对自己潜在客户的了解程度也就越高。Foursquare 还针对地区商家推出了顾客购物习惯分析工具，以便于商家查看消费者每日的出行和购物习惯。

Foursquare 还有最重要的功能，就是“知道你的朋友在哪里、做什么事”。你可以把你在 Twitter、Facebook 上面的好友拉进来，看看他们现在当上了哪个店家的“市长”；也可以看看你最常去的地方，市长是哪位，大家在该地点的留言是什么(譬如称赞某个餐厅的菜好吃，或是那家店员脸很臭)，从中多认识几位志同道合的朋友。

改版之后的 Foursquare 将弱化签到在整款应用中的重要性，而把发现平台、交易工具和分享服务集于一体。改版后的应用会主动为用户推送信息，也更鼓励用户之间的互动。新添加的 Explore 功能还会根据一天当中的时间、相关性、位置、朋友推荐和习惯以及陌生人的推荐和习惯，来为用户做个性化的内容推荐。将其他应用内嵌到 Foursquare，意在为用户提供更无缝顺畅的体验。

Foursquare 的巨大成功，不仅令 LBS 领域成为互联网行业的新热点，也催生了“Check In 一族”拿着手机随时随地 Check In，走在时尚的前沿。Check In 已经成为一种生活态度。这样一个巨大的市场，在中国以前只是立方网、街旁、玩转四方、冒泡等一些创新型公司在玩，现在巨头也杀了进来。盛大游玩网一款基于 iPhone 的 LBS 客户端也悄悄上线，在 App Store 里搜索“游玩网”即可下载。除了在一些热点 POI 实现 Check In 功能，还可以拍出来很有趣的增强实境的照片。据悉，腾讯、新浪的 LBS 产品也在紧锣密鼓地开发之中。

其实，2009 年 7 月国内一个小团队在业余时间就开发出类似于 Foursqure 的地图应用软件，名为好景，而当时并未引起大家的注意。当然，这也跟智能手机的发展不无联系。而到了 2009 年底，街旁创始人刘大卫跟天使投资人回国寻找合作伙伴，2010 年 2 月开始开发街旁，5 月上线。在街旁的大力宣传下，LBS 与 Foursquare 真正在中国互联网内受到关注。

而后，国内互联网巨头也纷纷推出了 LBS，如盛大推出了游玩网（现在改为切客网），而新浪、腾讯和网易正大手笔布局 LBS 切客服务，贝多、玩转四方、街旁、拉手网、多乐趣和冒泡也都推出了成熟的 LBS 切客产品。此外，中国移动也在布局 LBS，八大重点基地中辽宁移动已经确定为中国移动进军 LBS 的重要基地。

② 切客

切客就是通过手机向他人分享餐厅或商场的地理位置，还可以获得消费优惠。“切客”其实是 LBS（Location Based Service，基于地理位置的服务）的中文名，因为 LBS 典型的应用是 Check In（签到），中文谐音是“切客”。

每到一个地方，用户透过手机实现“签到”服务，告知好友自己的地理位置。比如在去餐馆、酒吧、商场和其他公共场所时，用手机告知自己的好友，甚至可以用手机拍下图片上传到网站上与网友分享。而用户的分享通常会获得商家或者切客网站价格折扣以及其他奖励，以鼓励切客们频繁进行“签到”。

在国外，“切客”服务推出已经很多年。Google 最早推出地图和 Google 地球业务，这是早期的“切客”服务。而随着近年 SNS 崛起、3G 网络崛起和智能手机的普及，切客应用逐渐在全球走向社区化和手机化。在美国，Foursquare 和 MyTown、Gowalla、Whrrl、Yelp 均开展切客服务。

在盛大开发的基于 iPhone 的 LBS 客户端上，用户可在 App Store 里通过搜索可完成下载使用。同时，据官方消息，这款客户端产品除了具备一些热点 POI 实现 Check In 功能之外，还具备拍摄各种有趣的增强实境的照片的功能（见图 5.14）。

在移动互联网时代，基于地理位置服务的 LBS 产品是用户打开“切客”大门的钥匙，通过 LBS 产品，越来越多的用户将通过 LBS 感受到全新“切客”的不同体验。

而盛大专为本地用户推出的基于 iPhone 的 LBS 客户端，正是“切客”潮流得以全面推进的证明。同时，盛大推出基于 iPhone 的 LBS 客户端的意义，一方面在于盛大可以为用户提供更多便利服务，另外一方面盛大可以依托自己的文学、视频、娱乐等资源，全面将 LBS 理念传播到新的时代。

切客网截图

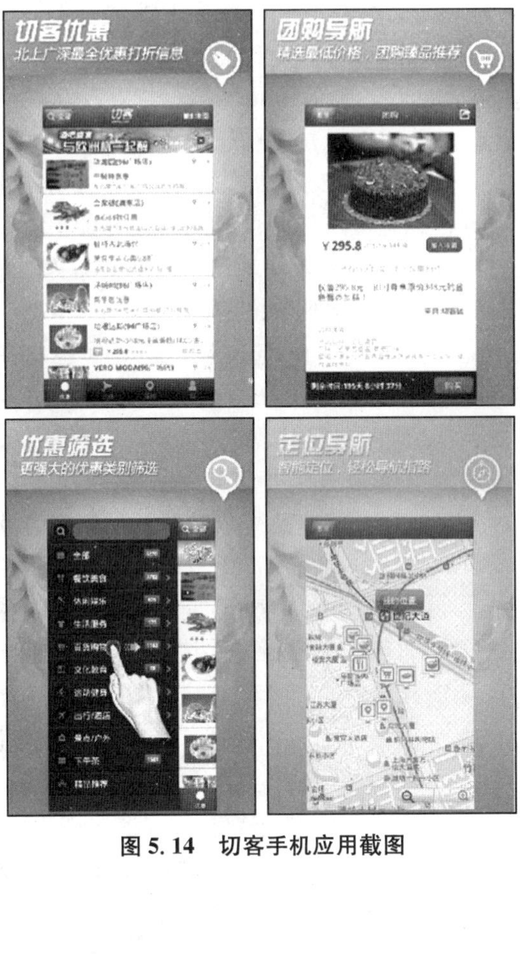

图 5.14　切客手机应用截图

(3) 好友互动

社交网络与LBS应用的交互，强化了基于LBS的好友互动功能，例如腾讯推出的微信、手机版的微博、邻讯等。

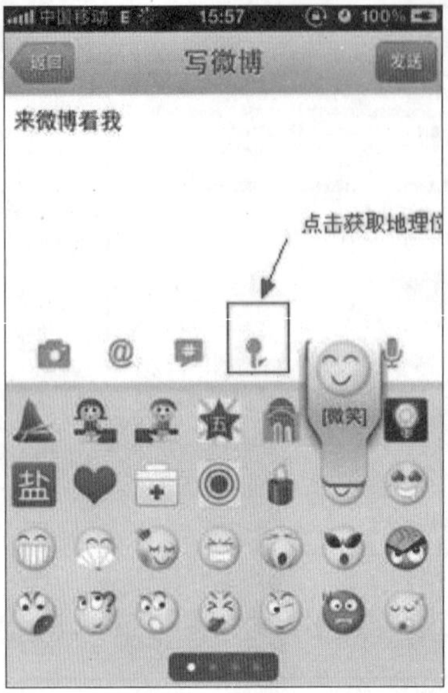

图 5.15　新浪微博手机版截图

微信支持向微信朋友发送你当前的地理位置，方便朋友找到你。微信还会根据用户的地理位置找到附近同样开启这项功能的人，使用户轻松找到身边正在使用微信的人们。也可以通过摇一摇功能找到与你一起使用这个功能的朋友。

新浪推出的地理定位产品——“微博这里”，在用手机发微博的时候会将自己手机的GPS打开。在手机微博客户端里面拍照的按钮旁边有一个按钮，按下它之后会自动获取地理位置，而新版的安卓版的手机微博客户端在用客户端发微博的时候会自动获取地理位置(见图 5.15)。腾讯微博也有此功能。

邻讯较早推出好友互动的手机软件。通过邻讯，你可以迅速定位“我在哪”，随心所欲“看周边”“找朋友”“搜地方”。当你身处陌生的地方，你可以通过邻讯方便地看到你在地图所处的位置。即使你的手机没有GPS功能，邻讯也可以成功地帮你进行定位。你还能在地图上看到你好友们的位置，并且他们路过时邻讯将会提醒你，你将不会错过与好朋友一起喝一杯的好机会。同样你也可以与周边的陌生人成为好友，和他们一起吃喝玩乐。你还能够向周边的邻讯用户发起活动、询问或者播报，也可以快速搜索看看有没有你感兴趣的交友对象。

酣逗身边是一款基于位置、利用综合定位技术进行周边深度生活信息服务的移动应用软件(见图 5.16)。该软件主要服务于城市生活，旨在为用户快速提供位置及周边信息。用户可以利用酣逗身边轻松获得自己周围餐饮、宾馆、酒吧、超市、加油站、景点等生活常见场所的位置、联系方式等多方面信息，同时还可以在软件提供的评论区发表对某一场所的评论。另外，酣逗身边还为用户提供了多人间基于位置的交互操作，用户可以通过软件创建小组，加入小组以及完成查看组内成员位置，给同组成员打电话、发短信等一系列操作。

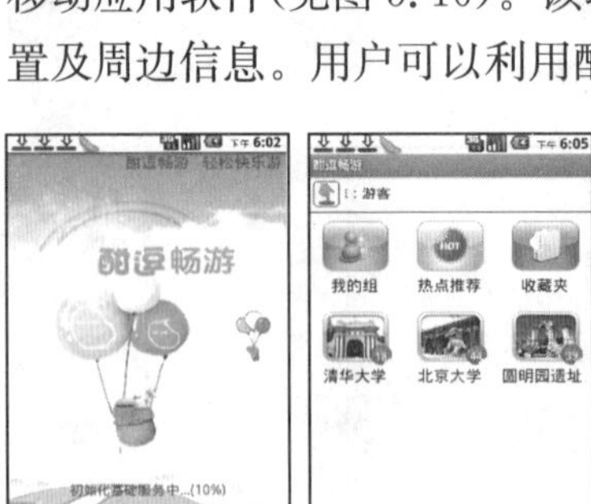

图 5.16　酣逗界面

按照典型互联网业务的发展规律，LBS在默默耕耘了几年之后，经历了从直接提供位置服务向提供工具和手段的发展模式的变迁，功能从复杂的位置输入到用户签到，服务类型也从提供泛信息到针对个体提供个性化信息等一系列变化。此外，国际上已经有包括 Foursquare 等公司获得了良好的市场收益。在国内，受用户位移范围扩展、生活服务类需求猛增、智能终端价格持续降低等因素影响，以青少年用户为主的媒体化、社交化需求已经开始通过电子商务、电游等服务转化为市场和收入。同时，我们不能忽略的是，包括 AR 增强、3D 地图等技术的推进，使得各种移动互联网应用对地图的依赖性会进一步加深。未来的几年，包括在线式导航模块、实景搜索、语音搜索、位置共享等技术和功能被陆续植入手机地图，原本相对独立的手机地图、手机导航及手机签到领域正在加速融合，将会促进 LBS 业务的渗透。市场数据表明，截至 2011 年年底，中国手机位置服务的用户规模已经超过 2.2 亿，相对于移动互联网用户规模 4.3 亿计算，LBS 在移动互联网用户中的渗透率已经超过 50%。无疑，这样的数据隐隐透露出盈利的曙光。市场规模的扩大加上商业模式的逐步落地，LBS 企业已经出现开始盈利的趋势。实际上，中国的 LBS 市场是一个充满活力和发展潜能的广阔市场，对全球众多互联网企业极具诱惑力，这些企业在中国积极开展运营活动，也应该拥有美好前景。中国 LBS 市场正在大步地迈进着。

五、基于 LBS 的精准营销

1. 精准营销的概念

精准营销（Precision Marketing）就是在精准定位的基础上，依托现代信息技术手段建立个性化的顾客沟通服务体系，实现企业可度量的低成本扩张之路。

精准的含义是精确、精密、可衡量的。

精准营销就是通过可量化的精确的市场定位技术突破传统营销定位只能定性的局限；精准营销借助先进的数据库技术、网络通信技术及现代高度分散物流等手段保障和顾客的长期个性化沟通，使营销达到可度量、可调控等精准要求；精准营销的系统手段保持了企业和客户的密切互动沟通，从而不断满足客户个性需求，建立稳定的企业忠实顾客群，实现客户链式反应增殖，从而达到企业的长期稳定高速发展的需求。

精准营销的个性化体系包括：

① 精准的市场定位体系。通过对消费者的消费行为的精准衡量和分析，建立相应的数据体系，通过数据分析进行客户优选，并通过市场测试验证来区分所做定位是否准确有效。

② 与顾客建立个性传播沟通体系。从精准营销的字面上大家就可以看到它采用的不是大众传播，它要求的是精准。这种传播大概有以下几种形式，即 DM、

EDM、直返式广告、电话、短信、网络推广等。

③ 适合一对一分销的集成销售组织。精准营销的销售组织包括两个核心组成部分，一个是全面可靠的物流配送及结算系统，另一个是顾客个性沟通主渠道——呼叫中心。而便捷快速的物流配送体系和可靠的结算体系是制约精准营销的两个主要因素。传统营销关心的是市场份额，而精准营销关心的是客户价值和增值。

④ 提供个性化的产品。与精准的定位和沟通相适应，只有针对不同的消费者、不同的消费需求，设计、制造、提供个性化的产品和服务，才能精准地满足市场需求。而个性化的产品和服务在某种程度上就是定制。

⑤ 顾客增值服务体系。精准营销最后一环就是售后客户保留和增值服务。对于任何一个企业来说，完美的质量和服务只有在售后阶段才能实现。同时，营销界一般认为，忠诚顾客带来的利润远远高于新顾客。只有通过精准的顾客服务体系才能留住老顾客，吸引新顾客，达到顾客的链式反应。

2. 基于 LBS 的精准营销

精准营销的内涵就是企业需要更精准、可衡量和高投资回报的营销沟通，需要更注重结果和行动的营销传播计划。移动业务“人手一机”的特点成为提高营销准确性的先天优势。作为新的媒体形式，手机等移动智能终端是大众传播和人际传播的融合，真正实现了多渠道传播，是传播方式根本性、创造性的变革，每个人都可能成为信息发布者，也可能是信息的接收者。在传播系统内的个体既是受众又可以成为传播者，彰显其独特性。移动智能终端多元化的无线增值服务特征、互动性高、独有的便携等特点，可以实现在用户间传递和编辑文本、图像、声音、游戏以及视频等个性化的服务。正是这种信息载体功能，可以将特定信息以惊人的速度在有效范围内进行有效传播。

LBS 移动广告联播平台则将广告投放至广告主指定的地区，从而达到精准曝光。它可根据客户需求，在不同时段、不同地点，面向不同的广告受众投放不同类型的广告（如 Vpon）。其与其他广告平台最大的不同就在于 LBS 大大提升了推广的精确性。

LBS 移动广告的诞生来自于三方对于精准营销的需求，分别是广告主、应用软件开发商和手机用户。大型品牌广告主希望将广告推向最优质的受众，通过有趣的广告与消费者进行互动，增加品牌好感与印象，将消费者引导至店内消费，避免大面积无目标的广告推送方式所带来的消费者抗拒性；中小型广告主或者商家的营销预算有限，自然更追求营销推广的效益。对于手机应用开发商，需要一种额外的赢利方式，而不是仅仅局限于应用出售赢利或者增值服务出售赢利，开发商并不需要分心筹建营销团队，只需专心于产品研发就可以拆分广告赢利。而越来越多的手机用户在逛街或外出办公的时候因时间有限，希望及时地找到最想去的店铺或者有活动的店铺，即时获得附近所有店铺的活动信息。

LBS移动广告因其与位置的结合，更适合使线上广告与线下实体相结合。通过将广告主的富媒体广告无缝推送至各大与之合作的App应用软件中去，出现在店铺附近的消费者只需点击相应的广告Banner(横幅广告)就可以进入广告页面，通过拨打电话或者下载优惠券的方法去实体店参与活动。

传统平台加入LBS功能，用户更多的是把LBS当作一种辅助工具来用，并没有改变用户原有的平台应用习惯。而类似人人等新的交友或导航应用，也只是生硬地加入了LBS导航界面，并没有深刻挖掘出LBS在交互式移动中的价值和新的用户体验。要知道，移动终端的用户更多的需求不在于精确到1米的导航，而在于对即时的周边信息的获取和区域信息的反馈，能够利用LBS达到交互式娱乐的目的。因此，利用LBS链接大量用户，用户可以通过平台创造大量的资讯内容、社会话题与广告营销价值。

利用LBS的交互性，可以改变关系链的形成方式和维系方式。在传统的关系链中，我们的好友多为亲人、同学、同事，都是基于原来已经认识的关系而建立起来的联系。但实际上，我们身边每天都会重复出现很多同样的人，比如单位周围500米范围的人。

基于LBS平台这样的位置显示、行为显示功能，你身边的人可能不再是陌生的人与冰冷的脸，而是与你有共同联系的人，这种联系可能是基于兴趣爱好，基于行为，也可能是基于收入水平。这就编织了一张极具价值的互动网络，通过这个网络，信息产生和交流的速率成倍增长，信息也就更具价值性。

信息的快速交流传播，顺理成章的就是对于广告的商业价值。对于商家来说，基于用户的位置推送周边的广告信息，一方面将极大地提高广告的精准营销程度；另一方面，商家可以结合LBS推出一些促销活动，如对那些经常签到的顾客提供优惠等。对于那些本地第三产业的中小型商家，基于LBS服务的激励的方式可以让每一个活跃的用户都成为自己营销的热点。因此，LBS的发展最终要向广告要收益。

精准营销沟通理念与工具的引入，不仅有助于移动通信企业采用先进的移动数据引擎技术，通过分析移动智能终端用户的各种特定属性如年龄、性别、收入等，轻松快捷地找到目标客户，并通过短信、彩信等方式向企业的目标客户提供想要传达的信息，而且确保这些信息能够引起一定的反响，同时能够让广告商在与客户的互动中降低信息的投放费用且客户在这之前已经了解了支付的费用所达到的效果，并有可能购买。

移动智能终端的定位是分众、定向、及时和互动的，以“分众”为传播目标、以

"互动"为传播应用、以"定向"为传播效果,是移动增值业务与传统媒体在信息时代、技术消费时代的实际应用、广泛的商业应用。LBS 移动广告的最大特点就是能够以用户数据库为基础开展精确定向营销,准确地筛选出目标用户并施以有针对性的营销策略。而且,由于移动设备自身的随身特性,信息可以在第一时间到达受众,克服了传播的盲目性,并根据用户反馈对广告效果进行更加科学的评估,为受众和企业提供高价值服务。显而易见,移动媒体的这些特点显然是批量投放的报纸或者电视广告所不具备的,相对于传统的媒体渠道显示出了强大的竞争力,并具有极为广阔的发展前景。LBS 移动媒体的优势首先是高普及和高到达性,因为移动网络可以实现点对点沟通,而这是传统媒体无法做到的;其次是高度贴近性,移动媒体拥有一天平均 12 个小时的贴身沟通;再次,它具有定向跟踪分析能力,通过与移动运营商合作,广告主们甚至可以通过分析手机用户每月的话费额度从而确定谁是自己的潜在消费群体,做到有的放矢地传播。

下面举星巴克的一个例子。

一直致力于运用创新数字技术提升顾客体验的星巴克,首次在中国推出了适用于手机操作系统的星巴克中国官方手机 App,为顾客提供更加便捷有效的消费指导和体验服务,再一次拉近了与中国顾客的情感联系。手机用户可通过扫描二维码或发送手机短信至指定号码下载 App,安装后便可通过 App 查询所在地附近的星巴克门店,管理个人的星享卡账户,分享个人独特的星巴克体验并同步到个人社交网页面,以及获取关于星巴克咖啡最新促销活动信息等(见图 5.17)。

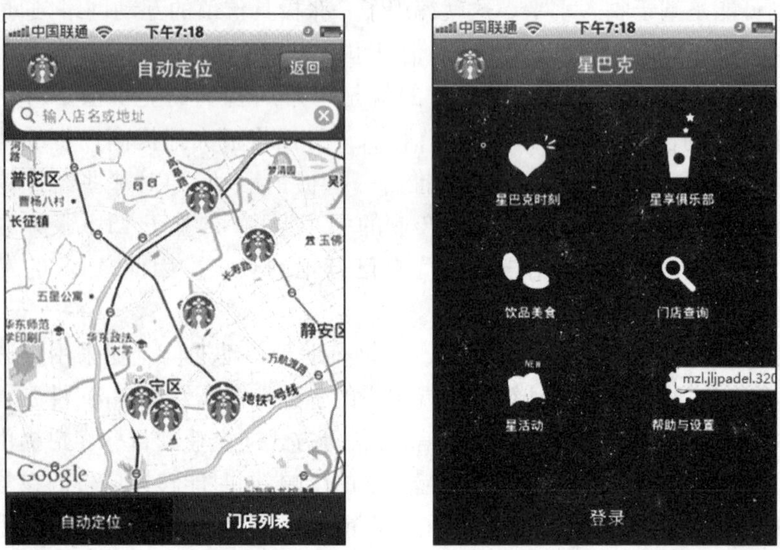

图 5.17　星巴克中国 App 截图

星巴克中国 App 具体功能包括：

① 门店查询。GPS 自动定位，快速找到你身边的星巴克门店，并列出到达方式、门店住址与营业时间，还可以浏览关于该门店的相关评论与更多丰富的相关讯息。

② 星巴克时刻。上传文字与照片，时时记录与分享温馨的咖啡心情，可以将你的星巴克时刻随时随地分享给好友与其他在星巴克门店的顾客。

③ 星享俱乐部。用手机登录你的星享俱乐部会员账户，随时随地都可查看你的会员等级、星星数量、好礼状态、消费记录与卡片挂失等功能。

④ 饮品与美食。收集了最完整、最详尽的星巴克饮品及美食的相关信息与图片。

第六章

云计算与智慧旅游

一、云计算与搜索

1. 云计算技术

2006年，27岁的谷歌高级工程师克里斯托夫·比希利亚向Google董事长兼CEO施密特首次提出了“云计算”的想法，在施密特的支持下，Google很快推出了“Google 101计划”，并正式提出了“云”的概念。

云计算是一个新兴商业计算模型，它利用高速互联网的传输能力将数据的处理过程从个人计算机或服务器移到互联网上的计算机集群中——集群中的计算机都是很普通的工业标准服务器，由一个大型的数据处理中心管理着——数据中心按客户的需要分配计算资源，达到与超级计算机同样的效果①。目前来讲，对于云计算最通用的定义是利用互联网强大的互联性，将各种共享资源、软件和信息向公共服务一样按需提供给各种终端设备②。

云计算的信息资源相对集中，但它不对用户进行集中控制，并且能够支持非网格的应用。同时，它强调“需求驱动、按需服务”，在较高带宽的网络环境下以Internet的形式动态地支持用户获取和使用底层资源。因此，云计算表现出与传统的信息技术所不同的特征：

① 数据与应用共享。在云计算的网络应用模式下，数据只有一份被保存在“云”端，用户只要链接到网络就能够同时访问和使用同一数据。

② 超大规模和虚拟化。“云”具有超大的规模，Google、IBM等已开发的“云”拥有数十万甚至上百万台服务器，因此它可以提供给用户前所未有的超强计算能力；同时，“云”端采用虚拟化技术，方便用户在任何时间、地点使用任何终端设备登

---

① 顾列铭. 云计算：IT技术的新转变[J]. RESOURCE，2010：108－111.

② 维基百科. Cloud computing. http://en.wikipedia.org/wiki/Cloud_computing.

录并获取“云”端的数据、软件等资源。

③ 高可靠性。“云”通过使用数据多副本容错、计算节点同构可互换等来提升服务的可靠性，并支持任意点的恢复。

④ 简单的终端和“按需服务”。包括应用软件在内的所有数据都存储到“云”内，终端的功能将退化；计算能力会被作为一种商品而流通，企业和用户想得到服务要“按需支付”。

⑤ 通用性和易扩展性。在“云”的支撑下，将根据用户的需求构造出多样化的应用，而不针对特定的应用，同一个“云”能够同时支撑多个不同的应用；同时，“云”的规模也能够动态伸缩，以满足应用环境和用户规模增长需要的不断变化。

2. 云计算技术的发展现状

(1) 国外云计算技术发展现状

云计算是由 Google 首先提出的，加之多年在搜索引擎技术的开发经验和成果积累，Google 在云计算技术领域处于领先地位。它将不仅提供在线应用，还希望借助自身数据库系统的优势建立在线应用的统一平台。Google 典型的无“端”系统迫使微软推出了保卫“端”的策略，微软于 2008 年 10 月推出 Windows Azure 操作系统。微软的优势是在全世界拥有数以亿计的 Windows 用户桌面和浏览器，Azure(蓝天)正通过在互联网架构上打造自身的云计算平台，试图让 Windows 由 PC 延伸到“蓝天”上。

针对 Google 低端服务器战略的冲击，IBM 则是从企业内部需求逐渐上升的角度出发，在分析了企业对于未来互联网以及公众需求的应对策略的基础上推出了从高端走向通用的云计算方案。依托自身在服务器领域的传统优势，IBM 也成为目前唯一一个提供从软件、硬件到服务全部都是自主生产的厂商。

从云计算的定义看，用户和企业在物联网时代对网络的依赖将更为严重，这为思科等网络设备商的发展带来了契机。思科将云计算定义为“云计算是基于整合的架构下利用虚拟化的资源通过 IP 网络提供规模化业务的实现方式”，其云计算平台被命名为思科统一服务。

(2) 国内云计算技术发展现状

国内的云计算发展也异常迅猛，IBM 于 2008 年在无锡建立了中国第一个云计算中心，其在中国的第二个云计算中心则建立在北京 IBM 中国创新中心——IBM 大中华区云计算中心。世纪互联则推出 Cloud Ex 产品线，其包括完整的互联网主机服务“Cloud Ex Computing Service”和基于在线存储虚拟化的“Cloud Ex Storage Service”等云计算服务。阿里巴巴也在国内云计算领域走得比较靠前，它专门成立了从事云计算业务的新公司——阿里云，并计划在各地筹建多个电子商务云计算中心，首个已于2009年初落户南京。阿里巴巴的云计算业务将以大规模的低成本计算集群作为依托，在互联网上构建分布式存储和计算的服务，以降低用户大规模数据处理和运算的成本。中国移动也适时推出了Big Cloud计划，同时中国移动研究院也完成了云计算中心的试验。

我国企业还创造了一个全新的概念——“云安全”，即通过网状的大量客户端对网络中软件的异常行为进行监测，以获取互联网中木马、恶意程序等的最新信息，然后在服务端进行自动分析和处理，最后把解决方案分发到客户端，以保护PC的安全使用。“云安全”的策略是用户越多越安全，当用户群覆盖互联网的每个角落时，某个病毒一旦出现就会立即被截获。趋势、瑞星等企业都推出了云安全解决方案，360也推出了云查杀。

二、海量数据的存储与处理——旅游云

1. 旅游云理念阐述

当云计算开始席卷全球之时，其在旅游界中的影响和运用很自然地会引起众多研究者的注意，大家开始畅想云计算究竟可以给旅游带来什么样的革命性影响。

黄羊山副教授于2010年就提出了“云旅游”的概念，根据他的介绍，云旅游其实就是旅游信息网络整合商，包括政府部门实时资讯和政策发布，各区域旅游数据、旅游产业链各环节（如景区、酒店等）数据实时更新，每个环节的各项指标的数据实时更新，旅游行业学术理论前沿、企业（包括投资商、供应商、中介商和服务商）与企业之间的信息发布和交流，企业与消费者的交流和服务提供，消费者之间的交流，消费者对旅游各种反馈，消费者需要的导航、导游、导览和导购等全面的旅游服务，同时还有产学研消之间的交互。云旅游的基本表现是基于地图标注的表达方式，把位置服务和导航功能加入进来，把Web网站和手机端软件统一起来，可以嵌入资讯网中，也可以成为独立网站，做成手机端软件更佳。而云旅游的核心是建设一个数据中心，沟通游客和商家。云旅游的数据分为公共信息数据和私有信息数据，公共信息如游览、服务场所的名称、数量、分布、质量等等信息，主要由政府提供，旅游者通过本平台发表评论、攻略、感想；私有信息如企业的价格、活动、优惠、经营状况等等信息，主要由企业提供，旅游者通过本平台补充。云旅游是融合了现代高科技的高度智能化的旅游资讯系统平台，为旅游者提供一站式的便利服务，包含了导航、导游、导览和导购四个基本功能，同时面向政府、企业和旅游者，将他们紧密地联系在一起，提供最直观、最便捷和最快速的旅游资讯服务。未来云旅游将广泛用在平板电脑和智能手机等超便携终端上，将会带来数以千亿计的市场前景。

盛大网络的宋铮也提出了云旅游的概念，他认为云旅游就是运用云计算技术，使得线上和线下、虚拟与现实相结合的旅游解决方案，形成对旅游全过程的服务整合，打造基于云端的海量旅游资讯和最具活力的互动运营平台，为互联网时代的用户们提供随时随地的休闲游乐度假全程全网服务。以网络游戏起家的盛大对于云旅游的理解也不是单纯地从旅游的角度出发，而是强调“线上＋线下”的模式，旨在打造一个强化地理位置的游玩互动式服务平台，比如“通过手机定位、连线、信息搜索等方式，实现人与人在现实与虚拟中的交替对话”①。

除了上述理论的探索，也有一些企业尝试着将云计算与旅游结合。去哪儿网建立了中国最大的旅游景点手机定位搜索平台，通过这个平台，拥有 LBS 系统的智能手机可随时随地搜索身边的景点，非智能手机只要可以上网也能通过输入目的地城市查询到国内外两万多个景点；另外还开启了目的地搜索、机票、酒店与行程管理的结合。罗盘公司也开发了运用于酒店经营管理的“云”，主要提供前台管理、后台管理、餐饮和娱乐管理、连锁管理、采购管理、后续管理等服务，已经有 400 多家酒店投入使用。

以上不管是理论研究还是实践，各方对于云旅游的观点各不相同，在各自理念的导引下，其发展的理论或者实践的成果也必然存在着诸多的差异性，但总的来讲，都跟笔者在下文中即将探讨的旅游云有部分契合的地方。旅游云理念的提出是基于现在广泛探讨的云计算，运用云计算技术建立旅游行业的云——集资料、咨询、管理、软件支持与下载等服务于一体的平台。笔者认为要发展智慧旅游，并真正实现智慧的旅游，并契合未来旅游发展的方向，建立旅游业自己的云计算平台——旅游云，已经是大势所趋。

2. *旅游云系统的构建*

旅游云，首先是一个云计算终端，在这样一个终端内包含了旅游系统内的所有已有的和即时的信息、管理平台、相关软件、相关资料（包括音频、视频等），然后包括管理机构、景区、酒店、游客等用户，可以通过 PC、智能手机、平板电脑等终端设备，按照使用量计费的方式通过简单的服务端口进入云端，获得相应的需求服务（如图 6.1 所示）。

旅游云是一个庞大的系统，在智慧旅游时代依靠这样一个“云”，包括游客在内的所有旅游参与者都可以获得相关的旅游信息和服务。它主要包括以下几个方面：

① 旅游全程规划。如果游客有出游打算，但是并没有确定去哪里，旅游云可

---

① 丁宁．盛大网络进军旅游业 开启“云旅游”时代[EB\OL]．http://travel.people.com.cn/GB/11747757.html.

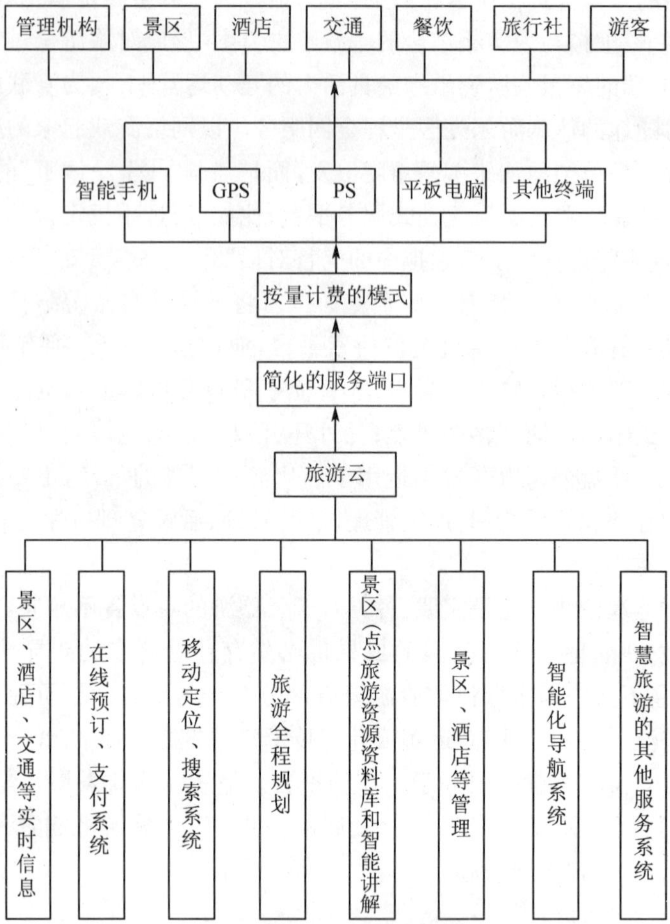

图 6.1　旅游云系统框架

以提供旅游全程规划。智慧旅游发展成熟后，特别是旅游云完善后，将涵盖全国乃至全球的景区、酒店、交通线路等，游客只需要按照休闲方式、出行方式、适宜人群、景点类型等条件进行筛选，旅游云就会提供一个最优化的出游行程建议，届时游客再根据个人喜好进行细化和筛选即可。

② 景区、酒店、交通等实时信息。现实的世界充满变化，人们的出游过程中也可能随时面临突发状况，比如计划线路中出现交通意外后道路封锁；到达目的地后突然发现计划中的旅游景区（点）正在大范围的整修，使观赏的价值大打折扣；等等。这些突发状况会打乱游客的出游计划，严重影响旅游心情。旅游云建立后，它可以为游客在制订出行计划时提供即时信息，在出行过程中及时为游客发送变化的信息，为游客迅速改变出行计划赢得时间。

③ 在线预订、支付系统。在线预订、支付系统目前的发展已经比较成熟，但对智慧旅游来说，它们还缺少一个整合，不方便游客在一个系统内将旅游景区（点）门票、酒店、车票、机票、饭店等一站式预订完毕，并且手机等便携智能终端的支付技术也不成熟。这些都呼唤着旅游云的构建，在移动互联网的支持下，届时游客可以借助便携智能终端随时随地地实现预订和支付。

④ 移动定位、搜索系统。在旅游云中，移动定位、搜索功能主要体现在旅游云自动处理游客的请求，区分游客是需要简单的定位还是搜索服务，或是需要救援。一旦游客所处位置比较偏远，或者根据系统即时信息提示，该地有可能随时遭遇大雨、泥石流等自然灾害，系统会自动将信息提供给紧急救援中心，并向距离求救者最近的活动人（群）发出求救信息。

⑤ 景区（点）旅游资源资料库和智能化讲解系统。旅游云的设想中，笔者认为应该建立一个景区（点）旅游资源资料库和智能化讲解系统，其中这个资料库除了要涵盖中国所有开放的景区（点），也要尽量整合驴友涉足之地的基本信息，并为这些景区（点）建立智能化讲解系统，在讲解系统中要针对不同的年龄层进行区分，量身打造录制相关讲解词，并使用不同的语种。也可以根据游客的即时需要，从数据库中调出适宜的导游进行语音、视频的实时讲解。

⑥ 景区、酒店等管理。酒店的管理包括前台管理、后台管理、连锁管理、餐饮和娱乐管理、后续管理、采购管理等，在云计算的支持下，都会比现阶段更便捷、成本更低，这个在罗盘公司开发的 HIMS 云应用中已经得到了验证。景区的管理方面，主要包括景区实施状况的监控和景区人力、采购等的管理，旅游云的开发也可以为其提供支持。

⑦ 智能化导航系统。旅游云中的智能化导航系统将涵盖包括道路、停车场、汽车服务等方面，游客在自驾游过程中可以随时得到道路的即时信息，以方便及时更改行车路线，最大限度地节省时间，并且如果需要停车服务，旅游云也会调动相关的信息及时告诉游客最近的停车点以及即时的停车位信息。

⑧ 智慧旅游的其他服务系统。包括行程中和旅游点的购物信息提供、游客日志和话题的分享等等。

三、服务于中小企业事业

云计算服务使酒店的信息化建设，从昂贵与复杂的时代走进了简单、经济与高效的时代。无论何种规模，企业仅仅需要可以上网的电脑即可获得强大的管理和营销能力。云计算服务为企业提供了无需初始系统软/硬件投入、无需系统本地维护、扩展性好、使用方便的新一代企业管理系统的最佳 IT 服务选择，完全省去运行服务器的耗电；完全省去本地酒管系统维护；降低系统使用者的培训成本；不再需要服务器的硬件投入；不再需要购买企业管理软件；不再需要支付软件升级费用；省去集团版软件的巨额投入；避免盗版软件系统使用风险；只需普通电脑、互联网及每天最多 0.30 元/房的费用。

云服务提供商为中小企业搭建信息化所需要的所有网络基础设施及软件、硬件运作平台，并负责所有前期的实施、后期的维护等一系列服务，企业无需购买软硬件、建设机房、招聘 IT 人员，只需前期支付一次性的项目实施费和定期的软件租赁服务费，即可通过互联网享用信息系统。

服务提供商通过有效的技术措施，可以保证每家企业数据的安全性和保密性。企业采用云服务模式在效果上与企业自建信息系统基本没有区别，但节省了大量用于购买 IT 产品、技术和维护运行的资金，且像打开自来水龙头就能用水一样，方便地利用信息化系统，从而大幅度降低了中小企业信息化的门槛与风险，很大程度上缓解企业在人力、财力上的压力，使其能够集中资金对核心业务进行有效的运营。

北京万维罗盘信息技术有限公司是中国领先的专门服务于酒店互联网营销的技术公司，是业内一致认为的酒店互联网营销的顶级专家，位于高科技人才济济的北京中关村，是国家认定的高新技术企业。北京世纪罗盘电子商务有限公司专门从事万维罗盘公司产品的市场推广和服务。2006 年初公司重组并获得国际著名风险基金投资。经过多年的市场实践和经验积累，根据中国特色，罗盘公司建立了以网络服务(Web Services)为核心技术的酒店中央预订系统，并以此为基础开发推出了以酒店为中心的各类应用服务，包括集团酒店中央预订系统、虚拟集团酒店管理系统、酒店互联网营销管理系统、酒店预订搜索引擎、酒店直销/分销平台、罗盘 iPMS 系统及与 PMS 进行实时数据接口等等。公司旗下拥有一支国内一流的软件技术开发团队，采用与国际同业接轨并同步的最先进的信息技术，为酒店用户提供了具有世界先进水平的各类服务应用。

北京万维罗盘信息技术有限公司自主研发并注册的酒店信息管理全面解决方案，简称 HIMS 酒店云计算服务体系，在全球率先实践了云计算的先进理念，领航酒店业的信息化建设进入了一个全新的 IT 时代。

HIMS 酒店云计算服务体系主要包括：

① 酒店管理系统(PMS)。酒店管理系统是一个以计算机为工具，对酒店信息管理和处理的人机综合系统。它不但能准确及时地反映酒店业务的当前状态、房源状态，还能快速实现客人预定入住到财务对账等一系列操作；不但是一个数据统计的数据库，还能够提供各方面的报表，且利用数据进行统计分析，从而更有利于酒店的经营和管理。

② 酒店预订系统(CRS)。又称中央预订系统，主要是指酒店集团所采用的，

由集团成员共用的预订网路。它使酒店集团利用中央资料库管理旗下酒店的房源、房价、促销等信息，并通过同其他各旅游分销系统如 GDS(全球分销系统)、IDS(互联网分销商)与 PDS(酒店官方网站预定引擎)的连接，使成员酒店能在全球范围实现即时预订。它是集团总部控制其成员酒店的有效工具之一。

③ 餐饮管理系统(RES)。通过信息技术来管理餐饮和娱乐业的各项事务，使得作业更加简单化、高效。提供点菜、桌台管理、结算、统计报表等多项功能，适用于各类餐厅和娱乐场所。

另外，还包括酒店官网建设、酒店集团管理、中国酒店搜索引擎、中国连锁酒店联盟(CCHA)；除此之外，HIMS 还提供库存管理、成本管理、客户关系管理、办公自动化、人事管理、采购管理、收益管理等 。

罗盘 HIMS 正在逐步升级为酒店业的 ERP，即基于云计算技术的全面的酒店资源管理系统，成本管理、进销存管理、人事劳资管理、CRM、预算及收益管理等服务都会逐一在线获得。

第七章

物联网与智慧旅游

一、物联网

1. 物联网内涵

物联网的概念是1999年在美国召开的移动计算和网络国际会议上首先被提出来的，提出者是MIT Auto-IT中心的Ashton教授，他在研究RFID的基础上率先提出了该概念。

物联网就是物物相连的互联网，英文名全称是“The Internet of Things”。目前，对于物联网并没有一个统一的定义，比较公认的一个概念是在计算机互联网的基础上，利用射频识别(RFID，Radio Frequency Identification)、红外感应器、全球定位系统、激光扫描器等信息传感设备，按约定的协议把任何物品与互联网连接起来进行信息交换和通信，以实现智能化识别、定位、跟踪、监控和管理，构造一个覆盖世界万事万物的实物互联网①。从上述定义来看，主要包含三层意思：第一，物联网的基础和核心仍然是互联网，是在其基础上扩展和延伸的网络；第二，物联网的用户端扩展和延伸到了任何物品与物品之间，进行通信和信息交换；第三，整个世界互联，万事万物都被涵盖在内。

物联网将人类生存的物理世界网络化、信息化，对传统分离的物理世界和信息空间实现互联与整合，代表了未来网络的发展趋势，引领了信息产业革命的第三次浪潮。物联网是一个基于因特网、传统电信网等信息承载体，让所有能够被独立寻址的普通物理对象实现互联互通的网络。

2. 物联网发展

2009年，温家宝总理在无锡提出“感知中国”，拉开了我国物联网建设的新局面。将各种感知设备和识别设备获得的位置、温度、味道、重力、声音、压力、文字、

① 吴德本. 物联网综述(1)[J]. CATV Technology，2011(1)：107－110.

图像、数量等等信息通过网络传递，并由处理中心进行加工、分析和控制，构成了物联网。由通信网、互联网、物联网构成了泛在网。泛在网实现了人与人、人与物、物与物之间的信息交换，例如：人与人之间的通信、短信息、电子邮件、聊天，以及共享信息的社区、博客等等；人与物之间的位置、温度、声音等感知和网络预订、支付、远程控制等等；物与物之间的自动控制、报警、银行结算等等。旅游者利用物联网/泛在网可以知道位置，知道旅游资源的特征信息，知道哪儿拥挤、哪儿有停车位；可以网上预订、网上支付；可以使用完全无纸化的车票、船票、机票和门票；可以与家人、同学、同事、朋友、队友、团友、旅友分享旅游乐趣；可以在外了解和控制家居；等等。物联网中被旅游使用最普遍的恐怕是 GPS、RFID/NFC 等传感器设备，将用来确定位置、进行数据交换、确认身份、作为电子票据、进行移动支付，甚至还可以开启宾馆的智能门锁。

我国发展物联网技术在国际上起步算是较早的，目前在标准和技术等方面基本处于优势地位。《国家中长期科学与技术发展规划（2006—2020 年）》和“新一代宽带移动无线通信网”重大专项中均将“传感网”列入重点研究领域；温家宝总理提出“感知中国”后，物联网也被正式列为国家五大新兴战略性产业之一写入了政府工作报告；中科院也先后投入了数亿资金用于技术开发、标准制定等工作。目前物联网标准体系已形成初步框架，在农业、工业、交通、环境和医疗等领域均进行了物联网的常识性应用，并出现了一些成功的案例，比如上海浦东机场在 2009 年率先安装了由我国自主研发、基于物联网技术的防入侵系统[①]。我国向国际标准化组织提交的多项标准提案也已经被采纳，这充分说明我国在传感领域走在了世界前列，正在与美国、英国、德国等国家一起成为“物联网”国际标准制度制定的主导国。

在美国，奥巴马把“智慧地球”上升为美国的国家战略，期望利用“智慧地球”的新理念来刺激经济，使其走出低谷。美国提出的“智慧地球”的核心是指利用新一代信息通信技术，以一种更加智慧的方法来改变政府、公司和人们交互的方式，提高交互的效率、灵活性、明确性和响应速度。也就是说，它是把新一代 IT 技术充分运用到各行各业中，即把感应器装备嵌入到全球每个角落的铁路、桥梁、隧道、公路、电网等各种物体中，并且这些物体被普遍连接，形成所谓“物联网”，之后通过“云计算”和超级计算机将“物联网”整合起来，使人类能以更加动态和精细的方式管理生产和生活，达到全球“智慧”的状态，并最终形成“物联网＋互联网＝智慧地球”[②]。它将极大地提高生产力水平和资源利用率，并有效应对经济危机、环境恶化、能源危机等，打造一个“智慧地球”。

欧盟为了主导物联网的未来发展，近些年来也一直致力于鼓励和促进欧盟各

① 袁源. 物联网现状及发展趋势[J]. 计算机光盘软件与应用，2011(5)：117.

② 姚晓霞. 我国物联网发展现状及对策[J]. 商业现代化，2010(30)：144－145.

国物联网产业的发展，并明确提出“欧洲数字计划”，将发展物联网作为欧盟数字经济的重要部分。该计划提出的100项主要行动中，大部分都要靠物联网来落实。早在2009年6月，欧盟就正式提出了《欧盟物联网行动计划》，目前已有8个欧盟国家计划普及物联网，标志着欧盟已经将物联网建设提到议事日程上，欧盟希望通过构建新型的物联网管理框架来主导世界物联网的发展。这个行动计划提出了一些促进物联网发展的具体措施，比如对物联网的数据保护进行相关立法，建立政策框架保证物联网能应对信用、承诺和安全方面的问题；公民可以读取基本的射频识别(RFID)标签，并能销毁它们以保护个人隐私；为保护关键的信息基础设施，着力把物联网发展成为欧洲的关键资源；加强国际间合作，共享相关物联网信息和成功经验，并就相关的联合行动达成一致。

韩国和日本也在2006年分别实施了U-Korea计划和U-Japan计划；日本政府还出台了数字日本创新项目——CT鸠山计划行动大纲，充分利用政府引导示范与企业研发推广的合力作用，研究和应用物联网技术。

3. 物联网技术

物联网是继计算机、互联网与移动互联网之后的信息产业发展新方向，故而其在技术上必有进步之处。

(1) 物联网的技术体系

物联网的价值在于让物体拥有了“智慧”，从而实现人与物、物与物之间的沟通，其特征在于感知、互联和智能的叠加。因此，物联网由三个部分组成。

① 感知部分，也称感知层，是物联网的感觉器官，主要以二维码、RFID、GPS、传感器、自组织网络、短距离无线通信等技术实现信息采集、捕获、物体识别；

② 传输网络，也称网络层，是物联网的神经系统，即通过现有的互联网、广电网络、通信网络等实现数据的传输，核心网是基于IP的统一、高性能、可扩展的分组网络，支持异构接入以及移动性；

③ 智能处理，也就是通常所说的应用层，以利用云计算、数据挖掘、中间件等技术实现对物品的自动控制与智能管理等，应用包含工业、农业、医疗、电力、家具等人们可以预见的各种场景。

(2) 物联网的关键领域(见图7.1)

① 射频识别技术(RFID)。英文全称为Radio Frequency Identification，是一种自动识别技术，包含无线通信、芯片设计制造、系统集成等高技术领域。在物联网构架中，RFID在感知层和网络层扮演着重要的角色，要想完成识别物体、读写相关数据信息以及将信息上报到信息中心进行数据共享，都可以通过RFID系统来实现。其基本工作原理是利用射频识别信号和空间耦合(电感或电磁耦合)的传输特性，实现对物体或商品的自动识别，是物联网最基本的组成部分。

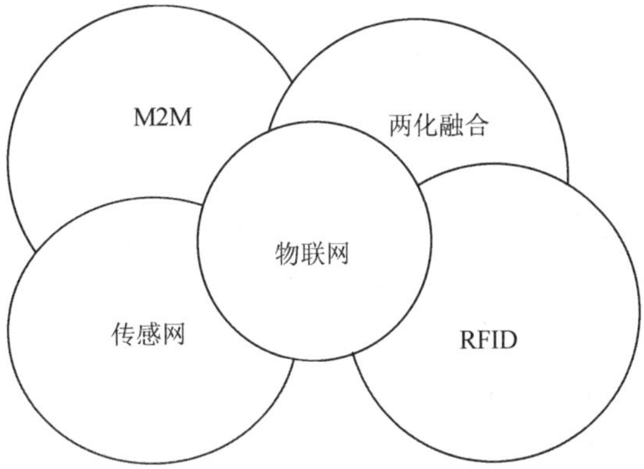

图 7.1　物联网与其四大关键领域

② 传感网。全称为无线传感器网络(Wireless Sensor Network,简称 WSN),是由部署在监测区域内的大量微型传感节点组成,节点之间通过无线通信方式形成多跳自组织网络系统。其目的是协作地感知、采集和处理网络覆盖区域中感知对象的信息(如光照、温度、湿度、震动、有害气体浓度等物理现象),并以无线方式发送出去,通过无线网络最终发送给观察者。传感器、感知对象和观察者构成了传感网的 3 个要素。如果说 Internet 构成了逻辑上的信息世界,改变人与人之间的沟通方式,那么传感网就是将逻辑上的信息世界与客观上的物理世界融合在一起,改变人类与自然界的交互方式。其也是物联网的基本组成部分。

③ M2M。M2M 的全称是机器对机器(Machine-to-Machine),提供了设备实时数据在系统之间、远程设备之间、机器与人之间建立无线连接的简单手段,旨在通过通信技术来实现人、机器、系统三者之间的智能化、交互式无缝连接,从而实现人与机器、机器与机器之间畅通无阻、随时随地地通信。M2M 综合了数据采集、远程监控、通信、信息处理等技术,能够使业务流程自动化,集成公司 IT 系统和非 IT 设备的实时状态,并创造增值服务。M2M 可在安全监控、自动读取停车表、公共交通系统、城市信息化等环境中运行,提供广泛的应用和解决方案。目前其已经得到 HP、Intel、IBM、Ericsson、Nokia 等设备商和运营商的支持。

④ 两化融合。两化融合是信息化和工业化的高层次、深度结合,指以信息化带动工业化,以工业化促进信息化,走新型工业化道路。两化融合的核心理念是信息化支撑,追求可持续发展模式,其最基础的传统技术是基于短距离有线通讯的现场总线的各种控制系统,如 DCS[①]、PLC[②]、SCADA[③] 等。

---

① DCS 是分布式控制系统(Distributed Control System)的英文缩写,在国内自控行业又称为集散控制系统。

② PLC 即可编程逻辑控制器(Programmable Logic Controller)。

③ SCADA(Supervisory Control and Data Acquisition)系统,即数据采集与监视控制系统。

二、物联网应用

1. 物联网支付

(1) 银行卡、市民卡、一卡通支付

银行卡(Bank Card)是由银行发行,供客户办理存取款业务的新型服务工具的总称,包括信用卡、支票卡、自动出纳机卡、记账卡和灵光卡等。银行卡减少了现金和支票的流通,而且使银行业务由于突破了时间和空间的限制而发生了根本性变化。银行卡自动结算系统的运用,使一个"无支票、无现金社会"将成为现实。

市民卡是政府授权发放给市民,用于享受政府服务和办理社会事务的一张多功能电子实名卡。目前相当于把社保卡、银行卡、电子钱包"三卡合一",今后将逐步拓展更多功能。市民卡具备普通银行卡的功能,可完成存取款、消费、转账等服务,其中电子钱包还可应用在交通领域,今后将扩大到话费、水电煤气费缴纳及便利店、园林旅游、图书馆、加油、停车等众多领域。"多卡合一,一卡通行"已日益成为社会发展的主流和方向,将在先期保证医保就诊应用的基础上促进市民卡从公共服务向金融支付等商业领域拓展,将市民卡逐步融入人们的日常生活,成为市民的第二张"身份证"。

学生在校只需要一张卡就可以完成图书借阅、食堂就餐、小卖部消费、机房消费及用电管理等功能,方便了学生的日常生活,也便于学校将分散的消费领域集合起来统一管理;备受瞩目的医疗一卡通免去了人们就诊时排队挂号、反复交费的麻烦;看电影还有电影售票一卡通,文化部副部长欧阳坚就表示,两到三年的时间内全国的 200 多个城市就可以实现异地购票、异地取票;而不停车联网收费(ETC)一卡通近年在全国各地都有新进展,建成收费站点后就可以实现收费一卡通;目前各个旅游城市相继推出的具备优惠功能的"旅游一卡通",可以说在休闲旅游的大旗下又拉动了内需,可谓"一箭双雕"。

不用带现金,消费可打折,武汉于 2008 年 3 月 22 日发行可在全市 15 个农村景点通用的消费卡——"爱农卡",这是全国首次发行乡村休闲游充值卡。该卡由银通消费卡湖北管理中心承制,集预付费、消费、打折功能于一体,在指定的乡村休闲游景点的中国银联 POS 机上刷卡消费。武汉市郊的木兰天池、清凉寨、张公山寨、石榴红村等 15 家乡村休闲游景点成为首批受理点。

全国首张惠民旅游休闲卡——"自游通卡"2009 年 3 月 2 日在广东正式发行。这张旨在推动国民旅游计划,落实带薪年假、员工奖励旅游、福利旅游的旅游卡,是集优惠和消费功能于一体的惠民卡。持卡人凭卡在广东省内首批 1 000 家景区、酒店、餐厅、娱乐场所等旅游相关商家消费可享高达 5 折优惠,报名参团广之旅最高优惠 15%。作为全国首张旅游惠民休闲卡,"自游通卡"有别于一般的购物卡和消费卡，其拥有强大的消费功能和极其明显的行业特色。3 月 20 日后，利用银联的技术支持，逐步开通除广之旅以外签约商家的刷卡消费，实现网上支付、电话支付、刷卡消费，并享受消费优惠服务。“自游通卡”的推出得到了全省 21 个地级市旅游局的大力支持，在各地旅游局的挑选及推荐下，1 000 家合作商家参与到该卡的发行计划中。首批合作商家范围涵盖航空公司、景区景点、酒店、餐饮、娱乐中心等旅游产业链的上下游企业，涉及“国民旅游休闲计划”的多个消费环节，参与商家众多，覆盖范围广泛。

2012 年 4 月底，厦门、漳州、泉州三市将正式发行“闽南旅游卡”。只要一卡在手，便可玩遍闽南金三角。闽南旅游一卡通为芯片和磁条双介质合一的复合型卡。通过芯片介质，对持卡人购卡时所选景区优惠门票进行固定金额设置，便于持卡人在景区入门处 POS 终端刷卡，扣减相应门票后即可进入景区；若通过磁条介质，持卡人到景区以外的休闲类联盟商家即可刷卡进行消费。三市还将扩大闽南旅游一卡通的功能至民生等方面，如在交通上的应用。

“合肥旅游一卡通”于 2012 年 5 月 20 日正式首发。今后，持卡游客除了可以享受常规的银行卡服务外，在合肥近 60 家旅游企业刷卡消费都可享受折扣，而且低于 1 000 元以下的小额消费还可进行“闪付”。持卡人在景区景点或者其他旅游企业刷卡消费时，只需要在具有非接触支付功能的 POS 机上轻轻一碰，即可实现 1 000元以内的快速电子小额支付，且无需再刷卡或者输入密码。

(2) 移动支付

随着物联网的发展，甚至可以将以上这些一卡通集合内置在手机中，只用一部手机，用户就能实现大部分的与支付相关的业务。

移动支付(Mobile Payment)也称为手机支付，就是允许用户使用其移动终端(通常是手机)对所消费的商品或服务进行账务支付的一种服务方式。移动支付主要分为近场支付和远程支付两种。所谓近场支付，就是利用 RFID 射频识别技术，用手机刷卡的方式坐车、买东西等，很便利；远程支付是指通过发送支付指令(如网银、电话银行、手机支付等)或借助支付工具(如通过邮寄、汇款)进行的支付方式，如掌中付推出的掌中电商、掌中充值、掌中视频等属于远程支付。移动支付标准的制定工作已经持续了三年多，主要是银联和中国移动两大阵营在比赛。

2010 年 5 月 21 日，法国成为欧洲第一个采用近场支付和 NFC 支付的国家[①]，当地运营商的网点开始业务推销和推广的工作。另外，日韩移动支付的发展也是非常迅速的，目前在韩国有 70%的电子支付(超过了 10 亿美元的交易额)都是由手机支付完成的。美国互联网巨头 Google 推出了它们整合在其智能手机系统

① http://www.chinadaily.com.cn/micro-reading/tech/2011-11-07/content_4290312.html.

Android 中的基于 NFC 技术的移动支付服务 Google-Wallet。中国移动、中国联通、中国电信和中国银联，2009 年在上海开展了基于 NFC 技术的手机支付业务，同时在几个城市开展了手机支付乘公交、购物等服务。中国电信在上海推出天翼 3G 移动支付的产品，2010 年 2 月 5 日产品正式发布，推出了支付手机刷卡，开始了手机刷卡新的试点工作。

作为国内知名的物联网支付企业，妙购在平板电脑中嵌入 RFID 模块，使之由互联网终端转变为物联网终端，使得消费者在保障用户信息的安全性方面得到大大提高。妙购感知平板电脑创新集成 RFID 感知系统，省去繁琐购物流程，网购更便捷。无需开通网银、无需使用 UKEY、无需下载安全控件，所有资金划拨均通过银行专用通道，避免了由于互联网的开放性所带来的安全风险；采用目前世界公认最优秀的公钥方案 RSA 算法，所有信息加密传输，双重保险更加安全。在手机中同样嵌入 RFID 模块，获得同等效果，甚至更加安全。

由中国移动主导的 2.4 GHz 标准和由中国银联主导的 13.56 MHz 标准，因为都想成为移动支付国家标准，僵持了至少 3 年。2012 年 6 月，中国移动和中国银联终于“握手言和”，在上海签署移动支付业务合作协议，约定在产品研发、技术标准、受理环境建设、市场推广等领域开展深度合作。这被业界看做移动支付标准的“破冰”，预示着全面手机支付时代即将来临。中国银联与中国移动的合作，具体实现方案将以手机 SIM 卡等作为银行卡账户载体，借助移动通信网络，提供信用卡还款、便民缴费、在线购物等远程支付服务，还可在商场、便利店、自动售货机等贴有中国银联“闪付(Quick Pass)”标志或中国移动“手机钱包”标志的场所，通过手机实现快捷支付。双方计划在 50 多个城市启动业务试点，并逐步建成 100 个场所支付服务商圈。据透露，在场所支付解决方案上，移动计划推出 SIM 卡内置、贴片及挂件等 3 套解决方案。这也就意味着，不久之后广大移动手机用户就可在印有非接触受理标志“Quick Pass”的 POS 机具上通过刷手机实现支付，也可以通过轻松点击手机屏幕完成信用卡还款、便民缴费、在线购物等远程支付操作。此次银行卡巨头和电信运营商终于达成协议，被业内解读为中国移动将放弃自有标准，而一旦标准问题被破解，手机支付市场必将迎来爆发期。

移动手机支付目前的标准包括 NFC 标准、RF-SIM 标准和 SIMpass 标准。

① NFC 标准

NFC 标准，全称为“近距离无线通信”，是一套由 Philips 公司和 Sony 公司共同开发，选用 13.56 MHz 电波的近距离无线通信技术，于 2004 年 4 月被批准为国际标准 ISO/IEC18092。因此 NFC 是目前全球范围内手机支付(移动支付)使用最为普及的国际标准，其技术体系、产业链和各种终端设备完全与国际接轨。也就是说，在中国使用 NFC 标准体系的手机支付可以在全球的主流国家进行“刷卡消费”，不存在刷卡器或POS机不兼容的问题。同时，NFC的13.56 MHz技术标准也和现有信用卡、银行卡POS机/刷卡机相兼容，仅需添加RFID读卡器即可完成国内现有POS机对NFC手机支付的改造。但NFC的缺点在于，理论上需要对手机终端进行NFC改造或者购买全新的NFC标准手机终端，使得用户选用手机支付的成本增高。庆幸的是，目前NFC标准手机支付解决方案的主要提供商——中国掌付改造了NFC终端技术，开发出了继承NFC技术的手机贴贴卡和手机挂坠等产品，使得手机无需进行NFC改造，即可享受基于NFC标准的手机支付业务。

所谓NFC手机支付是指通过近场通信技术，使手机成为一种安全、便捷、快速与时尚的非接触式支付和票务工具。它将手机变成一张交通卡和银行卡，这样就可以像刷公交卡和银行卡那样“刷”手机来消费。持有者只需将手机放在刷卡器上，就能够实现刷卡消费了。现在NFC已经有很多应用场合，而不仅仅用于移动方面，还有很多其他用途，比如可以用NFC电话支付公交费用，而且也可以把NFC用在门禁系统，还可以用NFC把数码相机上的照片通过打印机打印出来。可见，NFC的用途非常广泛。

我国已发放1亿多张非接触公交卡，仅手机和公交卡的结合，就将形成巨大的市场。据了解，从2007年8月开始，NFC手机在厦门、广州等地开始发售，因此2007年也是NFC应用的启动年。

虽然目前NFC手机支付已经在北京、上海、广州等城市进行了试点，应用也日趋广泛，但是依然存在一些问题需要解决。对于NFC技术来说，它的主要难题不在技术层面，而是在业务或者是商务层面，即运营商、金融机构以及其他参与者之间利润如何分配是关键。把手机当成取款机，需要芯片厂商、手机制造商的推动，更缺不了金融机构及电信运营商的积极参与。目前可以看到的是，各方正在进行努力尝试。例如中国银联和诺基亚公司携手工商银行、中国银行、交通银行、兴业银行、平安银行对NFC手机银行卡支付进行进一步试用。与过去不同的是，此次试点采用的是中国银联的新一代移动支付解决方案，可以将多张不同发卡行的银行卡和电子钱包集成在同一部手机中，向手机与钱包的真正结合又迈进了一步，实现了远程大额支付、远程查询。中国移动对于NFC技术非常感兴趣，已成立研究小组负责支持对NFC商用的准备工作。中国联通也正在积极研究包括NFC在内的各种非接触支付技术，计划出台移动支付标准。同时，长虹科技推出的国内首款一卡通手机、厦门移动与厦门易通卡联合推出的“移动e通卡”、诺基亚推出的NFC手机等产品不断出现。

② SIMpass标准

SIMpass标准，全称是“单芯片NFC移动支付解决方案”，实际上是将NFC技术集成到一张SIM卡或者SD存储卡上，降低了手机支付的终端改造成本，是

NFC标准体系下的一个应用。SIMpass同样选用了目前全球金融机构唯一认可的13.56 MHz频率进行非接触金融支付。SIMpass和NFC都是采用一套基本的技术标准，只是技术载体的介质不同，而背后从读卡器、POS机技术到计费支付技术体系基本是相同的。中国联通手机一卡通于2010年12月31日在北京正式商用，采用基于13.56 MHz标准的SIMpass产品，北京联通的新、老用户无需更换手机和手机号码，只需到营业厅将原有SIM卡升级为手机公交一卡通专用的SIMpass卡片即可，业务办理过程十分简便，只需几分钟用户即可享受手机公交一卡通带来的全新体验。此前，中国联通手机支付业务已在北京、上海、广州、重庆四个城市进行过试点。SIMpass是基于13.56 MHz的智能卡的近场通信(NFC)解决方案，具有独立于手机的创新产品设计。有别于世界其他地区的近场通信(NFC)试点应用，SIMpass无需更换手机，仅需更换SIM卡片。此举可以使运营商在推出手机支付服务时节省大量的时间和成本，从而能够更多地专注于产品应用和客户体验。正是这一优势，使得2010年SIMpass产品在中国市场被广泛接受，目前已在20多个省市形成了规模，用户已超过200多万，其中95%的用户每天都会有手机刷卡行为，79%的用户觉得SIMpass最大的优势是比现金和信用卡更简单、更好用，且安装方便、性能稳定，有超过50%的用户表示非常满意。

③ RF-SIM标准

RF-SIM标准，是中国移动和中国电信选用的一套完全不同于NFC标准的手机支付技术体系，它以手机RF-SIM卡(见图7.2)作为支付介质，采用2.4 GHz电波近距离无线通信技术。RF-SIM卡是可实现中近距离无线通信的手机智能卡，专利技术是一个可代替钱包、钥匙和身份证的全方位服务平台。它的最大特点是不需换手机，现有手机换一张智能卡后就成了类NFC手机。SIM卡部分用于正常的手机移动通信、鉴权，仅用作与手机的物理连接；内置软件用于管理高安全度的RFID、内置E-credit电子信用卡、EMV电子钱包以及其他基于Mifare逻辑的VIP会员卡；使用微型RF模块并通过内置的天线与外部设备通信。

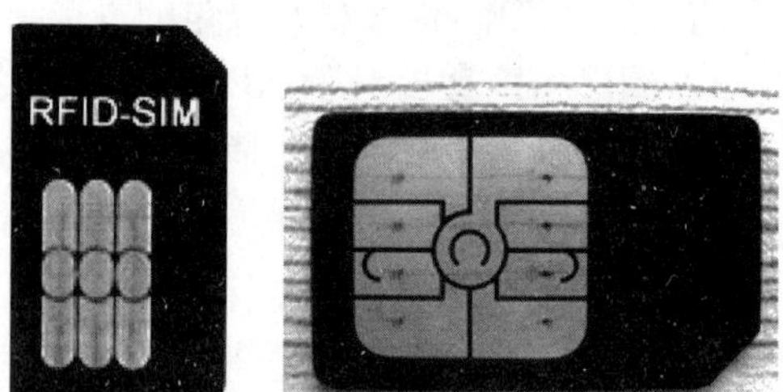

图7.2 RF-SIM卡

RF-SIM 卡主要功能包括：

a. 标准 SIM 功能(GSM 11.11,GSM11.14)；

b. 电子钱包功能(模拟 Mifare 数据逻辑结构并符合 PBOC 2.0 以及 EMV 电子信用卡的规范要求,支持空中开卡和充值)；

c. 远程支付功能(Rsa)；

d. 超级 VIP 卡功能(CRM、积分、打折、交易)；

e. 电子票据功能,可以应用 RF-SIM 卡；

f. 电子证件功能；

g. 名片交换功能；

h. 现场组网隐身聊天功能(QQ)；

i. 彩票功能；

j. 门禁功能；

k. 情景 OTA。

RF-SIM 卡正式规模使用是在 2009 年的下半年,当时中国移动、中国电信、中国联通对此技术都非常认可,相继出台企业标准指导全国分公司开始布局。

真正的大规模发卡是在 2010 年和 2011 年,主要应用于校园手机一卡通、企业手机一卡通等封闭式环境。其中由中科讯联提供卡片的北华大学手机一卡通总计发卡 25 000 张,是目前国内单校发卡最大的学校;另外像吉林农大、武汉理工、广西财经、上海新桥学院等一大批高校相继使用了 RF-SIM 卡技术的手机一卡通。除了封闭环境的应用,还有上海世博会、羊城通、深圳通等公众应用相继使用了 2.45 G的 RF-SIM 卡技术,尤其是深圳通,目前的发卡量已接近 25 万张。2.45 G 的技术正在从安全性、方便性等方面逐渐被世人接受。

目前 RF-SIM 移动支付(又称手机支付)方案已被业内广泛认可,国际相关机构组织也已经开始关注此项核心技术由中国掌握的近场通信技术。据相关机构统计,2010 年 RF-SIM 卡的发卡量将达到 400 万～500 万张,2012 年将达到 2 000 万～3 000万张。每张就按 100 元计算,就有 20 亿～30 亿的市场。所以,相关产业链上的企业都在努力争取自己的市场,东信和平、北京华虹、江苏恒宝等企业早就在全国布局,希望得到更多的市场份额。而 RF-SIM 的方案卡商国民技术、中科讯联等也都将迎来不错的前景,都在积极配合三大运营商开展手机支付业务。

下面介绍一下移动 e 通卡。

移动 e 通卡是以北京握奇数据系统有限公司提供的双界面 SIMpass 卡为载体,该卡支持 GSM、OTA、中国人民银行 PBOC 等相关规范,可直接安装在手机 SIM 卡座里;并借助外贴感应线圈实现非接触式 RFID 射频功能,赋予手机身份识别、小额支付、空中圈存、数据采集等功能。SIMpass 卡作为移动客户端与行业应用终端完美结合的理想介质，将被广泛应用于银行、教育、交通、物流、零售等行业的管理创新和信息化建设，成为未来行业应用与移动通信系统结合的新亮点。

移动 e 通卡以 SIMpass 双界面智能卡为信息载体，将移动手机与城市 e 通卡相结合，使手机从通信工具变为生活必需品。具体功能如下：

a. 基于手机的移动支付。应用于各个 e 通卡能够消费的场所，如公交车、的士、超市、糕点店、餐饮、电影院等各类消费场所。

b. 基于手机的身份识别。适用于基于 ID 系统的企业门禁、企业考勤签到、企业内小额消费等。

c. STK 菜单增值服务。与传统的 e 通卡相比较，移动 e 通卡增加了 STK 菜单支持功能，通过手机 STK 菜单能够轻松地实现 e 通卡账户的余额查询、消费记录查询等功能。

d. 充值方式。移动 e 通卡支持两种充值方式：一是本地充值，即通过移动 e 通卡的非接触功能实现对电子钱包的充值，与目前普通 e 通卡充值方式一样；二是远程空中圈存，即通过绑定手机号、银行账号及 e 通卡账户方式设立扣款账户，通过手机 STK 菜单中的“钱包充值”选项，经 e 通卡空中圈存平台与指定银行实现空中圈存功能，完成电子钱包的充值。

2. 电子票务

电子票务俗称无纸化电子票，是环保技术的一次重大技术和服务创新。电子票务系统是利用高科技产品条形码作为通行电子门票，结合电子技术、条形码记录技术、单片机技术、双机热备技术、自动控制技术、无线传输技术、精密机械加工技术及计算机网络技术、加密技术等诸多高科技技术，从而实现了计算机售票、检票、查询、汇总、统计、报表、防伪等各种门票通道门禁控制管理，具有全方位的实时监控和管理功能，对于提高各旅游景区的现代化管理水平有着显著的经济效益和社会效率。

使用电子票务系统可以有效地节省工作人员时间从而提高效率，满足在线网上订票客户的需求，随时随地购买自己喜欢的门票。通过电子票务系统使得企业财务信息更加明细，让企业管理层更好地掌握自己员工的分工合作共赢，并对企业物质、资金、信息进行有效控制，提供给企业决策者参考，从而降低投资风险，增加企业竞争能力。用户通过网站可自行订票/购票，系统自动生成电子票（一般以彩信形式）发送到用户手机上，用户只需携带手机到入场口，打开二维码电子票的验证图片或电子票验证码号在二维码验票机上扫描，票务系统即时识别后就能有效验票入场。商家后续可以对用户实现有效营销。电子票务具有如下特点：① 多渠道购票拓展受众人群；② 二维码高效防伪，一码一票有效验证；③ 购票/参观实时监控管理，有效疏导人流；④ 简化现场购票验票，便民、安全、低碳；⑤ 建立数据库源实现有效营销；⑥ 低碳、便民、时尚的现代化管理；⑦ 可与传统纸质票据同步使用。

电子门票，简单地说是指能够写入电子信息的门票。目前的电子门票种类众多，根据存储的介质和特性的不同，主要包括条码电子门票、IC 卡票、磁卡票、ID 卡票、手机二维码电子门票等。

(1) 条码电子门票

最先应用的电子门票就是条码电子门票，包括纸质条码票、PVC 条码票、光盘条码票。条码电子门票应用的是条码技术，该技术在其他行业已经得到广泛应用，技术比较成熟。条码技术是一种集编码、印刷、识别、数据采集和处理于一体的快速自动识别技术，其特点是成本较低、效率较高，尤其是输入速度、准确性等方面，要比手工操作大大方便。

最先应用的条码电子门票就是纸质条码票，从最初的作为通行凭证，逐步增加了广告功能、宣传功能、收藏功能、明信片功能等，使用的材质、印刷效果、环保效果、艺术性也越来越好。PVC 条码票就是在 PVC 材料制成的卡片上印上专用加密条码。光盘条码票是将条码印制在专用的光盘上(大小与名片相近)，将条码的防伪、识别等功能与光盘的存储等功能有效结合起来。这种光盘既是门票，又是一种有效的营销方式。光盘的存储量达到 50～700 M，可以将景区的图片、视频、声音等文件存储在 VCD 或 DVD 光盘中，通过自动播放或预设程序等，游客可以多次反复观看，并与家人、朋友分享。2003 年开始，国家森林公园开始试点统一电子门票。国家森林公园管理办公室与项目承办方北京绿色长城公司通过专家论证，决定在浙江千岛湖、上海佘山、河北塞罕坝、湖南云阳山和张家界等 18 个客流量较大的国家级森林公园开展多媒体电子门票试点工作。

(2) IC 卡电子门票

IC 卡全称是集成电路卡(Integrated Circuit Card)，又称智能卡(Smart Card)。它将集成电路芯片嵌入塑料基片内，然后封装成卡片。IC 卡利用了集成电路的可存储特性，可以保存、读取和修改芯片上的信息，有加密功能。与磁卡相比，IC 卡在存储容量、安全性、抗电磁、抗静电、耐用性、使用寿命、数据保存时间等方面均有明显优势。IC 卡种类众多，可以简单分为接触式和非接触式两种。非接触式 IC 卡采用的是 RFID(Radio Frequency Identification)技术，即射频识别，俗称电子标签、电子条码等。采用射频识别(RFID)技术的电子门票作为数据载体，能起到标识识别、人员跟踪、信息采集的作用。电子门票与读写器、现场控制器和应用软件等构成的 RFID 系统直接与相应的管理信息系统相连，每一位用户都可以被准确地跟踪。电子门票系统可以发挥门票功能、出入口管理(门禁管理)功能、实现对人员的动态跟踪和查询功能，其与报警系统、CCTV 监控系统、紧急广播系统、巡逻管理系统、停车场管理系统等配合使用、相互联动，能最大限度地发挥引导观众、查询、控制危险的作用。

(3) 磁卡电子门票

磁卡是利用磁性载体(磁条、涂层等)来记录信息的一种识别卡,与读卡器配合作用。根据使用材料的不同,磁卡可分为PVC卡、PET卡和纸卡三种。磁卡的使用历史很长,应用范围很广。磁卡的优点很多,如价格低廉、易于使用、便于管理等,不足之处是抗电磁、抗静电、抗潮湿能力较差,存储容量只有几百字节。

(4) 手机二维码电子门票

与电子机票的二维码类似,游客可以在付费后将手机收到的二维码短信或彩信作为电子门票使用,在景区入口处通过专门的识别器读出手机短信的信息(见图7.3)。这种方式完全抛弃了门票的介质,将识别码作为门票。这种方式将电子商务与无线通信技术相结合,使电子门票更加便捷、高效、环保,实现了"无纸门票"。目前,"银旅通电子门票"已经投入使用,这是真正意义上的电子门票,实现了全程无纸化操作。"银旅通电子门票"平台是一个第三方电子门票平台,依托银联专用POS机和移动二维码,可以在旅游名店城、广东银联及银旅通等各大合作分销机构通过网站、电话、手机短信或到分销网点预订。游客付款后将收到一条带有订单号的二维码短信或彩信,凭该短信即可进入景区。

图7.3　二维码电子门票

(5) 指纹电子门票

指纹电子门票实际是一种用于身份验证的生物识别技术,往往将其与条码门票、IC卡门票配合使用。当景区门票联网销售时,指纹电子门票显得更加便利,能有效避免逃票、倒票现象。如果忘带门票,凭借指纹也可以进入景区。游客在购买门票或进入景区验票时,需要采集指纹信息。以焦作云台山景区为例,自2009年7月1日起,云台山景区将升级电子门禁系统,采用指纹验票;游客购得门票IC卡后,在进入景区前进行首次验票时电子门禁系统会采集其右手食指指纹信息,并存储在IC卡中,卡随人行;游客在各景点验票时系统会验证其指纹信息,并与IC卡内的指纹信息进行比对。此外，还有ID卡门票、RFID一体化光盘门票等(利用非接触识别技术和光盘相结合)。

三、智慧景区

景区信息化建设是随着信息技术的发展而不断完善与发展的，随着物联网、云计算等新技术的发展，智慧景区建设成为当前风景区及风景园林保护与发展的主要目标和手段。物联网的出现促进了世界上物与物、人与物、人与自然之间的对话与交流，是继计算机、因特网和移动通信网之后发展的一门新技术，是全球信息化发展的新阶段，有助于数字化向智能化的过渡与提升。

“智慧景区”是在“数字景区”基础上的一次飞跃发展。虽然“数字景区”建设的一般模式和技术方法仍处于探索与完善阶段，但“智慧景区”概念的提出为景区信息化建设增加了新的内涵，代表了景区信息化建设发展的最新方向。

黄山风景名胜区从“十五”就开始进行信息化建设，特别是“十一五”期间，景区把信息化建设作为重要项目去规划实施，取得了显著的成就。黄山“十二五”信息化规划构建了新的智慧黄山景区总体框架，包括“1个中心、3大平台、5大系统、7项保障”。“1个中心”就是信息中心，“3大平台”包括信息基础设施、数据基础设施、共享服务平台，“5大系统”分别是资源保护系统、旅游经营系统、业务管理系统、公众服务系统、决策支持系统，“7项保障”包括政策保障、机制保障、资金保障、技术保障、人才保障、安全保障、发展保障。

九寨沟风景名胜区在过去十多年“数字九寨”建设成果的基础上，正在全力推进“智慧九寨”建设，全面提升“数字九寨”框架下的景区管理模式。2010年年初以来，先后两次主办“智慧九寨”论坛，旨在以九寨沟承担的国家“863”重大课题“基于时空分流导航管理模式的RFID技术在自然生态保护区和地震遗址的应用研究”为契机，探讨九寨沟景区信息化管理、生态环境监测和旅游发展面临的问题，研究智慧景区发展新模式。

颐和园管理处为了充分应用信息技术辅助皇家园林类的世界文化遗产保护与管理，也不断开展公园信息化建设探索，并且面向“十二五”开展“智慧颐和园”规划。根据规划文本，颐和园在未来5年将重点开展基于物联网的信息基础设施建设、基于数据仓库的数据基础设施建设、基于云计算的共享服务平台建设以及众多应用系统建设和综合决策支持系统建设，旨在全面提升颐和园信息化水平，满足园区精细化的资源与环境保护、业务与事务管理、旅游与社会服务、决策支持与可持续发展的需求。

要实现智慧景区，就需要以物联网为基础，建立完整的信息基础设施体系。综合利用传感器网络、移动定位终端网络、RFID网络、移动通信网络、安全监控网络以及互联网等多种网络，建立起覆盖整个园区的物联网及其上的综合应用平台，并以此为基础实现智慧景区的目标。

1. 票务智能化

目前景区大都使用纸质门票，客流高峰期时，购票、检票程序将面对极大的考验，而游客也因为这种繁琐而浪费大量的时间。物联网引入旅游后，这个问题可以得到很好的解决。利用RFID电子标签技术，建立景区(点)电子门票系统，实现查询、售票、验票及统计等控制管理。RFID电子标签门票既可以回收再利用，满足降低成本和低碳环保的要求，又可以利用超高频技术所带有的穿透性，实现门票的快速读取，即使在高峰值堆叠的情况下依旧能够正确迅捷地读取信息，满足景区内对游客和车辆的管理。而且，RFID电子门票还可以充当景区内的"一卡通"，只要游客在景区内通过身份领取后，一卡通会自动联通游客的银行卡，并提示游客是否需要联通以及确认金额。在金额保证的情况下，其可用于景区内的票务、乘车、餐饮、住宿、购物及娱乐等。该一卡通服务也可直接用内置RFID电子标签的智能手机等终端实现。

2. 导览智能化

在引入物联网后，智能化导览可以通过RFID智能识别的形式实现，到时游客一旦想了解某个景点的介绍，就可以用智能终端连接景点内的识别装置，从而获取该景点的介绍。

在游览前，游客可以通过互联网，从文字、图片、视频甚至是虚拟影像或是360度全景的方式对景区有所了解。

在游览过程中，由于物联网的应用，导览也可以通过自动导游系统来实现。届时，景区为每位游客配备包括无线耳机和可视便携接收设备，游客可以根据自身语言和喜好的不同自主设置不同类型(语言、收听水平)。当游客接近某一个景点时，预置"故事"(关于景点的介绍)就会自动提示是否开始，这其中包括了景点概况、声音文件、视频文件等，图文并茂更全面地讲解景区特色。观众不必按固定的路线参观景区，而是依据自己喜好来自主设定路线来参观，通过对使用人员的位置进行判断，导览设备可以自动提示相对应景点的讲解。

不管是游客自带的智能终端还是景区的自动导游系统，其解说系统都与现阶段的有所不同。按照智慧旅游的设想，届时景区将创建十几、几十甚至上百类为游客特设的声音、视频信息，例如设置不同的语言，在不同语言下区分不同的收听水平(如小孩、成人、专家)，最大可能地实现讲解与游客需求的匹配，并且完美解决了景区导游短缺的问题。

随着景区App应用的发展，当游客手持智能终端设备进入景区后，景区的感应系统就会立即向游客发送信息，通知游客进行景区导览的链接下载，而通过景区WiFi，游客只要轻松点击下载便可以使用。

3. 资源管理智能化

目前，大部分景区在其核心地域或人流量较大的区域采取安装摄像头的方式对景区进行实时监控，取得了较为不错的效果，但这只是从视觉上进行监控。物联网应用于景区管理后，通过红外感应器、激光扫描、全球定位系统等，特别是运用射频识别技术，可以对景区旅游资源的负重程度、色泽度、温度、湿度等进行全时段、全方位的监测，使管理者可以及时发现问题，对需要进行维护的资源及时进行维护，对已经被损害的旅游资源进行修复，也可以直接将监测到的相关数据信息反馈到互联网上，方便更多的专家或技术人员进行分析，从而获取更加合理科学的解决办法；对生物资源包括古树名木、珍稀花卉、野生动物等珍贵动植物资源的物种数量、分布、图文资料进行定期统计，实现生物多样性保护研究工作成果的统计与归档管理；而设在景点附近的预警系统和识别系统，也可以向那些试图对旅游资源进行破坏的游客发出警告。物联网技术与景区结合后，景区内的资源将不是以单体的形式存在，而是被连为一个整体，形成无处不在、相对科学完善的监管系统，赋予旅游资源更加长久的生命力。

4. 客流监测智能化

旅游景区都有它特定的环境承载量，一旦严重超员，会对景区产生破坏性的影响，也将使游客的参观遭受限制，因此对景区的客流量进行控制极为必要。景区客流量控制包括对游客总量和各景点的客流量控制，前者通过电子门票技术可以比较轻松地获得，一旦数据显示超出景区最大承载量，系统就自动放缓售票或停止售票；而对于单个景点的客流量控制，可以在各景点的一些关键的位置设置 RFID 识别器材，或者在景点的入口或其他关键处安装红外感应器，当游客通过该点时，所装设备会自动读取游客的电子门票或者智能终端的信号，并将数据在第一时间内发送到数据中心，然后系统根据所获信息判定游客的进出，从而实时掌握景点内的游客分布情况，做到及时合理地调适。

而这种系统也就能轻松做到旅游景点游客流量实时统计、旅游景点游客总量实时估算、旅游景点流量密度计算、旅游景点滞留时间统计等，并作出旅游热度景点分布的判断、旅游路线归类统计、游客景区交通情况分析；同时还能向游客提供旅游景点交通提醒，宣传景点文化特色，以及提供实时安保服务。

5. 员工管理智能化

景区根据发展的需要，必须不断对员工加强管理，以提高景区的运营效率，塑造景区的良好形象，而这一点也可以借助物联网实现。RFID 电子标签具有唯一的 ID 号，景区可以给每位员工配备一个内嵌 RFID 的工作卡，通过遍布在景区的感应读写器材就可以实现对员工的智能化管理。可以方便员工的考勤，也可以确保他们在恰当的时间出现在适当的位置，以为游客提供各种应急服务。另外，游客还能够利用 RFID 工作卡的读写与信息储存功能，直接对景区工作人员的服务进行打分评价，逐步建立一套以游客满意度为基础的景区员工评价体系，并把它作为对员工奖惩的一项重要依据。

四、智慧酒店

所谓酒店的智能化管理服务，是以物联网技术为前提的，融合了云计算技术、现代控制技术、信息融合与分析处理技术、传感技术、综合集成技术和智能终端设备等等，可以为入住游客提供更加便捷、周到、优质的服务，也可以提高酒店管理的效率。笔者将其归结为如图 7.4 所示：

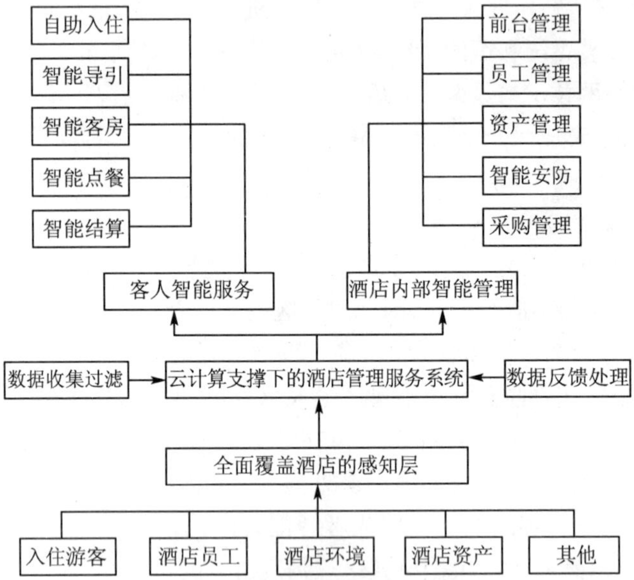

图 7.4　酒店智能管理服务系统

1. 智能服务

(1) 自助入住

该服务是基于入住游客的身份识别，游客可在到达酒店前网上预订房间，到达时凭借酒店的识别系统直接入住，而不需到前台办理相关手续，只要根据酒店管理系统发出的入住提示进行选择操作即可。

(2) 智能导引

入住后，游客不用担心因为酒店客房太多而找不到自己的房间，因为从游客走入电梯输入房间号始，电梯首先会自动锁定其入住的目标楼层，走出该楼层电梯后，前面就有指示牌不断亮灯指示入住房间的方向，直到引导至所属客房。

(3) 智能客房

游客走入客房后，房内的互动电视系统将自动获取相关信息，在其进入房间时主动欢迎入住，同时系统的背景画面和音乐也将随季节、节日、客人生日及特殊场合而自动更换。客房在游客进入酒店开始就将自动按照该游客的习惯进行相关设置，如光线、温度等的自动调节，又如淋浴水温按所住游客的习惯事先调节等等，让游客能够马上在自己熟悉的空间里舒适地工作和休息。

(4) 智能点餐

在游客走入餐厅，准备在该酒店就餐时，餐厅的识别系统会自动根据该游客常住地的菜系特点和其特别的饮食口味自动发送该饭店所能提供的合游客口味的和特色菜肴到游客的智能终端或者桌面点菜系统。游客选择以后，餐厅服务员也可以通过手持智能终端接收到该订餐信息并发给客人确认，然后将菜单发送至厨房，让厨师准备饭菜。

(5) 智能结算

在物联网时代，游客外出时不再需要随身携带现金甚至银行卡，因为其所有信息都是通过物联网连接在了一起，酒店住宿费用、定制服务费用和就餐费用会在游客消费时发送相关扣款提示信息至游客智能终端，更加方便快捷。

2. 智能管理

(1) 前台管理

在物联网时代，酒店的前台管理将大大简化，客人的入住、退宿手续可以自主解决，入住信息的统计也可以通过客人入住时感知层的数据收集自动实现，这样前台的服务将仅仅包括客人的临时定制服务、紧急服务等少数几项。

(2) 员工管理

根据员工身上配备的RFID电子标签，通过遍布在酒店的感知系统可以对其进行考勤和在岗情况的记录，也可以根据客人的需求及时就近安排员工前往提供服务。当然，跟景区工作人员的管理一样，客人也可以利用RFID工作卡的读写与信息存储功能直接对酒店员工的服务进行打分评价，这可以作为员工考评的依据。

(3) 资产管理

酒店的资产也可以利用电子标签进行管理，比如被装、服装可通过识别设备，实时统计被装、服装的送洗状况、使用寿命以及催洗物品信息，并把信息发送给相关执行员工等等。

(4) 智能安防

酒店的智能安防包括两个方面：一是酒店贵重物品的安防。一般贵重物品均摆放在固定位置，内嵌RFID电子标签进行实时监控，一旦物品离开固定位置就会自动报警，并提示酒店保安该物品的位置信息，以便及时追回。二是火灾等安全隐患的智能防护。酒店内的智能感应系统可以根据实时监控的温度、湿度等的变化提示可能的火灾隐患；电路的相关信息也可以及时发送给管理人员，防止断电、电路起火等安全隐患的发生。

(5) 采购管理

根据电子标签的显示信息，酒店可以随时获得资产的入库、出库信息，统计需求量和剩余信息，并将需求信息发送至提供商和配送商处进行配送。

下面介绍一个智慧酒店案例——黄龙饭店(见图 7.5)。

杭州黄龙饭店在“引领现代奢华体验”的核心品牌理念下，打造出中国本土最高端的酒店品牌，以“科技”为品牌战略手段打造智慧型酒店和独特的宾客体验，让杭州黄龙饭店在国际酒店品牌林立的市场中凸显其特有的品牌个性。杭州黄龙饭店积极应用物联网技术构建全球最“智慧酒店”，如全球首创智能会议管理系统、智能客房和智慧取电卡、智能 VIP 识别和移动式接待/退房，以及智慧分析各类经营数据等。

图 7.5 黄龙饭店

如果你是黄龙饭店的 VIP 客人，在走到离总台 5 米远的地方时，酒店服务员就能识别你是怎样一位客人。进入酒店后，你不用办任何手续就能完成入住，而且客房将自动按照你的习惯进行相关设置，如自动调节光线、温度等，让你能够马上在自己熟悉的舒适空间里工作和休息。这是因为黄龙饭店为酒店的 VIP 客人制定了特殊的智能卡。借助 RFID 的应用，凭借此卡，VIP 顾客一进入酒店即可被系统自动识别。

不管你是不是 VIP 客人，入住后也不用像以往那样担心酒店客房太多而找不到自己所属的客房，因为出了该楼层电梯，前面就有指示牌根据你的房间号区域亮起来，而且箭头可以不停地闪动，直到把你引导到你所属的客房。客房内的互动电视系统可以自动获取你的入住信息，并且在你进入房间时主动欢迎你入住，系统的背景画面和音乐可以随季节、节日、客人生日及特殊场合而自动更换。如果你恰巧正在沐浴或已就寝，或者在其他不便应答的时候有人按门铃，不必像现在这样走到猫眼去看门外到底是谁，因为门外的图像会主动跳到电视屏幕上，一目了然，然后你才需要决定以什么样的形象去开门。

此外，不管你身处酒店的哪个位置，都会有临近的服务员热情地为你提供你最熟悉而喜爱的服务。因为饭店给所有服务员都配备了PDA，客户信息会第一时间通过无线传送到PDA上。

如果你是来自海外的客人，入住黄龙酒店后，不再需要因为没有本地手机而操心通信不方便。黄龙饭店每个房间的电话分机都具备手机系统的特性，你不但可以手持移动分机终端在酒店内使用，还可以带着它游览西湖，甚至漫游到其他城市。而这些费用会直接记录到客人的客房账单上，不会占用客人时间办理各种复杂的手续。

如果你住在黄龙饭店，还可以通过客房的数字电视直接打印机票登机牌，避免了琐碎的排队办理手续，减少了在机场逗留的时间。与此同时，你只需要打一个电话到服务中心，所有在酒店的服务问题都能得到解答，而不需要像以往那样要拨打不同的分机号码来获取不同的服务。比如说，如果你想要了解饭店周边景区景点位置，服务中心会以最快的速度将最佳路线图通过酒店系统推荐给你；如果你需要订餐，也是用这个电话。当然，像无线这样的IT服务，黄龙饭店更是少不了，而且所有这些服务都是免费的。

如果你是一个市场相关人员，黄龙饭店在会议管理上能给你带来很多便利的服务。如果你在黄龙饭店办展会，会议管理系统就会自动统计客人在不同的展区停留的时间。如果你在酒店举办宴会，再也不用手忙脚乱地为宴会宾客领位，因为宾客在到达宴会厅门口时，大屏幕会自动显示宴会厅的平面图，宾客所在的餐桌位置会高亮闪烁，这样宾客们就能快速就位。

而黄龙饭店自身也将在绩效管理上运用全新的派工系统。每个客房服务员都配有移动终端设备，客房管理中心每天将服务任务发到每个终端，员工在接到指令后第一时间回复并在完成服务后直接回复给管理中心，而客房经理可以直接根据系统显示的信息来考评员工服务效率。

黄龙饭店主要用到的高科技设施设备包括：

① 无线无纸化入住/退房系统。可通过手持登记设备（Tablet PC）（见图7.6）进行远程登记，在房内或是店外就能完成登记、身份辨识及信用卡付款手续。

② 自助入住/退房系统。针对35～50岁对于计算机操作熟悉的商务人士，杭州黄龙饭店特别于大堂内设置Kiosk机（见图7.7），客人可自助完成登记手续。

图 7.6　无纸化入住/退房

图 7.7　Kiosk 机

③ VIP 快速通道(见图 7.8)。VIP 客人开车入车库的同时完成登记入住和房卡制作。

④ 客房智慧导航系统(见图 7.9)。一出电梯,系统会自动感应客人的房卡信息,三道指示牌指引客人直至自己的房间。

图 7.8　VIP 快速通道

图 7.9　客房导航

⑤ 互动服务电视系统(见图 7.10)。内设八国语言系统自动选择,以客人的母语欢迎客人入住,全 3D 动画 Flash 设计和高清显现,提供多款休闲游戏;自动弹出客人上次入住时常看的频道;显示客人国家及杭州当地气候。

图 7.10　互动电视界面

⑥ 电视门禁系统。若在客人不便应答的时候有人按门铃,门外的图像会主动跳到电视屏幕上,方便客人判断以什么形象去开门。

⑦ 机场航班动态显示/登机牌打印服务。每 15 分钟更新一次,及时了解班机最新状况;只需将电脑和客房内的四合一多功能一体机连接即可打印路线图和机票登机牌。

⑧ 会议/宴会自动签到系统(见图 7.11)。与会的宾客佩戴内置 RFID 卡的胸卡进入会议中心大堂后,会场导航显示屏会立即显示与会人员的姓名、照片和身份等资料,并统计已到和未到的人数。

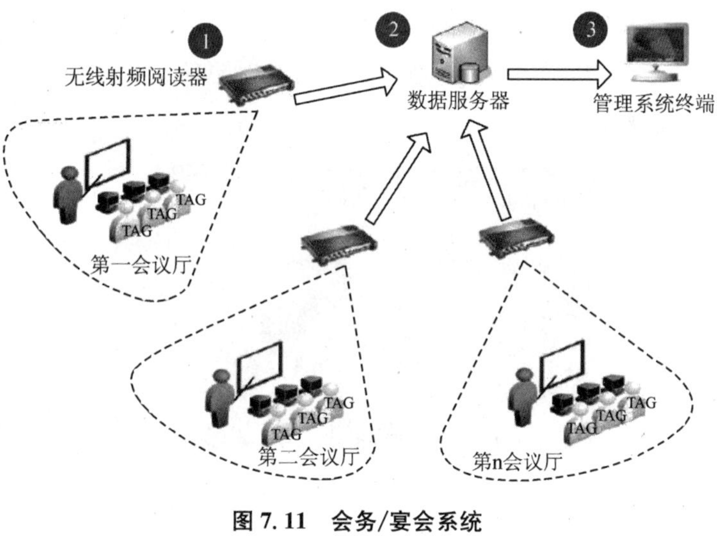

图 7.11　会务/宴会系统

⑨ VIP 客人自动提示服务系统(见图 7.12)。VIP 客人一进入酒店大堂,该客人的信息会立刻显示到前台的电脑上和大堂经理/客户经理的移动计算设备上,同

时也马上将“欢迎某某贵宾光临黄龙饭店!”的欢迎词以短信的方式发送到VIP客人的手机上。

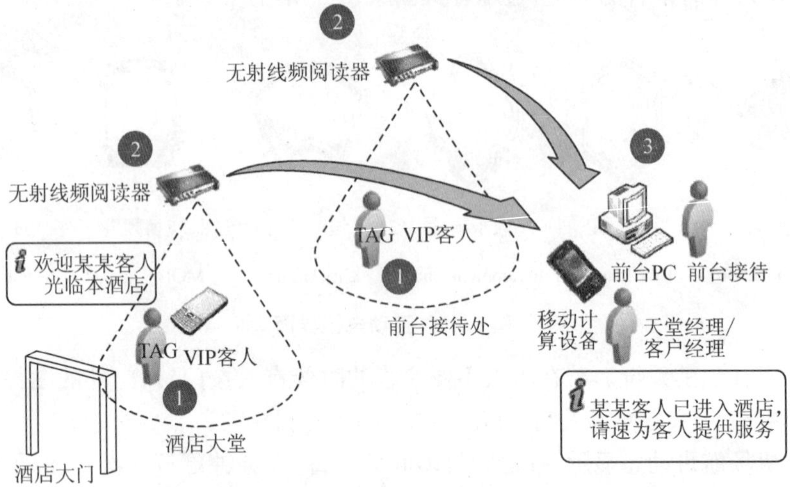

图7.12 自动提示服务系统

⑩ 会议/宴会统计系统。分析各类数据,并能将参会人员的具体信息汇总成报告,让每次会议的结果均可见可查。例如,智能会议管理系统会自动统计客人在不同的展区停留的时间、每个展区参观的人次等,展会主办方就能轻松地分析出哪些产品更加有市场吸引力。

⑪ iPad点菜系统(见图7.13)。传统菜单存在无法更新、重复制作等问题,而iMenu电子菜单能使菜肴资料、餐厅广告等实时更新,这符合现代酒店“低碳、环保”的绿色理念。

图7.13 iPad点菜

五、智能交通

在旅游的吃、住、行、游、购、娱中,行是重要的一环,在物联网时代,也将逐步智能化。智能交通作为未来交通管理、控制的主要发展方向，主要是将先进的数据通讯传输技术、RFID感知技术、云计算技术、自动控制技术、信息技术等有效地集成应用于地面交通而建立的一种全方位大范围发挥作用的、实时、准确、高效的综合性车辆控制系统。对于旅游来说，智能化交通的好处主要体现在以下几个方面。

1. 智能交通导航

在智慧旅游发展的前景设想中，智能交通的实现也要依托物联网、云计算、移动互联网和智能终端的支撑，建立起车载终端系统和闭路电视系统。对于游客来说，智能交通系统导引的前提是预先设置旅游路线，这样系统才能提供全程GPS导航服务。游客在行驶途中可以不断收到诸如所经路线交通堵塞、交通事故、道路维修等信息提示，并将预估可能的通行时间、及时提供的最优化的绕行线路显示到车载终端供游客选择，避免给游客的出行造成大的影响。另外，在物联网的助推下，行驶将会更加安全，因为所有车辆都内置了RFID电子标签，能实时读取周围车辆的信息，并可以通过车载闭路电视查看到实时状况，提示游客安全驾驶。

2. 智能停车收费

随着物联网的发展，游客驾车出行时寻找停车场将更加方便。游客在驾车旅行途中，如果需要停车服务，只要在车载导航或者智能终端上发出需求，周围的智能化停车场会自动统计剩余车位数并发至需求者的设备中。一旦游客选择前往，系统将会自动预留预订车位。另外，收费也将更加便捷，通过停车场的传感器和RFID读卡器与车内相应的传感器和通信设备相连，自动识别所停车辆的相关信息实现自动扣费。而对于道路收费站来说，具有内置RFID电子标签的车辆可以与收费站自动相连扣费，而不再需要停车缴费。收费站将只需要对没有传感和识别设备的车辆采取停车收费，极大地减少了工作量，也节省了游客旅行停车的时间。

下面介绍一下中兴通讯智能停车场管理系统①。

中兴通讯智能停车场管理系统采用先进的RFID技术，系统采集速度快，自动化程度高，可以实现车辆不停车出入、收费，从而提高工作效率；同时采取一车一卡、双卡认证等措施，保证车辆安全。

中兴通讯智能停车场管理系统部署图如图7.14所示：

---

① 智能停车场管理系统解决方案[OB/OL]. http://www.zte.com.cn/cn/solutions/wireless/rfid/201109/t20110901_249143.html.

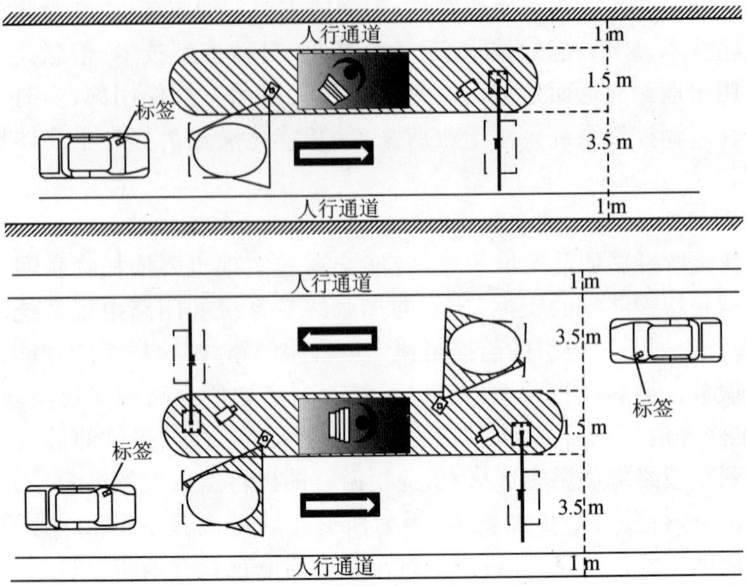

图 7.14　智能停车场部署

中兴通讯智能停车场管理系统工作流程如图 7.15 所示：

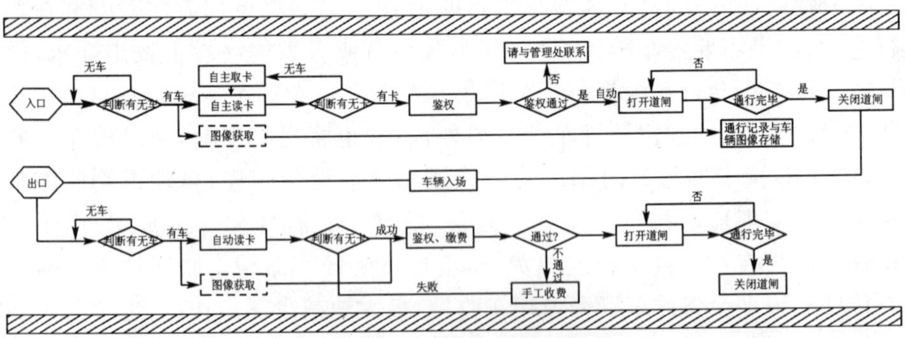

图 7.15　智能停车场工作流程

中兴通讯智能停车场管理系统网络架构如图 7.16 所示：

中兴通讯智能停车场管理系统具有如下优势：

① 采用 RFID 技术，保密性高，不可伪造；

② 具有方便快捷准确的收费、满位显示、车辆引导等功能；

③ 一车一卡、双卡认证、图像识别，保证车辆安全；

④ 车辆出入快速，无需停车，提供优质、高效和安全的泊车服务；

⑤ 全自动收费，提高工作效率和经济效益。

再介绍一下中兴通讯 ETC 系统。

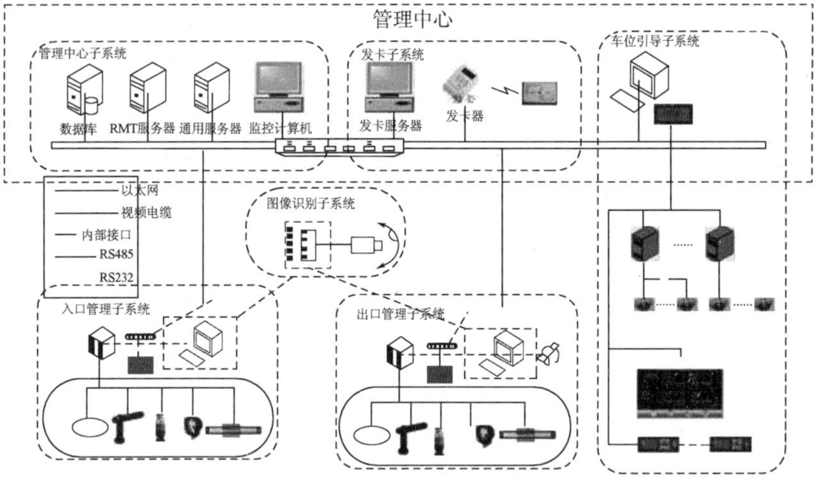

图 7.16　智能停车场管理系统网络架构

中兴通讯 ETC 系统(Electronic Toll Collection System,电子不停车收费)是利用专用短程微波通讯 DSRC 技术,通过路侧单元 RSU 与车载单元 OBU 的信息交换,自动识别车辆并扣除通行费用的智能交通综合解决方案(见图 7.17)。该系统采用电子支付,自动完成车辆通行费的扣除,支持组合式收费,支持中国最新的 ETC 标准,即 GB/T 20851－2007。

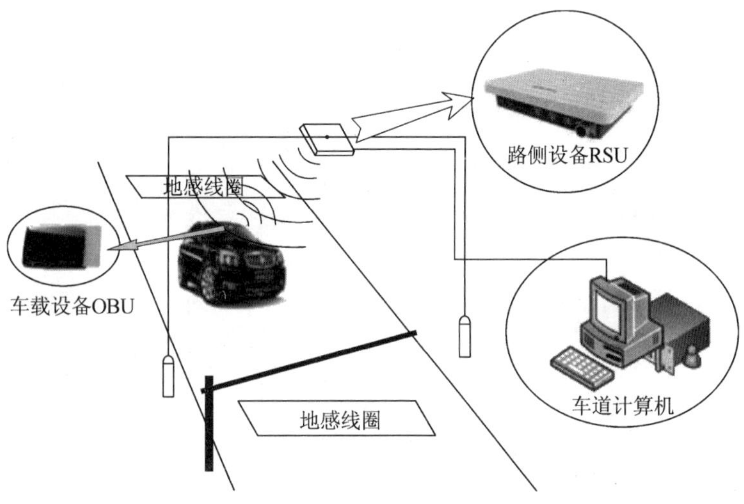

图 7.17　中兴通讯 ETC 系统工作方式

当 ETC 系统检测到车辆进入 ETC 车道时,安装在龙门架上的 RSU 与安装在汽车挡风玻璃上的 OBU 进行信息交换;车道计算机根据 OBU 中的信息识别车辆，并根据车主的使用情况扣除通行费用；交易成功后，车道栏杆自动升起，放行车辆，车辆通过后，栏杆自动降下。

3. 其他智能交通服务

运用物联网打造智能交通后，游客在旅行途中还可以享受到应急服务，一旦发生交通事故，车载装置会自动检测事故的发生状况，自动、及时地将事故发生地点、伤员情况等信息通报给救助中心，确保伤员得到最快、最准确的救助。另外，游客在行车途中也可以享受到天气状况提醒和途经景区提醒的服务等。

第八章

智能导览

一、互联网/移动互联网的导览

互联网导览就像是一个自助导游员，有比导游员更多的信息来源，如文字、图片、视频和3D虚拟现实，点击(触摸)感兴趣的对象(景点、酒店、餐馆、娱乐、车站、活动等等)，就可以获得相关于兴趣点的位置、文字、图片、视频、使用者的评价等等信息，深入了解兴趣点的详细情况，供旅游者决定是否需要它。

互联网导览功能还可以建设一个虚拟旅行模块，只要提交起点和终点的位置，其就能提供最佳路线建议(也可以自己选择路线)，推荐景点和酒店，以及提供沿途主要的景点、酒店、餐馆、娱乐、车站、活动等等资料。如果认可某条线路，则可以将资料打印出来，或储存在系统里随时调用。

当然随着3G技术的发展，智能手机、平板电脑无线上网功能的增强，互联网导览完全可以通过手持移动终端来完成，而且方便携带，随时可以查询了解所需信息，无需将资料打印出来，从而扩大了互联网导览的使用范围，不再局限于旅游行为发生前，而是可以在旅游行为发生的过程中为游客提供方便。

正如Triposo应用程序，其是一个旅游指南应用，但和其他应用不同的是，它通过一套搜索算法来抓取和分析互联网上的所有旅游景点信息，然后用各种标准来对这些信息进行排名(和Google搜索排名差不多)。之后根据用户的情况将最相关的景点信息介绍给用户，用户除了能拥有海量的景点资源以外，还能获得比较新的旅游信息。Android和iOS版的Triposo都是免费的，同时可以离线使用。新版iOS支持200多个国家和城市，超过8000个兴趣点和25万个景点；同时应用支持旅行面板、天气更新、货币转换以及本地语言手册等；还可以指定地图上的任何位置或某一方向来查找相关的兴趣点。新版iOS应用(Android版会随后更新)有“Self-Starter”(自助导览)的功能，当用户浏览完一个景点之后，应用会根据用户的位置、当前季节、天气和具体时间来积极提供下一步景点的建议，比如附近有哪些当季活动、值得一去的景点、特色餐馆、特色酒店等。

在2010年上海世界博览会未开幕之前，北京名卓求思软件有限公司在继“故宫”和“雍和宫”后再次出品了“世博会导览”软件，并进入了苹果App Store软件应用商店中。免费的世博会导览软件在网络接入支持下，能够实现各个国家展馆的基础性介绍以及分区的3D实景图（见图8.1），其中还有每日的各个“国家日”提供；而付费的软件则包含了用户参观世博会的合理化日程和路线安排，支持随意放大和缩小世博会园区实景3D图，车辆、地铁、出租和轮船到达信息以及几日游的精选攻略等全部以免费的形式提供给用户，还可以依靠网络接入，凭借Google Maps快速定位用户当前位置。主要功能包括：

图8.1　世博会导览软件

① 可随意缩放的高精度实景地图，所有建筑手工绘制，立体感很强，给你最好的地图体验；

② 超过150个场馆的详细介绍，让你足不出户了解世博的方方面面；

③ 方便的查询跳转功能，迅速定位你想去的场馆；

④ Google地图集成，你可以知道你自己在地图上的位置；

⑤ 路线推荐和攻略集成，根据参观的时长精选了不同的线路和攻略，帮你更好地定制参观路线；

⑥ 内嵌照相功能，可以不用退出程序，利用iPhone内置的照相机进行照相。

在世博会园区3D实景图（见图8.2）中，我们可以随意以对角线张合的方式进行园区图放大和缩小，在点击每个场馆时则会显示该展馆的名称，并可利用展馆名称后的箭头进行展馆详细介绍，在此我们将得到某个展馆的亮点信息、国家馆日和具体展示项目等，俨然成为世博会的百事通。

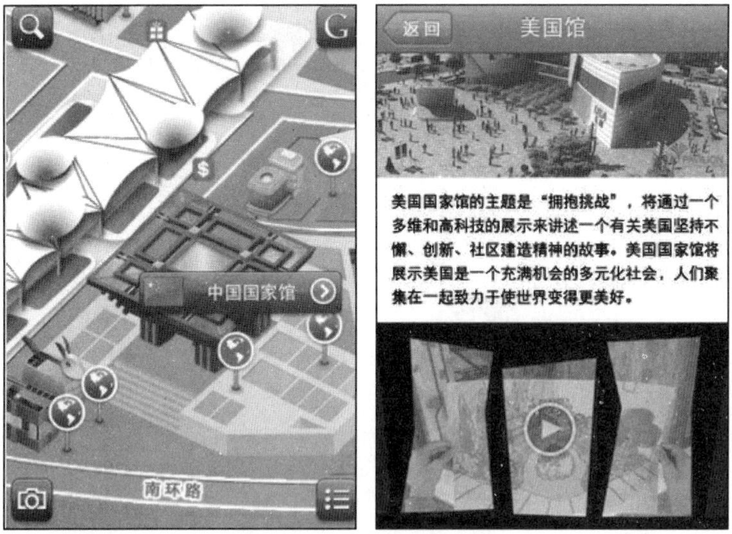

图 8.2　世博会 3D 实景图

此外，倘若您想要立刻找到某个展馆的具体位置以及详细信息，可以利用园区图左上角的搜索（见图 8.3）功能来实现。

图 8.3　世博会位置搜索

而在更多功能中，App Store 的世博会导览软件拥有详细的交通信息（见图 8.4），在这里我们将会得到地铁、公交巴士、出租车和轮渡的详细信息，例如抵达世博会的各条线路公交车的班次和时间以及轮渡的航班时间等。

图 8.4　世博会交通信息

在游客须知中，除了提供世博会入园的票价和园区开放时间等信息，还包括园区内所提供的各项服务设施以及提示用户入园禁止携带的各项物品，让游览者在参展前就做好一切的准备(见图 8.5)。

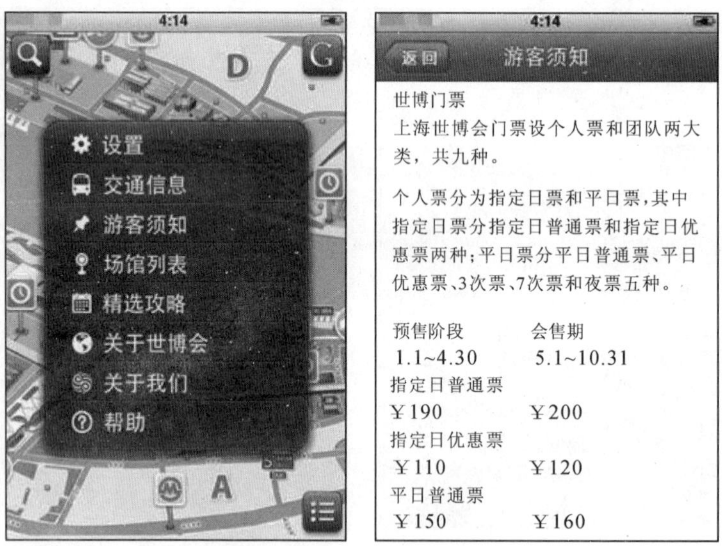

图 8.5　世博会游客须知

在精选攻略中，App Store 的世博会导览软件根据用户游览的有限时间为游览者提供了最合理化的游览展馆建议，即便您的游览时间短暂，仍然可以观赏到最为精华的园区展馆。[①]

当然这种导览方式也存在一定缺陷。首先，游客无法得知景区内的实际情况，如游客情况、道路情况、流动型活动发生情况以及不可预知事件发生情况等；导览信息不能及时更新等。

二、物联网导览

传统的人工导览方式中存在不灵活及信息量少等众多问题，而便携式智能导览系统是一个基于非接触 IC 卡的语音导览系统：一方面可以帮助游客享受到更多的游玩乐趣，收获深入且更具底蕴的游览；另一方面还可以帮助景区的管理服务部门更好地掌握景区状况，合理地引导游客，有效地利用好景区的设施，并给游客提供及时有效的服务和帮助。它是利用非接触式自动识别技术如 RFID(Radio Frequency Identification，简称 RFID)，通过射频信号自动识别目标对象并获取相关数据。

1. 二维码拍码导览(见图 8.6)

① 在景区内的每块线路牌上设置一个二维码标识，同时标有二维码和数字编号，并附上二维码的使用说明(可以在任何宣传品、印刷品中应用)。

图 8.6 二维码导览

② 用户用手机拍码，自动链接到相关热点 WAP 网站上相应的栏目地址，查看该旅游景点涉及的所有资讯信息。

方法 1：如果用户已经下载“条码识别”软件，则直接拍码，自动连接上网查看景区信息；

方法 2：如果手机不支持拍摄功能，则可以使用条码识读软件中的“输号上网”输入二维码下方的数字编号，直接跳转上网。

每个景区分配一个主二维码，对二维码扫描后直接链接至景区 WAP 网站首页。每个主码下面可以设置若干个子二维码，每个二维码可以结合实际应用定制

---

① iPhone 化身导览仪 世博会导览软件使用指南[OB/OL]. http://digi.it.sohu.com/20100510/n272029416.shtml.

内容和功能。

2. 嵌入式 PDA 导览产品

嵌入式 PDA 导览产品利用 WLAN 技术、蓝牙技术，与多媒体终端设备网卡的 MAC 地址相结合，实现移动多媒体终端设备的实时定位和无线终端设备对博物馆定位展品的实时输出。它先根据 WLAN 技术和无限接入点(AP)确定导览终端设备的大致范围，再根据蓝牙技术确定其具体个人网络区域，为了防止其他网络设备的干扰，还必须根据导览终端设备的 MAC 地址，对终端设备进行认证。根据该终端设备的定位的具体展区，将该展区的展品在多媒体终端设备上显示出来，并用语音信息给参观人员实时讲解。

3. RFID 导览仪

无线自动感应多媒体导览系统适用于在比较安静的环境或人员无法集中的开阔场地内、需要提供清晰讲解但无需人工讲解的场合。只要在需要讲解的区域预置 RFID 发射器，为游客发配人手一台多媒体导览机，当游客携多媒体导览器进入发射器所在区域时，即能自动通过导览机耳机接收到该区域的讲解及同步图片信息(见图 8.7)。一个发射装置覆盖范围为 1～100 米区域，可根据客户的实际场地的要求调节感应范围。讲解音质清晰，无需人工操作，游客之间无相互干扰。采用 RFID - 2.4G 分布系统设计，在展位展品进行发射器的布放(发射机的数量根据现场实际需要进行统计)实现信号无缝连接。智能导览机是全自动的。在博物馆，游客无需任何操作，每到一展品前(1.5～100 米感应范围可调节)自动感应、自动对应语音讲解。同时不受游览线路的限制，走到任何一处安装过无线识别标识设备(高性能电池供电，无需布线)的展品前都会自动对应讲解。可以提供各语种讲解内容导入至导览机，满足不同国籍游客的收听要求，解决小语种导游人才的匮乏问题。自动讲解与手动点播双模式，充分体现人性化、个性化。还可以一键式位置查询，在了解自身位置的同时显示周边的服务区，包括卫生间等信息。自动感应讲解之余还显示该讲解点对应图片。高保真耳机线路设计，讲解清晰，杜绝噪音污染，解放双手。采用 USB 通用传输接口高速下载语音内容，配有专用数据线和科技手段保护语音内容，讲解内容更新安全方便。

2010 年上海世博会时，游客可以领取一只 RFID(采用射频识别技术)导览仪，该导览仪能自动感应播放每到一处节点对应导览词。不仅如此，若在导览仪中加装一种特制的芯片或购买特定型号手机，游客就能在世博园区随时随地接收广播电视节目和信息服务，还可以收到实时交通信息、展场随身导航等信息。这些将得益于 RFID、CMMB、下一代广播电视网等技术。世博会除采用 RFID 实现智能导览外，还有人员轨迹追踪功能，通过导览仪可以查询人员的参观轨迹，包括在各个参观地点的停留时间。

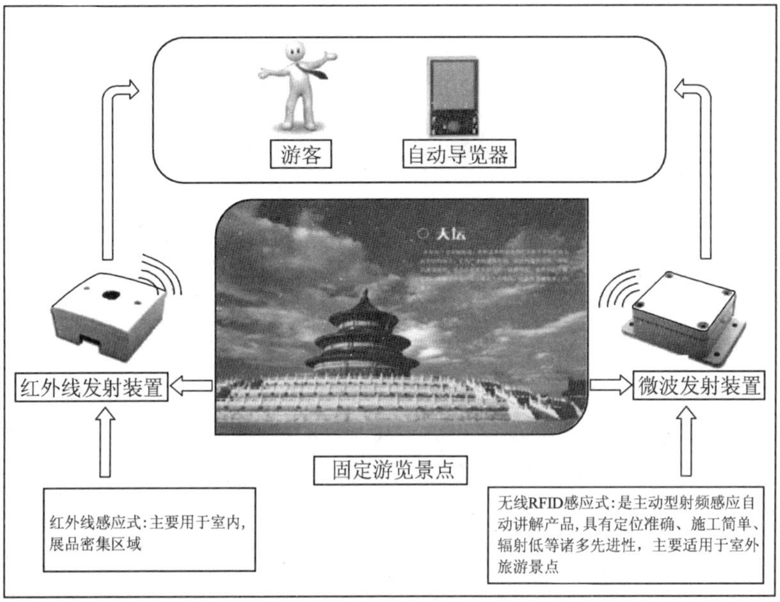

图 8.7　无线自动感应多媒体导览系统工作原理流程图①

但是这种导览仪目前还存在一些缺陷,如各景点信号可能产生交叉,设备无法正确识别景点,给予正确的讲解;另外,导览仪的内容是预先设置的,不能像互联网那样做到及时、随时更新;再者,就导览仪管理方面来讲,导览仪使用频繁,景区工作人员会因电池更换不及时而导致游客使用途中发生电量耗尽的情况,影响到游客的游览;等等。这些都有待随着物联网的进一步发展,将导览仪与游客自身携带的移动智能终端相结合。在结合互联网的强大功能后,上述问题将不复存在。

三、全景导览

1. 全景服务

全景(Panorama)技术是目前全球范围内迅速发展并逐步流行的一种视觉新技术。由于它给人们带来全新的真实现场感和交互式的感受,故广泛应用于三维电子商务,如在线的房地产楼盘展示、虚拟旅游、虚拟教育等领域。全景的实现技术主要是通过图片或者相片的缝合,实现了自由的风景环视和对物体的三维拖动显示。

全景摄影是把相机环 360 度拍摄的一组照片拼接成一个全景图像,用一个专用的播放软件在互联网上显示,并能用鼠标控制环视的方向,可左可右可近可远。

---

① 无线多媒体语音导览机[EB/OL]. http://www.paratech-group.com/main.php,2012-9-29。

使人感到就在环境当中，好像在一个窗口中浏览外面的大好风光。

如今的全景服务实质上是街景服务的延伸。

街景(Street View)来源于Google。Google于2007年5月30日推出了Google地图街景查看工具(Google Maps Street View)，这是Google地图服务增加的一项新功能，可显示所选城市街道的360度全景图像。Google地图服务产品经理Chau在题为“感觉就像行走在街道上”的博客文章中写道：“使用Street View，用户可通过360度全景查看街道景观，虚拟化地探索城市的各个层面。”通过互联网络就能身临其境一般伫立在东京银座的街头，观察匆匆路过的行人；或者降临迪斯尼乐园，观看米老鼠、白雪公主们的欢乐游行；在拉斯维加斯赌城的大招牌下体验一下奢华的气氛；甚至悄悄躲在“黄金海岸”的角落，看看有没有哪个大明星来度假……

这项服务启用时仅涵盖美国的五大城市，而现已扩展至美国、法国、意大利、荷兰、英国、西班牙、澳大利亚、新西兰、日本、中国台湾、瑞士、葡萄牙、加拿大、捷克及墨西哥等30多个国家和地区的100多个大城市。目前中国大陆还未覆盖，暴露于Google Earth的美国白宫和五角大楼也未纳入Google Maps Street View的数据库。

我们可以将“全景服务”当作是地图的放大极限。如果您将地图放到最大，就会自动启动“全景服务”功能，让您瞬间犹如置身街头。它可以帮助用户探索世界，寻找梦寐以求的旅游景点，饱览著名的观光名胜。可以随时随地在用户的行动装置上使用“街景服务”，当用户出门在外就可以使用行动装置来查看街道两边建筑的外观；若要查询行车路线，也可以使用“街景服务”来帮助认路；还能查看停车位及无障碍措施，查看停车位情况；可以向用户的父母和朋友显示用户的住所位置，让用户的父母和远道而来的朋友看看自己住的地方，在附近找一个可以带他们去享用早午餐的地方；可以事先查看度假住宿地点，看看住处离公共交通工具有多近，附近有没有好玩的娱乐场所，或是真的隔条街就是海滩了吗。

2. Google街景视图(Google Street View)

Google街景视图(Google Street View)是Google公司所开发，应用于旗下Google地图及Google地球内的其中一项功能，提供水平方向360°及垂直方向290°的街道全景，让使用者能检视所选城市地面上街道不同位置及其两旁的景物。

街景图片是由一批在车顶安装多镜头摄像机的车辆拍摄而成的(见图8.8)，全部是实际拍摄的图片，而不是预先渲染的画面。

Google的Mobile产品——Google地图手机版(注意：是Google地图而不是谷歌地图)在新发布的版本2.3.0.9中新增了街景视图。街景视图在登陆Android、BlackBerry和iPhone平台之后，终于“驾临”Windows Mobile平台，PPC与SmartPhone通用。您可以通过手机访问进行下载，或者通过PC访问；中国用户如果被自动跳转到谷歌，可以通过点击右下角的Google In English进入国际版

图 8.8　Google 街景制作过程

主页，再进入 Google 移动产品页面，选择 Windows Mobile 平台进行安装包下载，然后拷入手机进行安装。在 2008 年 11 月 21 日，苹果 iPhone 的地图功能加入了 Google 街景视图，搜集 WiFi 网络资料；2008 年 12 月 10 日，S60 第三代平台也加入了 Google 街景视图；后来在 Windows Mobile 平台的 Google 地图内也可以使用街景视图功能；而 Android 平台所有型号的 Google 地图也包括了 Google 街景视图，并能够结合其数码指南针功能。①

3. SOSO 地图街景服务

腾讯 SOSO 地图于 2011 年 12 月 26 日推出了 SOSO 地图街景服务，这是 SOSO 地图服务增加的一项新功能，可显示所选城市街道的 360 度全景图像。同时，这也是中国国内第一家高清街景地图。SOSO 街景服务在开始时只能为用户提供深圳、西宁、格尔木、拉萨、日喀则、林芝这几个城市的街景查看服务，然后再增加了新的城市。SOSO 地图在产品迭代方面快速地响应了国内网民对新一代地图产品的呼声，第一时间为国内用户推出了本土的街景服务，填补了谷歌街景在国内的空白。虽然 SOSO 地图在最短的时间内开发并推出了街景服务，但是这款产品并没有任何仓促和浮躁的痕迹，相反在使用过程中能让用户感受到 SOSO 街景的诸多细心周到之处。

SOSO 街景以集成在 SOSO 地图中的一项服务呈现给用户，在 SOSO 地图的

① 街景视图[OB/OL]. http://baike.baidu.com/view/3620830.htm，2011-10-20.

页面中为街景服务提供了很多入口，用户在使用地图进行搜索和查询的时候，能够很方便地点击进入获取街景服务。当用户搜索到某一地点点击进入街景模式后，可以看到地点以及周边环境的实景图像。从笔者在SOSO地图与谷歌地图上的对比使用来看，SOSO街景的清晰度优于后者。这是因为谷歌街景大部分画面的拍摄时间较早，部分画面效果与SOSO街景有一定差距，画面流畅程度也不及SOSO街景地图。此外，SOSO街景拥有夜景图像，能够让用户了解所需地点的夜晚景象。在街景服务中，这一点是非常有必要的，很多地方的白天景象和夜晚景象差别甚大，夜晚街景更有利于用户对地点的夜晚特征进行识别，同时也增加了在线观赏夜景的乐趣。值得称道的是，SOSO街景地图设置了夜景模式与昼景模式的切换键，用户可以轻松实现昼夜街景的一键切换。

据SOSO街景地图技术人员介绍，SOSO街景地图的核心技术均采用自主技术，其中包括3D引擎、云平台存储计算及配套的图形图像技术。此外，产品在用户体验上也进行了大量创新，如白天与夜景一键切换、图像清晰度提升、移动流畅度提升、画面惯性系统等。考虑到目前国内用户的网络带宽，此次发布的SOSO街景地图采用的图片经过压缩，但SOSO地图已经做好了提供更好视觉效果的准备，随着网络环境的改善，未来将推出更高画面质量的街景产品进行迭代。[①]

4. 立得空间——“我秀中国”（“IShowChina.com”）、“街途”

“我秀中国”是国内合法的街景地图的网站，它以立得空间信息技术股份有限公司自主研发的世界领先的移动测量系统进行街景、360°全景的拍摄，以覆盖面广、高清晰街道实景影像作为其显著特色，为广大网友提供了极具真实感的网上逛街体验，就像驾驶着自己的爱车在街上兜风一样。“我秀中国”网站数据标准非常高，使用的是高端的移动测量设备系统，里面包含有高端的GPS仪器测量系统，精度达到0.5～2米，可满足下一代ADAS导航地图的需求，为公众位置的查询提供了更加精准的服务。它还采用了多种影像数据，如宽幅的实景影像，加快网上浏览速度；提供360°全景的模拟驾驶体验；提供旅游风景点和知名商业街的360°全景影像以及单点的360°影像。相比其他的影像地图网站，比如谷歌只有主要街道的影像，而“我秀中国”影像覆盖率算是最高的，达到城市道路的80%以上，就北京而言，就有超过1 700万张影像，平均每米就有三张。“我秀中国”目前已具有本地搜索（查询本地食、住、行、游、购、娱等生活信息）、环境导航（以网上模拟开车的方式提供更为直观的位置服务、驾驶及公交线路查询）、地图标注（可供网友标注个性信息）等功能（见图8.9）。[②]

---

① 街景[OB/OL]. http://baike.baidu.com/view/1180438.htm,2012-04-14.

② “我秀中国”带你体验360°实景三维地图[OB/OL]. http://news.3snews.net/industry/20101208/11088.shtml.

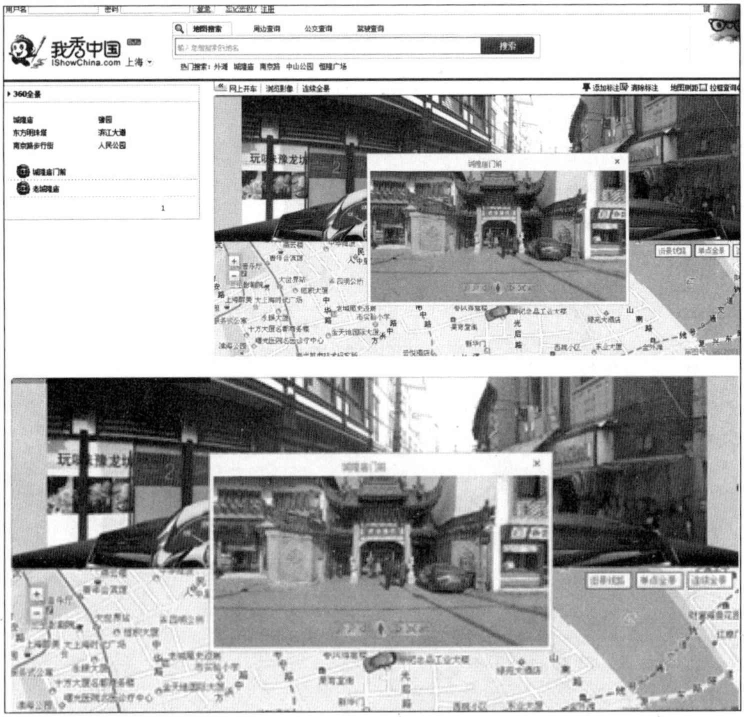

图 8.9 “我秀中国”截图(上海城隍庙街景)

“街途”是立得公司自主研发的我国首款实景三维导航软件。比如外地游客抵达武昌火车站的时候,若武汉城市地图和街头实景图片已经在手机里了,他就可以用手机代替眼睛,比照电子图片就能一路走到长江大桥、黄鹤楼,如果累了,轻触图片就能看到高楼里的酒店、餐馆。“街途”目前已登录苹果手机 App 电子市场,也可提供安卓操作系统用户下载。该公司在国内率先发明了移动测量技术,即通过在车辆上装载 GPS 等专用设备,在车辆高速行进中对街道两旁的景物拍照,经专门软件处理后形成带有实景图片的电子地图。

2010 年 10 月,立得公司正式发布街景地图网站“我秀中国”。经过两年自主研发,这一成果被移植到手机终端。与谷歌、微软等国外街景地图相比,“街途”能够提供行人级的实景导航。简单来说,用户不仅能看到二维电子地图,还能看到建筑物、高架桥、树木等实景图片,根据这些标志能够更精确、更快速地确定方位。此外,通过这些实景图片,用户甚至能清楚看到建筑物的逃生通道。在信息交互上,“街途”也不输于国外同类软件。商户可将联系电话、主营业务等信息发布在实景图片上,用户使用后还可对消费过程做出评价。据了解,“街途”目前已收录国内 110 个城市的街头实景地理信息,而在武汉已覆盖 800 平方公里市区面积和 3 000

多公里的城市道路。①

立得空间正在打造一个空天地一体化的数据制作体系，打造中国街景地图开放平台。从专业的设备一直到非专业的，比如个人的相机、手机这样的设备，可以做出一个自助实景地图的体系。假设空中有低空飞行的飞行器采集实体影像信息，地面有街景的移动测量系统采集街景影像信息，那么是不是可以以最快的速度构成一个影像城市系统？可以从外太空看地球，也可以从高空看地球，再进入1千米以下的鸟瞰区域，这些就是立得空间如今在推行的一个新的技术路径。对于立得来说街景移动测量已经告一段落，下面是从空中采集信息，结合街景地实现空天地的一体化的数据制作体系。立得空间也有各种各样的设备，包括采集胡同的，北京所有的胡同都用该设备跑了一遍。立得提供的数据不但涵盖了传统的数据，也包括各种各样实景数据，不仅是360°全景、单点全景数据，还有街景的可量测实体影像数据。目前已经采集了超过100个城市的数据，整个数据容量超过200个TB。对于立得来说现在已经有了快速地采集信息的体系，并通过影像城市的服务平台对外发布。立得空间还有一个自己的实景地图云服务平台，使用该平台，100个城市中访问任意一个，该城市的数据0.5秒钟就可以到达。

5. 全景所运用到的主要技术

(1) 全景摄像系统 Ladybug 3

加拿大 PointGrey 公司最新全景视觉成像系统 Ladybug 是实现全景视觉的理想产品。Ladybug 3 全景视觉系统采用6台数字相机结合(见图8.10)，5台分布在侧面，1台在顶部，可以得到整个全景360°的图像、整个球面的75%以上。Ladybug 3 全景视觉系统能够实时完成图像采集、处理、拼接和校正等工作，将多台相机采集的图像组合成一幅数字全景图像。目前有 Ladybug 3 (1600×1200)和 Ladybug 2 (1024×768)两个版本，分别能够达到1 200万和470万像素的360°全景球面图像。最新推出的 Ladybug 3 升级系列在设计上更多地考虑了应用要求，增加了防雨罩、Firewire 直连、同步外触发功能。

Ladybug 3 系列相机的预校正功能能够保证高质量全景图片的拼接，镜头的设置如固定焦距、固定光圈可以保证相机处于校正状态。相机使用一个嵌入式的 JPEG 压缩引擎和高速 800 Mbit/s 1394b 接口向主机传输全分辨率1200万像素图像@15FPS，或者原始未压缩图像@7FPS。用户可以实时调整 JPEG 的压缩率来平衡优良的像质和较高的帧速。相机参数，如增益、快门、白平衡和 Gamma 因子，也能通过软件进行调整，从而找到最匹配现场环境的相机设置。相机还可以通过

① “街途”问世　汉产“谷歌街景”登录手机[OB/OL]. http://conews.3snews.net/CompanyNews/20120511/20175.shtml.

一系列相机快门和增益的设置实现全景高动态范围工作模式，从而满足复杂成像场景的特殊要求。

图 8.10　Ladybug 全景视觉系统

主要特点：

高分辨率，1200 万像素全景图像，10 m 距离的各种标志信息清晰可见；

高采集速度，JPEG 压缩时可进行 15 fps 的连续拍摄，通过降分辨率可达到 25 fps 的连续拍摄；

实时传输，采用 JPEG 实时压缩，通过 1394 线以 800 Mb/s 的数据率实时传输到 PC，确保满分辨率满速传输；

独立的图像通道，各 CCD 能够独立控制或从属于一个 CCD；

图像预校正功能；

GPS 数据实时采集；

即插即用功能。

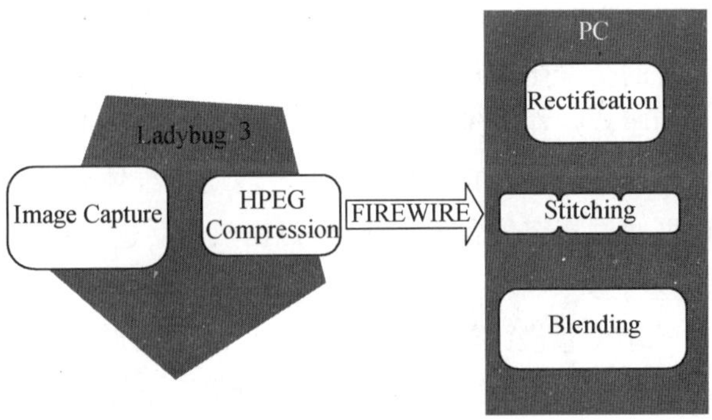

图 8.11　Ladybug 图像处理

实时传输到 PC 后，经过解压和色彩处理，实时对六幅图像进行拼接，产生无缝的全景图。

全景相机 Ladybug 3 采用六个摄像头进行拍摄，其中 5 个摄像头水平朝向，一个垂直朝向，通过拼接成像可覆盖到除相机底部外的全部图像(见图 8.11)。

SDK 软件 Ladybug Cap 采用 C/C++编辑环境，包括相机驱动、API 函数、软件例程代码等。它具有如下特征。

① 相机控制：简单方便的控制相机功能，包括普通的帧速、快门、增益、JPEG 压缩级控制、彩色处理算法设置、全景图像显示等；

② 图形描绘：可在图像卡上利用 OpenGL 计算机图形库校正、缝合、构造出全景图像，以及可旋转观测不同角度的球面图像；

③ GPS 功能：可直接接收并同步 NEMA GPS 信息，在已有的 GPS 信息的全景图像中还可导入相应位置的 Google 地图；

④ 视频记录：可直接无压缩地保存为连续 PGR 文件，在后处理中输出 AVI 视频，最后还可以将 AVI 文件转成 Flash 后用于网络视频。[①]

Ladybug 3 全景视觉系统的相机可采用真空吸盘来固定，安装拆卸简单方便。定位采用满足 NEMA 协议的 GPS 即可，如 Ublox EVK－5H 等。

(2) Krpano

Krpano 是一种基于 Flash 和 Html 5 的三维全景播放器，以体积小巧、灵活和高性能著称，是目前最流行的互动三维全景播放器。其通过简单的 XML 语言编写可实现流畅三维全景漫游和交互操作。

从某种角度来说，Krpano 不能说是软件，而是一种全景漫游的引擎，通过 XML 来操作全景中的各个功能模块。Krpano 提供了许多独特性能，比如可以调整的"鱼眼"视角以便看到更大视野，还有对巨幅全景的支持等(比如数十亿像素的全景图片)，支持脚本控制，同时还有丰富的插件可以选择，用户也可以开发自己的插件。全景图的播放原理是构建三维场景，在场景中创建柱体、球体或者立方体等三维物体；将制作好的全景照片作为物体材质贴在虚拟的三维球体表面，或者将转换过的 6 张 1∶1 的照片贴在三维立方体表面；将虚拟摄像机放置在球体或立方体的体心位置；鼠标拖动时转动虚拟摄像机，或者转动三维体，以此来实现全景图的播放。对于漫游，可通过特定位置添加热点，点击热点后进行切换场景即切换三维球体表面贴图来实现。

Krpano GUI 三维全景漫游制作发布平台是 Web 图形化漫游制作平台，具有 Web 系统良好的扩展性与易用性。系统支持场景管理、热点管理、插件管理、地图管理、字体样式管理等，相对其他漫游平台有简单易用、效果优越、性能突出、功能强大、操作方便等特点。全景漫游中可以加入视频、音乐、图片、Flash 动画等多媒体展示效果，完全能满足客户多样化的三维展示功能及效果。新版本还提供了大地图的拖拽功能，方便用户制作学校、工厂、企业、景区等大型漫游项目。

Krpano-Chs 全景漫游设计软件是一款基于 Krpano 全景播放引擎开发的全景设计单机版软件，以 GUI 直观的方式来对全景文件方便快捷地进行设计操作。为了放大全景的应用，Krpano-Chs 全景软件同时支持 2∶1 比例的全景图、环拍图、矩阵图这三种形式的全景文件，从而大大扩展了全景的应用范围，比如将一张大的地图矩阵图作为全景文件作出类似世博会地图的效果。在全景场景中可以将一张图片或一个 SWF 动画文件作为标示在场景内插入，以直观的操作方式来获取标示的位置，只需转动鼠标就可以确定标示在场景内的位置，并且可以拉伸标示或改变

---

① Ladybug 3 360 全景拍摄系统介绍[OB/OL]. http://www.028dns.com/360/html/list534.html, 2012－07－23.

标示显示角度完全贴附在场景中。改版后该软件实现了按项目管理多个场景的功能，因此更加人性化、整体化，汉化程度又有了进一步的改正，并且增加了 Krpano 工具体特有的一些特性工具，区分了全景图和矩阵图的设计，通过矩阵图可以生成矩阵型的平面地图 E；同时还增加了编辑全景图生成 6 张 CUBE 图和 CUBE 合成全景图的两个功能。

(3) 鱼眼镜头

鱼眼镜头(见图 8.12)是一种超广角的特殊镜头，它的焦距极短并且视角接近或能达到 180 度，超出人眼所能看到的范围。以适用于 135 画幅的单反相机的镜头为例，鱼眼镜头是一种焦距在 6～16 毫米之间的短焦距超广角摄影镜头，“鱼眼镜头”是它的俗称。为了让镜头达到最大的摄影视角，这种摄影镜头的前镜片直径很短且呈抛物状向镜头前部凸出，和鱼的眼睛很相似，因此有了“鱼眼镜头”的说法。鱼眼镜头的视角力求达到或超出人眼所能看到的范围。我们在实际生活中看见的景物是有规则的固定形态，而通过鱼眼镜头产生的画面效果则超出了这一范畴。

鱼眼镜头最大的作用是视角范围大，视角一般可达到 220°或 230°，这为近距离拍摄大范围景物创造了条件；鱼眼镜头在接近被摄物拍摄时能造成非常强烈的透视效果，强调被摄物近大远小的对比，使所摄画面具有一种震撼人心的感染力；鱼眼镜头具有相当长的景深，有利于表现照片的长景深效果。鱼眼镜头的成像有两种，一种像其他镜头一样，成像充满画面；另一种成像为圆形。无论哪种成像，用鱼眼镜头所摄的像变形相当厉害，透视汇聚感强烈。

图 8.12 鱼眼镜头

近几年出现了一种新的多媒体表现手法——三维全景。这种全景展示方式就是利用拼合软件将鱼眼镜头拍摄的超广角照片拼合成一张 360 度的全景图，最后将 360 度场景发布到网上供浏览的方式。

(4) 云台

云台是安装、固定摄像机的支撑设备，分为固定云台和电动云台两种。固定云台适用于监视范围不大的情况，在固定云台上安装好摄像机后可调整摄像机的水平和俯仰的角度，达到最好的工作姿态后只要锁定调整机构就可以了。电动云台适用于对大范围进行扫描监视，它可以扩大摄像机的监视范围。电动云台高速姿态是由两台执行电动机来实现，电动机接受来自控制器的信号精确地运行定位。在控制信号的作用下，云台上的摄像机既可自动扫描监视区域，也可在监控中心值班人员的操纵下跟踪监视对象。

云台根据其回转的特点可分为只能左右旋转的水平旋转云台和既能左右旋转又能上下旋转的全方位云台。一般来说，水平旋转角度为0°～350°，垂直旋转角度为+90°。恒速云台的水平旋转速度一般为3°～10°/s，垂直速度为4°/s左右。变速云台的水平旋转速度一般为0°～32°/s，垂直旋转速度为0°～16°/s。在一些高速摄像系统中，云台的水平旋转速度高达480°/s以上，垂直旋转速度在120°/s以上。

其实云台就是两个交流电机组成的安装平台，可以水平和垂直运动。但是要注意我们所说的云台区别于照相器材中的云台，照相器材的云台一般来说只是一个三脚架，只能通过手来调节方位；而监控系统所说的云台通过控制系统在远程是可以控制其转动以及移动的方向的。

云台的应用范围很广，各种特殊行业也对云台产品有一定的需求，由于使用环境特殊，云台产品还具有满足现场特殊环境的防护性能，常见的有水下型、高温型、低温型、防腐型和防爆型。

(5) 单反相机

单反相机（见图8.13）指的就是单镜头反光照相机（Single Lens Reflex Camera，缩写为SLR Camera），是用一只镜头并通过此镜头反光取景的相机。所谓"单镜头"，是指摄影曝光光路和取景光路共用一个镜头，不像旁轴相机或者双反相机那样取景光路有独立镜头。"反光"是指相机内一块平面反光镜将两个光路分开，取景时反光镜落下，将镜头的光线反射到五棱镜，再到取景窗；拍摄时反光镜快速抬起，光线可以照射到感光元件CMOS上。

图8.13　单反相机

它只有一个镜头，既用它摄影也用它取景，取景时来自被摄物的光线经镜头聚焦，被斜置的反光镜反射到聚焦上成像，再经过顶部起脊的"屋脊棱镜"反射，摄影者通过取景目镜就能观察景物，而且是上下左右都与景物相同的影像，因此取景、调焦都十分方便。摄影时，反光镜会立刻弹起来，镜头光圈自动收缩到预定的数值，快门开启使胶片感光；曝光结束后快门关闭，反光镜和镜头光圈同时复位。

单镜头反光相机可以随意换用与其配套的各种广角、中焦距、远摄或变焦距镜头，也能根据需要在镜头安装近摄镜，加接延伸接环或伸缩皮腔。总之凡是能从取景器里看清楚的景物，照相机都能拍摄下来。使用120胶卷的简易型单镜头反光照相机一般不用五棱镜（如长城DF-4型），可直接在毛玻璃上取景、调焦；中、高档单镜头反光照相机还可以换上俯视取景器取景（如珠江S-201、尼康F3），因此同样可以像双镜头反光相机一样进行低位仰摄或倒置取景。这也是单镜头反光照相机逐步取代双镜头反光照相机的原因之一。

四、虚拟现实/增强现实导览

1. 虚拟现实导览

虚拟现实技术(简称 VR),又称灵境技术,是以沉浸性、交互性和构想性为基本特征的计算机高级人机界面。它综合利用了计算机图形学、仿真技术、多媒体技术、人工智能技术、计算机网络技术、并行处理技术和多传感器技术,模拟人的视觉、听觉、触觉等感觉器官功能,使人能够沉浸在计算机生成的虚拟境界中,并能够通过语言、手势等自然的方式与之进行实时交互,创建一种适人化的多维信息空间。[①]

VR 使人作为参与者通过适当装置,自然地对虚拟世界进行体验和交互作用。使用者进行位置移动时,电脑可以立即进行复杂的运算,将精确的 3D 世界影像传回产生临场感。该技术集成了计算机图形(CG)技术、计算机仿真技术、人工智能、传感技术、显示技术、网络并行处理等技术的最新发展成果,是一种由计算机技术辅助生成的高技术模拟系统。概括地说,虚拟现实是人们通过计算机对复杂数据进行可视化操作与交互的一种全新方式。

虚拟现实是在计算机中构造出一个形象逼真的模型。人与该模型可以进行交互,并产生与真实世界中相同的反馈信息,使人们获得和真实世界中一样的感受。当人们需要构造当前不存在的环境(合理虚拟现实)、人类不可能达到的环境(夸张虚拟现实)或构造纯粹虚构的环境(虚幻虚拟现实)以取代需要耗资巨大的真实环境时,就可以利用虚拟现实技术。

早在 20 世纪 60 年代初,随着 CAD 技术的发展,人们就开始研究立体声与三维立体显示相结合的计算机系统。20 世纪 80 年代,Jaron Lanier 提出了"虚拟现实"VR(Virtual Reality)的观点,目的在于建立一种新的用户界面,使用户可以置身于计算机所表示的三维空间资料库环境中,并可以通过眼、手、耳或特殊的空间三维装置在这个环境中"环游",创造出一种身临其境的感觉。

传统的人-机界面将用户和计算机视为两个独立的实体,而将界面视为信息交换的媒介,由用户把要求或指令输入计算机,计算机对信息或受控对象作出动作反馈。虚拟现实则将用户和计算机视为一个整体,通过各种直观的工具将信息进行可视化,形成一个逼真的环境,用户直接置身于这种三维信息空间中自由地使用各种信息,并由此控制计算机。[②]

2. 增强现实导览

增强现实或扩增实景(Augmented Reality),是一种综合了图像识别、动作捕

---

① 虚拟现实技术[OB/OL]. http://baike.baidu.com/view/95269.htm,2012-05-03.

② 虚拟现实[OB/OL]. http://baike.baidu.com/view/7299.htm,2012-07-06.

捉、虚拟现实等学科，将数字信息、三维虚拟模型精确地叠加显示到真实场景的创新人机交互技术。曾经局限于实验室的增强现实技术，随着计算机软、硬件能力的提高，已经开始快速地进入到大众视野，并在会展、营销、科教、设计、出版、娱乐等领域发挥越来越重要的作用，被《时代周刊》列为当前最具活力和前景的十大技术之一。

"增强现实"将虚拟的信息应用到真实世界，让真实的环境与虚拟物体实时叠加在同一画面或空间上，两者相互补充，给使用者呈现一个实时交互的感官效果。例如某人到达一个地方，想进入一个地铁口，但是不知道是不是想要进去的那个地铁口，他可以把手机摄像头打开，地铁站的信息会跳到他手机里。增强现实性的虚拟现实不仅是利用虚拟现实技术来模拟现实世界、仿真现实世界，而且要利用它来增强参与者对真实环境的感受，也就是增强现实中无法感知或不方便感知的感受。

3. 技术应用

(1) 街景漫游

街景漫游(Street View)，就是通过技术或设备模拟出一个可交互的、虚幻的空间场景。自从360度全景之父Sutherland 1965年在一篇名为《终极的显示》的论文中首次提出虚拟现实系统的基本思想以来，已经过去了将近50年了，而直至四五年以前，虚拟现实的应用还仅限于一些高端行业，随着数字图像技术的发展，以街景漫游替代了360度全景逐步普及为突破口，"基于图像"的虚拟现实技术逐渐脱颖而出。街景漫游以其真实感强、360度全景景观、方便快捷的特点受到日益广泛的关注。

街景漫游是通过对专业相机捕捉整个场景的图像信息，使用软件进行图片拼合，并用专门的播放器进行播放，将平面照及计算机图变为360度全景(panaramic)景观。把二维的平面图模拟成真实的三维空间呈现给观赏者，并给观赏者提供各种操纵图像的功能，可以放大缩小、各个方向移动观看场景，以达到模拟和再现场景的真实环境的效果。街景漫游和以往的建模、图片等表现形式相比，其优势主要体现在以下几方面：

① 真实感强，基于对真实图片的制作生成，相比其他建模生成对象更真实可信；

② 比平面图片能表达更多的图像信息，并可以任意控制，交互性能好；

③ 经过对图像的透视处理模拟真实三维实景，沉浸感强烈，给观赏者带来身临其境的感觉；

④ 生成方便，制作周期短，制作成本低；

⑤ 文件小，传输方便，适合网络使用，发布格式多样，适合各种形式的应用。

街景漫游是一种基于静态图像在微机平台上能够实现虚拟现实技术，能让人们在电脑上进行360度全景观察，而且通过交互操作，可以实现自由浏览，从而体验三维的VR视觉世界。

街景漫游是由两大部分组成，即全景摄影与虚拟全景。全景摄影是指把相机环360度的一组照片通过无缝处理，所拼接成的一张全景图像，而全景图像是指大于双眼正常有效视角（大约水平90度、垂直70度）或双眼余光视角（大约水平180度、垂直90度）乃至360度完整场景范围的照片。再运用一定的网络技术将真实的场景还原在互联网上显示，并具有较强的互动性，用户能用鼠标控制环视的方向，可左可右、可上可下、可近可远、可大可小，有身临其境的感觉，称之为虚拟全景。随着360度全景市场的快速成长，街景漫游技术横空出现。凭借全景漫游日益扩大的市场需求和应用，通过深入研究虚拟现实可视化等技术，帮助人们在计算机网络这个虚拟世界中更好地重建现实、体验现实和改造现实。全景对场景的再现更加全面，使人产生身临其境的感觉，常常用作展示之用，如用全景来展示房产、观光景点、酒店、校园、文化和体育场馆、公司办公环境等。它具有如下特点。

① 高清晰度：经过不断的开发改良，在保证播放速度和窗口大小的条件下，比同行所提供的图片具有更高的清晰度和分辨率，图片分辨率最高可达1 250万像素；窗口最大可达到1 024×768。

② 悬空技术：摆脱三脚架的束缚，打破常规的想象局限，创造出全新的视角，立足点上升至空中，四周无任何支撑点，尤以视角向下体现出险峻、壮观、独特的感受效果。

③ 微距技术：通过对微小空间的细节描绘，将人们平常忽略的场景展示出来，实现近距离的观赏。

④ 运动技术：将运动着的物体展现出来，使人把握和感受到运动的瞬间美。

⑤ 360度柱型技术：用变焦镜头将开阔地带展示出来，适用于范围宽阔的建筑或建筑群、海岸线、茫茫沙漠等。

⑥ 360度球型技术：采用了先进的拍摄和图形合成技术，使得图像的视角可以达到360度×360度，即上、下、左、右全方位视角。

⑦ 个性化的播放器：播放器的种类分别有Swf、Java、QuickTime、EXE等。

还有立得空间的模拟驾驶设备，以一种全新的体验形式将实景三维技术在智慧旅游上的应用生动形象地展示出来，构建出实景三维旅游场景，让游客模拟驾车感受，在车内就游遍美景。

(2) Google眼镜

Google眼镜（见图8.14）是由谷歌公司于2012年4月发布的一款“拓展现实”眼镜，具有和智能手机一样的功能，可以通过声音控制拍照，进行视频通话和辨明方向以及上网冲浪、处理文字信息和电子邮件等。简单说，Google眼镜相当于在眼镜上配有一部高级智能手机，不同的就是通过一块微缩显示屏能获得增强的现实体验。其核心的部件在镜框右上角最粗的部分，那里并排放置了一块微缩显示屏，一个 720 画质的摄像头。此外还有触控板，可以和系统进行交互；麦克风可收集声音；陀螺仪、加速器和罗盘可以感应方位；一个小喇叭可为用户进行声音回放。另外，还配有蓝牙、WiFi 和 GPS。谷歌眼镜还能够实现日历、语音搜索、Google+、时间、温度、短信、拍照、地理位置、音乐、搜索和摄像等功能。眼镜不支持任何 3G 频率，所以外出时需要借助手机上网，照片都会存储在本地，但用户可以选择自动分享到云端，例如自动上传到 Google+。

从 2012 年 3 月谷歌获得的 3 项与增强现实技术密切相关的专利来看，谷歌眼镜的技术也许并非首创。因为这些专利都是从运动研发科技公司（Motion Research Technologies）买来的。专利所有者是该公司创办人多米尼克·多布森，他曾是个职业赛车手，退役后开始了针对小汽车赛手开发“抬头即显”技术。该系统通过配在车手头盔后的全球定位系统卫星接收器搜集速度信息，采用透镜、反射镜和背光液晶显示器使车手看到的信息展示在眼睛所聚焦的距离，车手用眼睛的余光就可以确定相关信息。三项专利中，第一项是任何增强显示设备的必备系统，即一个显示装置和一个传输装置；第二项是一个多用智能眼镜系统，包含一个显示屏，至少一个传感器和一个信号收发器，可以将景物画面显示在佩戴者的眼前，这种眼镜可以和多种设备相连，包括手机、平板电脑，甚至是油料表；最后一项是一个“即夹即用”的增强显示屏，不想用折叠起来就行了。前两项专利很可能和谷歌眼镜的成像以及数据传输有关，最后一项则意味着谷歌眼镜可以装载在近视镜上。

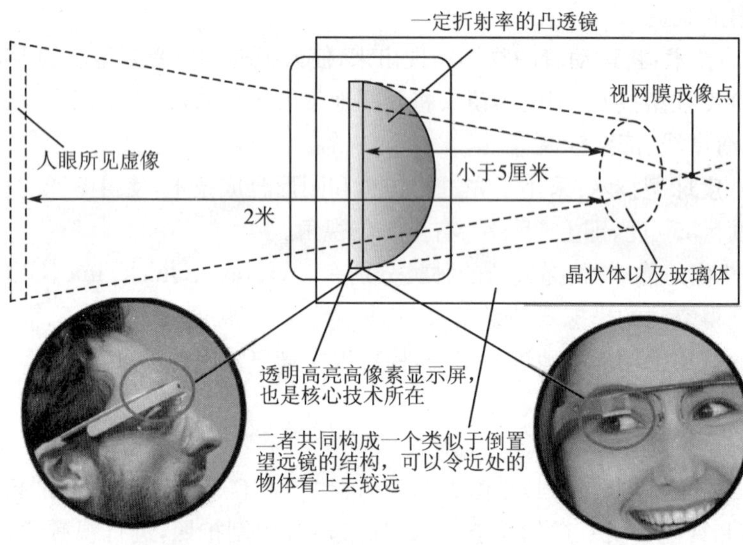

图 8.14　模拟的 Google 眼镜原理图[①]

① 谷歌眼镜：从现实世界看见虚拟世界[OB/OL]. http://www.bundpic.com/2012/07/19051.html.

2012 年 7 月 3 日，苹果公司被授予“头戴外围显示方案”专利，该技术能通过可视显示技术将图像投射到用户的眼睛周围，还可将接收到和处理完成的数据以投影的方式在用户眼前生成漂浮的虚拟屏幕。业界认为，苹果可能在打造自己的未来眼镜 iGlass。

就在谷歌在开发者大会发布眼镜后一周，日本的相机制造商奥林巴斯也发布了自己的类似谷歌眼镜的模型 MEG 4.0，显示屏通过蓝牙与智能手机或平板电脑进行连接，使用的是奥林巴斯自己独有的“专有光学技术”，能够生成虚拟浮动屏幕，位于携带者视线上方。

一家位于华盛顿州的创业公司 Innovega 也正在研发一款虚拟现实隐形眼镜，能将 3D 屏幕直接投射到用户眼球。同时，他们还与美国国防部高级研究计划局(DARPA)合作为美国士兵研发高科技隐形眼镜，其能够将战场信息及时反馈至用户眼中。现在的“抬头即显”设备利用了一个 2 英尺外的固定镜头，而真正的增强现实显示会动态聚焦，这就需要更多的硬件支持，譬如一个眼动轨迹识别仪。

(3) “香港 AR 旅游导览”App[①]

该款应用扩充实境(Augmented Reality，简称 AR)功能的智能手机旅游程序，由香港旅游发展局与国泰航空公司联合推出。该程序近期频繁出现在香港旅游发展局的推介广告和宣传材料当中，并且在香港通过 8 000 个电信盈科(PCCW)的 WiFi 即可免费下载该程序。该程序结合详细的脱机地图及 GPS 定位技术，提供超过 100 个景点、5 000间零售店铺及 2 000 间餐饮食肆，以至全港各个商场及露天市场的详细资料，并提供英语、简体中文、繁体中文三种语言，对于提升旅客在香港的旅游体验有很大的帮助。

AR 技术即增强现实技术，应用于旅游类 App 是最合适不过了。该技术把原本在现实世界的一定时间空间范围内很难体验到的实体信息通过智能手机仿真，从而达到超越现实的感官体验，这也是虚拟旅游的重要技术支撑。

通过实地测试，将 iPhone 镜头瞄准身处位置的四周环境，手机屏幕上便会显示出附近的主要景点以及“优质旅游服务计划”的商铺和得奖食肆，然后旅客再在屏幕中点选这些景点、商铺及食肆，便可获取详尽的相关资料。通过“范围”控制，可以将需要扫描的区域距离在 500 m～30 km 的范围内进行调整，随着屏幕的转动，手机上将标注出周边景点所在的方位和距离，游客可以非常方便地判断和选择感兴趣的目的地，只需沿指示的方向前进，便可方便地找到所需的景点、餐饮、商铺

① [转载]香港旅发局推出扩展实境智能手机旅游程序[OB/OL]. http://xianggang.qqdaili.com/tid-1810/，2011-11-17.

等信息，用户体验非常好。

探索功能即通过LBS位置服务，显示离你最近的景点、餐饮、商铺等信息，并且标注实际的距离；而且该应用充分考虑到了手机漫游上网不便的问题，不必上网也可以使用(包括离线地图以及所有数据资料，同时提供“手动更新”功能)。

五、远程讲解

远程讲解是指使用视频通话技术为游客讲解游客所需要了解的信息。它突破了时空的界线，有别于传统的需要导游在身边为你讲解的模式。

视频通话又称视频电话，分为走IP线路以及走普通电话线路两种方式。视频通话通常指基于互联网和移动互联网(3G互联网)，通过智能终端之间实时传送人的语音和图像(用户的半身像、照片、物品等)的一种通信方式。视频通话需要两台联网(3G、互联网、3G互联网)的终端设备(如智能手机、PC、平板电脑等)，通过集成软件或第三方软件来实现音、视频实时双向传输。

视频通话主要有四种常见形式，即PC-to-PC、PC-to-Phone、Phone-to-PC和Phone-to-Phone via Internet。PC-to-PC是最早发展起来的，例如腾讯QQ的视频聊天；Phone-to-Phone via Internet是近几年随着移动互联网的兴起逐渐成为市场热点的，比如VSir(千里眼)、iPhone 4推出的Facetime、Google Talk、Tango等。

随着网络带宽的快速提升以及硬件设备的发展和普及，视频通话的市场也进入了发展的快车道。目前市场上主流视频通话服务商主要分为以下几类。

(1) 基于3G的视频通话(按网络类型)

运营商的手机视频电话，是在3G网络信号下双方均为同一家运营商的3G用户且使用3G手机，才可正常进行视频通话。国内3G网络目前暂不支持TD-SCDMA、WCDMA和CDMA 2000网络互通视频电话，TD-SCDMA只能与TD-SCDMA互通视频电话，WCDMA只能与WCDMA互通视频电话，中国电信(CDMA 2000)目前暂未推出自己的手机视频电话业务。

(2) 基于WiFi的视频通话(按网络类型)

iPhone 4视频通话，通过内置的Facetime视频通话，不过需要有WiFi网络的环境，你可以在有无线网络的地方使用，比如某些快餐店等(如果你家里或者公司有无线网络也行)。

(3) 三网融合的视频通话(按网络类型)

VSir千里眼视频通话，是一款三网融合概念的全球移动视频通讯软件，支持2G、3G、4G、WiFi、ADSL等网络，可兼容不同的3G标准(TD-SCDMA、WCDMA和CDMA 2000)。

(4) 基于 iOS 的视频通话(按操作平台)

iPhone 4 内置的 Facetime 正是基于 iOS 平台的视频通话,Skype 也推出了 iPhone 上的手机视频电话的功能,仅支持向 iPhone 上的 Skype 应用程式拨打手机视频电话。

(5) 基于 Android 的视频通话(按操作平台)

Google Talk 是基于 Android 平台的视频通话,它支持通过 WiFi 或者 3G 进行连接,使用者必须拥有一个谷歌账号进行登录。

(6) 兼容各平台的视频通话(按操作平台)

VSir 千里眼和 Tango 支持各平台之间的视频通话。VSir 支持市场上大多数的智能手机,可运行于 Android/iOS/Windows Mobile/Symbian 等操作平台;Tango 视频通话目前支持 iPhone 3GS(iOS 4)、iPhone 4、Android 手机互打。[①]

① 视频通话[OB/OL]. http://baike.baidu.com/view/5936096.htm,2012-04-12.

第九章

社交媒体与旅游

一、社交媒体

社交媒体(Social Media),指允许人们撰写、分享、评价、讨论、相互沟通的网站和技术。它是人们彼此之间用来分享意见、见解、经验和观点的工具和平台,现阶段主要包括博客、论坛、播客等等。近年来,社交媒体在互联网的沃土上蓬勃发展,其传播的信息已成为人们在互联网上浏览的重要内容,不仅制造了人们社交生活中争相讨论的一个又一个热门话题,更进而吸引传统媒体争相跟进。

所谓社交媒体应该是大批网民自发贡献、提取、创造新闻咨询,然后传播的过程。有两点需要强调,一个是人数众多,一个是自发的传播。社交媒体的产生依赖的是 Web 2.0 的发展,如果网络不赋予网民更多的主动权,社交媒体就失去了群众基础和技术支持,失去了根基;如果没有技术支撑那么多的互动模式和那么多互动的产品,网民的需求只能被压制无法释放;如果没有意识到网民对于互动的、表达自我的强烈愿望,也不会催生那么多眼花缭乱的技术。社交媒体正是基于群众基础和技术支持才得以发展。

而社交网络服务为一群拥有相同兴趣与活动的人创建在线社区,基于互联网,为用户提供各种联系、交流的交互通路,如电子邮件、实时消息服务等。放在 Web 2.0 的背景下,每个用户都拥有自己的 Blog、自己维护的 Wiki、社会化书签或者 Podcast。用户通过 Tag、RSS 或者 IM、邮件等方式联结到一起,按照六度分隔理论,每个个体的社交圈都不断放大,最后成为一个大型网络,这就是社会化网络[1]。它以共同的兴趣、目的、爱好和利益为纽带把散布于各地的人们联结在一起,从而创造出一种虚拟的共同生活,借助计算机网络围绕某种兴趣或需求相互沟通分享

① 艾瑞咨询,2010—2011 年中国位置签到服务行业研究报告[EB/OL]. http://news.iresearch.cn/Zt/136043.shtml,2011-10-1.

信息。

不管你是否相信，社交媒体确实影响着消费者的旅游决策。调查显示，在消费者进行一项旅游决策时，往往会关注朋友去过哪里、评价如何。社交媒体为他们提供了良好的渠道，同时也为企业的营销带来了新的改变。

如今，像微博、人人网，甚至马蜂窝、在路上这种垂直社交媒体，无疑都对旅游品牌有一定的影响。对于消费者，大家越来越倾向于听从朋友的建议或其他用户的评价。如果朋友在社交渠道中发布了旅行的图片并做出好评，他们也许会立刻收拾行囊，踏上旅程。英国的一家机票比价网站发布的一份 2011 年度调查报告指出，52%的 Facebook 用户表示，好友们在某个目的地的度假照片促使他们预订前往该地的旅游产品。

最近发布的很多统计数据都反映了社会媒体与用户旅行决策之间的联系。咨询公司 Eyefor Travel 公布的 2012 年度报告《社会媒体和手机旅游》指出，70%的旅游品牌宣称社会媒体网站不仅能带来大量直接预订，而且还极大促进了品牌与顾客之间的互动。调查公司 EMarketer 的预测报告指出，2012 年将有 1.18 亿美国用户进行在线旅游搜索，去年的数据为 1.145 亿，进行预订的美国用户数达到 9 800万。2012 年，美国市场的在线旅游销售额预计将增长 11%，达到 1 192 亿美元，2011 年的数据为 1 074 亿美元。[①]

用户的消费习惯在发生改变，企业的营销也需要跟上消费者的步伐。事实上，已经有很多企业开始行动。《全球旅游市场 2011 年行业报告》显示，22%的旅游公司通过在社会媒体渠道的营销活动而带来收入；27%的旅游公司计划在未来 5 年内在社交领域取得进展。该报告进一步指出，到 2016 年，社会媒体将成为旅游业中 50%的公司获得旅游预订和收入的首要渠道。[②]

很多创业公司（如 Trippy、Gtrot、Gogobot 和 FlyMuch）希望能从 Facebook、Foursquare、Twitter 和其他社交网络采集信息，以使用户的度假计划过程变得简单。这些创业公司认为，执行某些请求（如在旧金山搜索最好的咖啡厅）不能仅依赖于旅行指南上的信息。Trippy 建议首次访问网站的用户使用他们的 Facebook 账号登录，随后被要求选择一个目的地。该网站对用户的家人及好友的数据进行全面搜索后，整理出一系列酒店和餐馆推荐给用户。Trippy 表示希望能与大型的旅游公司建立伙伴关系，以为他们提供更多流量，社交网站则可以引导网络用户访问旅游公司的网站。

---

① 如何用社交媒体增加旅游公司利润[OB/OL]. http://tech.163.com/12/0411/02/7UPCEH3V00094L50.html，2012-04-11.

② 社交媒体如何影响消费者的旅游决策[OB/OL]. http://www.sinocall.com/prospect/20120720/190.html.

Trip Advisor(在 30 个国家运营网站)这样的大型旅游公司称,5 700 万名网站用户通过 Facebook 账号来登录,使该网站得以获得这些用户在社交网络中好友的推荐信息,他们的评论也会在 Trip Advisor 网站上显示。利用社交网络的确能增加旅游产品的销售量。Expedia 在 2011 年所作的一份报告指出,如果用户访问了某家公司的 Facebook 页面,那他们很可能会向该公司购买旅游产品;但如果用户仅访问了某家公司的官网,他们进行购买的可能性则较低。2010 年,Facebook 为酒店网站带来了 1 520 万名访客,相比 2009 年增长了 35%。其中,有 568,000 名访客进行了预订,转化率为 4%左右,这一数字比旅游评论网站的转化率要高。

二、社交媒体与旅游

1. QQ

QQ 是 1999 年 2 月由腾讯自主开发的基于 Internet 的即时通信网络工具——腾讯即时通信(Tencent Instant Messenger,简称 TM 或腾讯 QQ)。其凭借合理的设计、良好的易用性、强大的功能、稳定高效的系统运行而赢得了用户的青睐,成为中国目前使用人数最多的即时通讯软件,目前注册用户超过 10 亿,活跃用户超过 6 亿。腾讯 QQ 支持在线聊天、视频电话、点对点断点续传文件、共享文件、网络硬盘、自定义面板、QQ 邮箱等多种功能,并可与移动通信终端等多种通信方式相连。

QQ 推出的产品包括 QQ 空间、QQ 邮箱、QQ 群、QQ 音乐、QQ 游戏、QQ 旋风、QQ 拼音输入法、QQ 工具栏、QQ 电脑管家、QQ 影像、QQ 词典、QQ 浏览器、腾讯视频、QQ 影音、QQ 软件管理、手机 QQ、手机 QQ 游戏大厅、腾讯微信、腾讯TM、腾讯 RTX、QQ for Mac、QQ for Linux、QQ 概念版、QQ for Pad、Web QQ 3.0、腾讯微博、QQ Talk 等产品。

QQ 作为社交媒体,其中的几个产品凸显了它强大的社交媒体作用。

QQ 空间(Qzone)是腾讯公司于 2005 年开发出来的一个个性空间,具有博客(Blog)的功能,在 QQ 空间上可以书写日记,上传自己喜欢的图片,听音乐,写小说,给好友留言,还可以玩游戏。可以通过多种方式展现自己。除此之外,用户还可以根据自己的喜爱设定空间的背景、皮肤、小挂件等,从而使每个空间都有自己的特色。腾讯 2012 年第一季度财报显示,QQ 空间活跃用户数已达到空前的5.767亿,其中手机端活跃用户增长迅速。数据显示,通过手机终端登录 QQ 空间的用户比例从 2010 年的 49%上升到 2012 年的 65%。这个绝对数据虽然很大,但空间用户在移动端的活跃还处在较初期的阶段,真正的起飞还有待更有效的引导和推广。

QQ 群是腾讯公司推出的多人聊天交流服务,可以邀请朋友或者有共同兴趣爱好的人到一个群里面聊天,目前群种类分为普通群(等级达到四级后才只能创建一个，超级 QQ 达到四级后可创建四个，最多 100 人）、高级群 LV1（最多 200 人）、高级群 LV2（限量体验中）和高级群 LV3（最多达 500 人）。在群内除了聊天，腾讯还提供了群空间服务，在群空间中用户可以使用群 BBS、相册、共享文件等多种方式进行交流。QQ 群的理念是“群聚精彩，共享盛世”。

腾讯微博是一个由腾讯公司推出，提供微型博客服务的类似 Twitter 的网站。用户目前可以通过网页、手机、QQ 客户端、QQ 空间以及电子邮箱等途径使用腾讯微博。腾讯微博也被集成在装机率极高的腾讯 QQ 客户端上，可以很方便地发微博。腾讯微博限制字数为 140 字，有“私信”功能，支持对话和转播，并具备图片上传和视频上传和分享等功能，支持简体中文、繁体中文和英语。腾讯微博开放式上墙 1.0 也已上线，一般企业在有电脑和投影仪的情况下也可以在自己的活动中用腾讯微博上墙。腾讯微博还推出了图片微博测试版，为用户提供更放松的阅读微博的方式，适合在信息过量或休闲状态下愉悦、轻松地通过图片了解微博。

借内容一键互通功能，腾讯微博正式实现了微博与 QQ、QQ 群内容的双向互通。用户不仅可将 QQ 聊天窗口中的信息一键分享至微博，并可将微博平台上有价值的资讯通过快捷操作即时分享给 QQ、QQ 群好友。这标志着腾讯 QQ 与微博上亿用户、好友、群组之间实现资讯的无缝分享及社交关系的双向融合。微博还将与 IM、QQ 空间、QQlive、腾讯视频、拍拍、财付通等 15 大平台全面融合，让腾讯微博在 15 个平台中实现多场景触达，提升用户体验。

另外还有 QQ 邮箱，是向用户提供安全、稳定、快速、便捷电子邮件服务的邮箱产品。QQ 邮件服务以高速电信骨干网为强大后盾，享有独立的境外邮件出口链路，可免受境内外网络瓶颈影响，全球传信也不过是举手之劳；采用高容错性的内部服务器架构，确保任何故障都不影响用户的使用，随时随地稳定登录邮箱，收发邮件通畅无阻；另外，QQ 邮箱在具有完善的邮件收发、通讯录、报刊等功能的同时，还与 QQ 紧密结合，新邮件到达随时提醒，可让用户及时收到并处理邮件；现还在 QQ 邮箱里新增了漂流瓶的功能，在这里可以和陌生网友互发邮件，也许能找到志同道合的朋友。

QQ 影像以其清爽的界面、简洁轻便的操作，能为使用者提供处理图片一站式体验。

腾讯微信为智能手机提供即时通信服务，是支持跨通信运营商、跨操作系统平台通过网络快速发送免费（需消耗少量网络流量）语音短信、视频、图片和文字，支持多人群聊的手机聊天软件。

QQ for Pad 是针对平版电脑制作的 QQ 应用平台；QQ Talk 支持多人语音交流，主要面向需团队协作的游戏用户，也适用于需多人语音沟通的办公和家庭用户。

另外，针对旅游，腾讯推出了专业旅游预订平台——QQ 旅游，面向亿万网友提供酒店预订、机票预订、旅游攻略、旅游团购等服务。腾讯是继百度推出百度旅游之后紧跟着推出网络旅游业务的国内 IT 巨头。QQ 旅游目前给出的服务主要在于折扣，实现方式是预订酒店的返利，以及机票现金卡的打折。由于 QQ 旅游网站和用户的对接度很好，机票现金卡可在购买机票时直接抵扣机票价格，酒店返利还可以在购买 QQ 团购商品时抵扣现金或兑换 QQ 电影票、话费等礼品。QQ 旅游在机票服务上承诺了很关键的一点，就是支付成功后 100%出票，如有产生差价会由 QQ 旅游承担，不会让用户补差价，而且所有机票行程单都免费寄送；同时在 QQ 旅游成功预订酒店之后有一项特殊的服务，那就是如果“很不巧”地赶上预订的酒店房满，还能享受“到店无房赔付”。

2. Facebook

Facebook(见图 9.1)是一个社交网络服务网站，于 2004 年 2 月 4 日上线。Facebook 是美国排名第一的照片分享站点，每天上载约 850 万张照片。

图 9.1 Facebook 界面

最初，网站的注册仅限于哈佛学院的学生。在之后的两个月内，注册扩展到波士顿地区的其他高校，如波士顿学院、波士顿大学、麻省理工学院、特福茨大学，以及罗切斯特大学、斯坦福大学、纽约大学、西北大学和所有的常春藤名校。第二年，又有很多学校被加入进来。最终，在全球范围内有一个大学后缀电子邮箱的人，如.edu、.ac、.uk 等都可以注册。在 Facebook 中也可以建立起高中和公司的社会化网络。而从 2006 年 9 月 11 日起，任何用户输入有效电子邮件地址和自己的年龄段，即可加入。用户可以选择加入一个或多个网络，比如中学的、公司的或地区的。

Facebook 的源代码大部分采用 Common Public Attribution License(CPAL)，

除了 FBML Parser 部分采用的是 Mozilla Public License(MPL)。现有超过24 000个应用，世界各地有超过 40 万开发者在为其开发应用程序，每天都有 140 个左右的应用上线。Facebook 使用 LAMP(Linux、Apache、MySQL、PHP)作为技术构架，Web 服务器是 Linux、Apache 和 PHP，数据库是 MySQL，使用 memcached 来保证网站的快速反应，一些后台应用 Python、Perl 和 Java，以及一些 GCC 和 Boost。程序员用 Subversion 和 Git 来进行代码管理。

作为社交网络，Facebook 有它的独创因素所在。

① 向已存在的实体社区提供辅助的网络在线服务。Facebook 网站最初的成功是通过向大学生提供实体社区不能获取的信息服务，这是一种交互式的学生指南，包括每个学生的课程计划和社交网络。Facebook 网站并没有创建一个以前完全不存在的新社区，相反他们是为已存在的实体社区提供一种更重要的信息和交流服务。

② 限制用户注册来创建理想的在线服务。Facebook 作了很重要的产品决策，保证实体社区和在线服务之间的协调和信任。Facebook 网站最初仅限于能够验证所在大学的. edu 邮件地址的用户登录使用 Facebook，也限制了用户能够查找或浏览的学生范围仅限于用户所在的大学。这些措施的目的是让用户感到网站是排外的，仅限于他们实际所在的社区(学院或大学)内部的人员。对. edu 教育网外面的用户打开大门后，他们创建了一系列网区来完成这种方案，当用户加入到这些网区时，仅能够看到特指的网络中的成员；此外 Facebook 已经实行了一系列隐私控制，允许用户准确地控制谁能够查看他们所提供的信息。

③ 集合一系列被渗透的微社区。Facebook 比其他的社交网站更能吸引广告商的注意，因为它能够将广告深入地渗透到一系列微社区(各大学校园)内。如果一个地方的广告商想定位一个特殊的大学校园，Facebook 网站是将广告信息传递给观众的最佳途径。本地广告行为的 CPM 千人成本因为所具有的定位本质，因而受到广告商的高度重视，每日 65%和每周 85%的用户登录率保证了广告商能够非常有效地操作时间导向的广告活动。

④ 通过用户群和广告商建立强大的品牌效应。想通过在线广告业务定位来建立品牌的广告商(广告商是为了建立品牌，而不仅仅是点击数的)关键是拥有强大的品牌，使众多广告商愿意与之合作。一个被认可的著名品牌能够获取更好的广告。Facebook 完成了非常出色的公关工作，强调了 Facebook 对大学生的生活和在线消费产生的影响力。

⑤ 公开页面源代码。在 Web 2.0 时代，通过强大的搜索与订阅功能，网民们已经没有必要为了取得有用的信息反复辗转于各种类型的 BBS、博客或者门户网站。用户已经越来越讨厌无处不在的显示广告，对没有经过任何过滤的海量信息

已经越来越感觉迟钝和麻木。Facebook 网站充分把握住这一趋势率先公开自己的页面源代码，让各种类型的互联网内容提供商开发出嵌入。

最近发表的一些调查报告指出，当你在制订旅游计划时，最重要的不是目的地，而是你所认识的人当中有哪些朋友已经去过该目的地。对于旅行者来说，来自好友群体的口碑相传可能更值得信赖。如果拥有旅游梦想的人在电脑屏幕上看到他们好友在世界各地的漂亮照片，他们也会毫不犹豫地收拾行装外出旅行。

现在，旅游品牌已经开始利用 Facebook 打造品牌知名度，增强与消费者的互动并最终增加其自身网站的访问率和预订量，甚至有些品牌鼓励用户直接在他们的 Facebook 页面进行预订。

社交互动平台 Friend 2 Friend 是一家专注于开展个性化和交互式社会媒体活动的公司，它针对 Facebook 旅游应用创建了一些应用程序。这些应用程序“利用具有吸引力的照片、粉丝的参与和互动体验(如投票和分享)等因素的力量”来增加浏览量和提升品牌影响力。Friend 2 Friend 的客户 Innovation Norway 正从他们的 Facebook 应用程序推广活动受益，上述活动成功地使该公司页面上的互动在 45 天内大量增加，其粉丝数量从 12 000 人增加至 31 000 人。Friend 2 Friend 为挪威贸易与工业部创建了应用程序，其每日问答、漂亮的挪威照片以及社会媒体广告使得该页面的访客数量不断上升；挪威免费游抽奖活动也使页面的流量增加。Friend 2 Friend 的调查显示，旅行者从好友“喜欢”的页面进行旅游预订的可能性比他们通过传统广告进行预订的可能性高 80%①。

旅游品牌的 Facebook 页面访问率与转换率之间具有相互促进的关系。但是对于旅游，Facebook 更像是为通过供应商购买的消费者(而不是通过 OTA② 购买的消费者)提供的研究计划阶段。旅游品牌要成功地把 Facebook 当成一项零售渠道来经营，还要增强与 Facebook 用户之间的互动③。《全球旅游市场 2011 年行业报告》显示，22%的旅游公司通过在社会媒体渠道的营销活动而带来收入；27%的旅游公司计划在未来 5 年内在社交领域取得进展。该报告进一步指出，到 2016 年，社会化媒体将成为旅游业中 50%的公司获得旅游预订和收入的首要渠道。

3. 微博

微博，即微博客(MicroBlog)的简称，是一种通过关注机制分享简短实时信息的广播式的社交网络平台，是一个基于用户关系的信息分享、传播以及获取平台，

---

① Facebook 如何影响用户的旅游决策？[OB/OL]. http://www.nmei.net/a/20120717/52089.html.

② OTA(Over-The-Air)是一项基于短消息机制，通过手机终端或服务器(网上)方式实现 SIM 卡内业务菜单的动态下载、删除与更新，使用户获取个性化信息服务的数据增值业务(简称 OTA 业务)。

③ 旅游业与 Facebook 是否脱节？[OB/OL]. http://www.traveldaily.cn/article/55331.html，2011-10-26.

用户可以通过 Web、WAP 以及各种客户端组建个人社区，以 140 字左右的文字更新信息，并实现即时分享。你既可以作为观众，在微博上浏览你感兴趣的信息；也可以作为发布者，在微博上发布内容供别人浏览。你还可以发布图片、分享视频等。微博最大的特点就是发布的信息传播的速度快。例如你有 200 万听众，你发布的信息会在瞬间传播给 200 万人。

最早也是最著名的微博是美国的 Twitter，根据相关公开数据，截至 2010 年 1 月份，该产品在全球已经拥有 7 500 万注册用户。2009 年 8 月份中国最大的门户网站新浪网推出“新浪微博”内测版，成为门户网站中第一家提供微博服务的网站，微博正式进入中文上网主流人群视野。2012 年 1 月，据中国互联网络信息中心(CNNIC)报告显示，截至 2011 年 12 月底，我国微博用户数达到 2.5 亿，较上一年底增长了 296.0%，网民使用率为 48.7%。从 2010 年底至今，手机微博在网民中的使用率从 15.5%上升到 34%①。微博用一年时间发展成为近一半中国网民使用的重要互联网应用。

至今，新浪微博用户数超过 3 亿，得益于抢占了先机，而且在整体的战略执行上也比较彻底到位，所以获得了现在的地位。仅仅两年时间，新浪微博就为新浪生下了一个价值几十亿美金的“金蛋”。

而另一个微博巨头——腾讯微博，也呈现出发展迅猛的姿态。腾讯拥有近 5 亿的 QQ 注册用户，2 亿左右的活跃用户，这部分人群很容易受潮流趋势的影响开通腾讯微博，并通过腾讯微博能够与 QQ 好友和腾讯微博上的其他用户进行信息的分享。

微博客草根性更强，且广泛分布在桌面、浏览器和移动终端等多个平台上。特别是微博内容通常在第一时间发布，信息量小，更新速度快，而这正好与手机上网的特性相符，移动互联网也促使手机微博井喷式发展。微博中多种商业模式并存，这可能导致形成多个垂直细分领域。微博信息获取具有很强的自主性、选择性，用户可以根据自己的兴趣偏好，依据对方发布内容的类别与质量来选择是否“关注”某用户，并可以对所有“关注”的用户群进行分类；微博宣传的影响力具有很大弹性，与内容质量高度相关，其影响力基于用户现有的被“关注”的数量，若用户发布信息的吸引力、新闻性越强，对该用户感兴趣、关注该用户的人数则越多，影响力就越大，此外微博平台本身的认证及推荐亦助于增加被“关注”的数量；微博内容短小精悍，限定为 140 字左右，不需长篇大论，门槛较低；微博信息共享便捷迅速，可以通过各种连接网络的平台在任何时间、任何地点即时发布信息，其信息发布速度超过传统纸媒及网络媒体。

旅游微博受青睐的原因包括：表述简单，符合年轻人习惯；方便，随时记录；实现即时交流；信息广泛，各取所需；内容原创性高等。旅游企业、旅游局、旅游景区

① 微博[OB/OL]. http://baike.baidu.com/view/1567099.htm,2012-07-23.

(点)、旅游者均可发布旅游微博。就政府官方微博来说,旅游目的地微博已成为政府微博的一大亮点,其中,新浪微博"@中国旅游"账号更是被评选为"十大官方微博"之一。旅游微博已成为旅游信息发布、旅游营销、驴友交流的平台。国家旅游局信息中心于2011年4月3日在新浪网站建立了名为"中国旅游"的微博,该微博是国家旅游局联合各省、市、自治区旅游局共同打造的一个官方旅游资讯发布平台,截止到2012年7月24日已拥有近225万粉丝。

微博不仅是提供旅游信息的平台,而且还是提供服务的平台。可以通过微博关注旅游者需求,提供人性化服务,解决受众实际需求,拉近与公众之间的心理距离,从而赢得受众高度信任和忠诚。例如,一家名为"月亮宾馆"的旅社注册的"舟山旅游的Blog"微博,因"个人信息"中写上了自家旅店的地址和电话,在微博上不只发布宣传资料,还会不定期发布舟山旅游信息、交通状况和旅游注意事项等资讯,很受粉丝的欢迎,甚至不少游客通过该微博前来订房。

微博作为受众认知了解各地旅游景点的信息渠道之一,融合了移动通信技术、数字技术和互联网,可以提供文字、图片、视频、链接等多种方式;同时,微博注册简单,旅游企业或旅游局只需派专人负责。通过与微博用户的有效沟通,在传播当地风土民情和文化的同时,旅游企业或旅游局还能通过微博在第一时间了解消费者的意见和想法,为更好地提供旅游服务提供了第一手参考资料,掌握消费者的心理动态和消费需求,克服时空障碍和消费者快捷地进行互动沟通,增进对旅游消费市场的了解,最终以达到更好的宣传效果。微博还能够第一时间了解网友需求并提供丰富的服务,为旅游企业的客服提供了一条新的服务渠道。

旅游微博信息发布内容包括权威的旅游资讯、快捷的旅游报道、实时的景区数据、促销旅游活动和旅游风景图片等,这可为网友旅游决策提供有效的信息和参考。通过微博,网友可以非常方便地获取旅游信息,制定旅游路线,在旅游过程中又能随时随地分享旅游体验,与其他人互动,并通过自发式的传播影响到更多的人。

一般微博用户建立在感兴趣的基础上才去关注微博,因而旅游企业和旅游局微博的跟随者基本都是目标受众,其信息传播精准度相当高,微群则是有某种共同兴趣爱好的人聚集的场所,由此形成的关系网络能为旅游景区(点)提供现实和潜在的目标市场。旅游微博最独特的是其"多米诺传播"和"去渠道化"等功能。通过微博营销传播,使产品和服务更好地针对不同消费者进行"一对一"传播,一旦某种旅游产品得到目标市场用户的认可,用户对该信息的转发和评论就是对这种旅游产品进行正面宣传,其即时性和分享性可以让一条信息迅速传遍微群或有相同兴趣爱好的人群,并且微群中的其他成员将及时通过微博广而告之。这种"多次转发"能促进旅游产品的销售,而微博则更接近于一个天然的口碑传播平台,形成一个更贴近的印象和更人性化的认同,从而提升景区或旅游产品和服务的知名度和影响力。

4. Pinterest 模式

Pinterest，Pin（图钉）＋Interest（兴趣），意思是把自己感兴趣的东西用图钉钉在钉板（Pinboard）上，而将 Pin 和 interest 两个单词的读音连起来即是 Pinterest 的发音。这是美国的一家创办于 2010 年的正迅速成长为受世界瞩目的图片视觉社交网站。Pinterest 页面底端具有自动加载无需翻页的功能，能让用户不断发现新图片，并为用户提供在线收藏和分享 Pinterest 视觉艺术图片的服务。Pinterest 是一家以兴趣为基础的社交网络，通过图片墙 Pinboard 发布图片，图片瀑布流展示图片的新社交网络。该网站 2011 年被评为"美国最受欢迎的十大社交网络"，并以月增长 45％的速度赶超 Google＋，成为了 2011 年美国社交网络中的一匹黑马。

Pinterest 这个网站上也沿用了 Pinboard 和 Pin 这两个元素，其主要元素和使用方法如下所述。

① Pin：把你喜欢的图片 Pin 到一块白板（Board）上，类似于做简报；

② Repin：看到你的好友 Pin 了一张好图片，你可以把它 Repin 到自己的白板上，类似于 Twitter 中的 Retweet；

③ Share：图片可以来源于 Facebook 等社交网络或 B2C 购物网站，也可以被分享到各个平台；

④ Board：相当于一本独立的相册，按照不同的主题和兴趣来划分。

Pinterest 于 2010 年创办于美国，是让用户在家饰、服装等方面收集、整理和分享的图片社交网站。据国外公开资料显示，在成立仅仅 18 个月后，Pinterest 人均在线时间就超过 Twitter。Hitwise 美国数据显示，从 Pinterest 在 2010 年 3 月上线起，访问次数飞速增长，月度总访问量从 2011 年 8 月至 2012 年 1 月增长了1 745％。相比美国全行业 10 分 11 秒的平均访问时长，Pinterest 用户在 Pinterest 网站平均访问时长为 18 分 28 秒①。截至 2011 年 12 月，该网站估值超过 2 亿美元。

大洋彼岸 Pinterest 的飞速发展刺激了国内互联网创业者。据腾讯科技查阅统计，近半年来国内 Pinterest 模式的仿制者就挤进来近 10 家。除了早期的堆糖网，近半年内包括花瓣网、知美网、迷尚网、拼范网、码图网、爱采图、布兜、发现啦等，复制 Pinterest 的网站在中国纷至沓来。

Pinterest 采取读图形式和原来的文字微博相比，更纯粹、更轻、更专注，因此也就能更吸引用户。和一些在线相册不同，Pinterest 降低了收集信息的门槛，国内这些网站通过微博、人人、QQ 等账户可直接登录，支持用户通过上传图片、输入图片网址和浏览器插件采集网页，直接将喜欢的图片储存至自己账号中。Pinterest 选

① 揭秘 Pinterest 模式生态：半年涌 10 家受困内容［OB/OL］. http://www.alibuybuy.com/posts/70453.html，2012－02－17.

择性地帮你把图片进行分类、下批注，并可分享到微博、QQ空间等社交平台，形成精准圈子的交互。Pinterest基于个人兴趣图谱展开，让用户积极贡献有质量的内容，更具用户黏度，志同道合的社交关系也更持久，而且在相关网站中的图片、价格、链接都是天然的广告温床。

(1) 风车网

人人公司在2012年正式推出社交旅游平台风车网，以旅行图片分享的模式打造新的在线旅游领域社交平台。用户可直接通过人人网账号登录风车网，目前已经推出安卓版与iOS版手机客户端。人人公司此次启用fengche.com推出风车网，其模式类似于近期比较火爆的图片分享社区Pinterest的模式。该网站依托人人网的用户基础和SNS运营经验，以旅游为兴趣切入点建立新的社交关系链。用户通过风车网能以图片分享的模式互动交流自己的旅行见闻和旅游心得，并通过活动的形式提高旅行乐趣和用户活跃度。风车网以此在在线旅游市场形成口碑影响力和用户黏性，未来很可能将机票、酒店预订、旅游景点门票销售等传统旅游相关的电子商务与旅游社交兴趣图谱相结合，开拓新的盈利模式。

目前国内在线旅游市场竞争加剧，且发展潜力巨大，但传统在线旅游网站过于饱和，在线旅游预订增长的同时各大网站的盈利额并没有得到增长，而旅游兴趣图谱网站的出现将给在线旅游市场带来一道新的风景。虽然有专家分析目前类似Pinterest模式因准入门槛低，最后存活的难有几家，但也有业内人士认为美国Pinterest属于弱关系，而国内Pinterest模式除了借鉴瀑布流外，更多的是与电子商务相结合，通过内容和社交关系的沉淀积累，未来前景将超过美国Pinterest。[①]

(2) Wanderfly旅游推荐引擎

国外旅游推荐引擎Wanderfly全新改版，将旅游与Pinterest模式全面整合。Wanderfly是一个发现与分享旅游胜地的推荐引擎社区，目前支持通过Google与Facebook账户登录，并将这两个账号上的用户信息导入。目前与国外主流社交网络平台Facebook、Twitter以及Tumblr深度整合，随时分享给社交好友。而最新版对Pinterest模式的引入，更提高了用户的体验。

用Google或者Facebook账号登录后，选择自己感兴趣的一些标签，系统会自动给你推荐与你兴趣相关的旅游地信息，包含了酒店、机票以及地理位置等等各种生活信息。通过这些，你几乎可以搞定整个旅游计划：从选择地点(朋友推荐或自己搜索)、预订酒店、订飞机票到通过社交网络分享旅游过程中的点滴。并且在上面还可以了解到当地人的推荐、习俗、天气等各种生活信息。在功能呈现上几乎与

① 人人旅游社交平台风车网　类Pinterest模式[OB/OL]. http://travel.chinaluxus.com/Tvn/20120321/146239.html.

Pinterest 一样，唯一不同的就在于其内容仅关乎旅游(见图 9.2)。

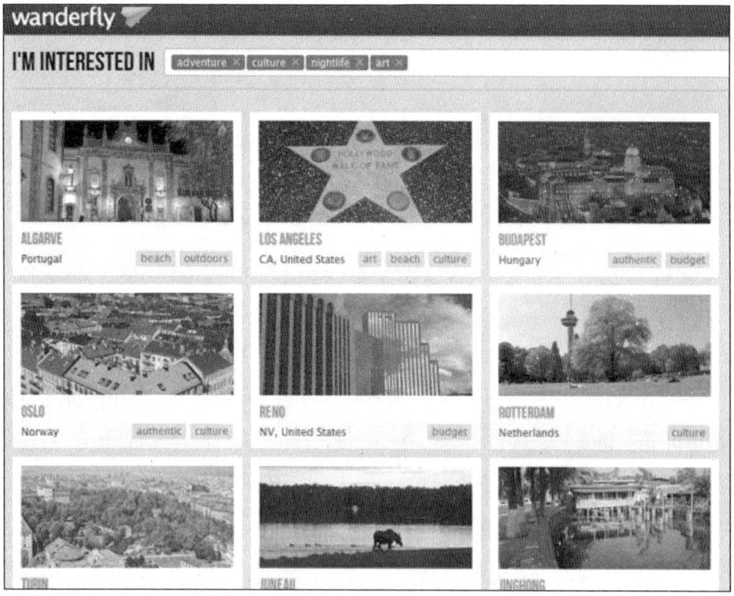

图 9.2　Wanderfly 截图

Wanderfly 目前主要按照两种模式搜寻信息，即城市(旅游地)和人(用户)。比方说搜索北京，它会将北京好玩的旅游地以 Pinterest 形式用图片显示出来，并给出各种相关信息以及其他人的旅游体验分享。

在之前的页面，可以通过价格、旅游时间等特殊标签来进行搜索理想的旅游胜地。相关的酒店价格、飞机票以及像天气这样的信息都会直接显示在搜索推荐页面(官方)上。在新版本中，这些信息更多地由当地用户生成并推荐，因此更多地引入 UGC 内容，变成一个真实的社交推荐分享平台。如今的 Wanderfly 不仅是一个旅游胜地推荐平台，更是一个旅游者在旅游胜地如何玩的分享交流社区。

在改版不过 7 天的时间里，用户已提交了 322 个城市的旅游推荐信息，现在 Wanderfly 包含有 522 个城市的内容，而传统的旅游指南 Fodor 在整个历史上只有 300 个城市。按这种发展速度，Wanderfly 轻而易举就能成为历史上增长最快、覆盖范围最广的社交旅游指南。

在用户量方面，Wanderfly 的访客会平均在上面逗留 20 分钟，其中有三分之一会回访；平均每个用户有 3 个推荐，并保存 4 个推荐；另外，针对目的地的搜索达到了 1 万 7 千次[①]。

---

① 旅游推荐引擎 Wanderfly 改版 整合 Pinterest 模式[OB/OL]. http://www.uuidea.com/2012/0309/10099.html.

第十章

在线旅游服务

现在越来越多的年轻人厌倦了传统的出行方式，而旅行社对他们来说是一个早已被抛弃的词汇，他们要自己选择路线、规划出行方案，然后随心上路。于是，一系列基于互联网的新型服务模式也应运而生。

虽然社会化媒体对目的地的推荐越来越重要，但好友的推荐并不权威，具体攻略还是需要专业旅游网站 DMS 的系统建设来完成。毋庸置疑，2012 年在线旅游行业将迎来更加激烈的竞争，对于在线旅游服务提供商来说，为游客提供越来越完善的用户体验才是王道。如果各家网站能在产品的建设、运营等方面越做越好，最终受益的将是广大用户和游客。

艾瑞咨询集团的统计显示，2011 年中国在线旅游市场的交易规模为 1 730 亿元，较上年增长了 66.8%。但中国在线旅游市场的渗透率仅为 7.9%，这意味该市场蕴藏着巨大的发展空间，按照正常发展估算，预计到 2014 年中国在线旅游市场的交易规模将达到 4 516.3 亿元。[①]

据了解，目前在我国在线旅游交易平台中，航空公司、酒店、目的地景区等上游企业通过自建官方网站进行网络直销的比例相对还较小，在线运营商当前是以交易平台和营销平台两大业务类型为主。其中，交易平台是以在线旅游产品预订为主，盈利模式主要是佣金收入，且根据具体业务类型还能进一步细分。如较为典型的是以携程、艺龙等企业为代表的传统 OTA[②](Online Travel Agency)；淘宝、京东等为代表的网购平台的旅游频道；而途牛、驴妈妈、悠哉旅游网等企业则代表新兴 OTA 的兴起。

过去中国的在线旅游市场是以携程、艺龙为主力军，而今则进入百家争鸣的时代，市场参与主体多、模式多元，且各家均处于探索期。目前在线旅游服务主要包

① 冯嘉雪. 掘金在线旅游[J]. 中国新时代，2012(05)：48－51.

② OTA，即代理销售旅游产品(如机票、酒店、度假产品)，并以销售佣金为主要收入来源。

括垂直搜索、第三方评价、票务预订、线路预订。

一、垂直搜索

1. 垂直搜索的含义

垂直搜索是针对某一个行业的专业搜索引擎，为搜索引擎的细分和延伸，是对网页库中的某类专门的信息进行一次整合，定向分字段抽取出需要的数据进行处理后再以某种形式返回给用户。它是相对通用搜索引擎的信息量大、查询不准确、深度不够等提出来的新的搜索引擎服务模式，通过针对某一特定领域、某一特定人群或某一特定需求提供的有一定价值的信息和相关服务。其特点就是“专、精、深”，且具有行业色彩。相比较通用搜索引擎的海量信息无序化，垂直搜索引擎则显得更加专注、具体和深入。

垂直搜索引擎概念的提出，可以简单地说成是搜索引擎领域的行业化分工。众多专业性网站、行业网站独立服务于互联网的成功，恰恰证明了互联网的格局应该是多方面的，而通用搜索引擎的性质，决定了其不能满足特殊领域、特殊人群的精准化信息需求服务。市场需求多元化决定了搜索引擎的服务模式必将出现细分，针对不同行业提供更加精确的行业服务模式。可以说通用搜索引擎的发展为垂直搜索引擎的出现提供了良好的市场空间，势必将出现垂直搜索引擎在互联网中占据部分市场的趋势，也是搜索引擎行业细分化的必然趋势。

随着我国在线旅游业的快速发展，市场竞争也不断加剧，促使目前众多在线旅游企业在竞争中探索出具有自身特点和优势的多元化发展方向，在线旅游行业整体呈现细分垂直化趋势。

2. 去哪儿

“去哪儿”是中国领先的旅游搜索引擎，也是目前全球最大的中文在线旅行网站，创立于2005年2月，总部在北京。作为一家创新的技术公司，去哪儿网致力于为中国旅游消费者提供全面、准确的旅游信息服务，促进中国旅游行业在线化发展、移动化发展。“去哪儿”为旅游者提供国内外机票、酒店、度假和签证服务的实时深度搜索，并提供旅游产品团购以及其他旅游信息服务，帮助中国旅游者作出更好的旅行选择。凭借其便捷、人性且先进的搜索技术，“去哪儿”对互联网上的机票、酒店、度假和签证等信息进行整合，为用户提供及时的旅游产品价格查询和信息比较服务。“去哪儿”还为旅游行业合作伙伴提供在线技术、移动技术解决方案。

去哪儿网目前可搜索超过700家机票和酒店供应商网站(见图10.1)，搜索范围超过10万家酒店和1.1万条国内、国际航线以及4万条度假线路、2.5万个旅游景点。此外，去哪儿网团购频道已针对全国100多个城市开展旅游团购服务。

艾瑞监测数据显示，在2011年3月旅行网站月度访问次数统计中，去哪儿网以5 106万人次的数据高居榜首，携程次之；日均覆盖数据统计中，去哪儿网以104万人蝉联榜首，携程日均覆盖人数为66.9万人，位居第二。

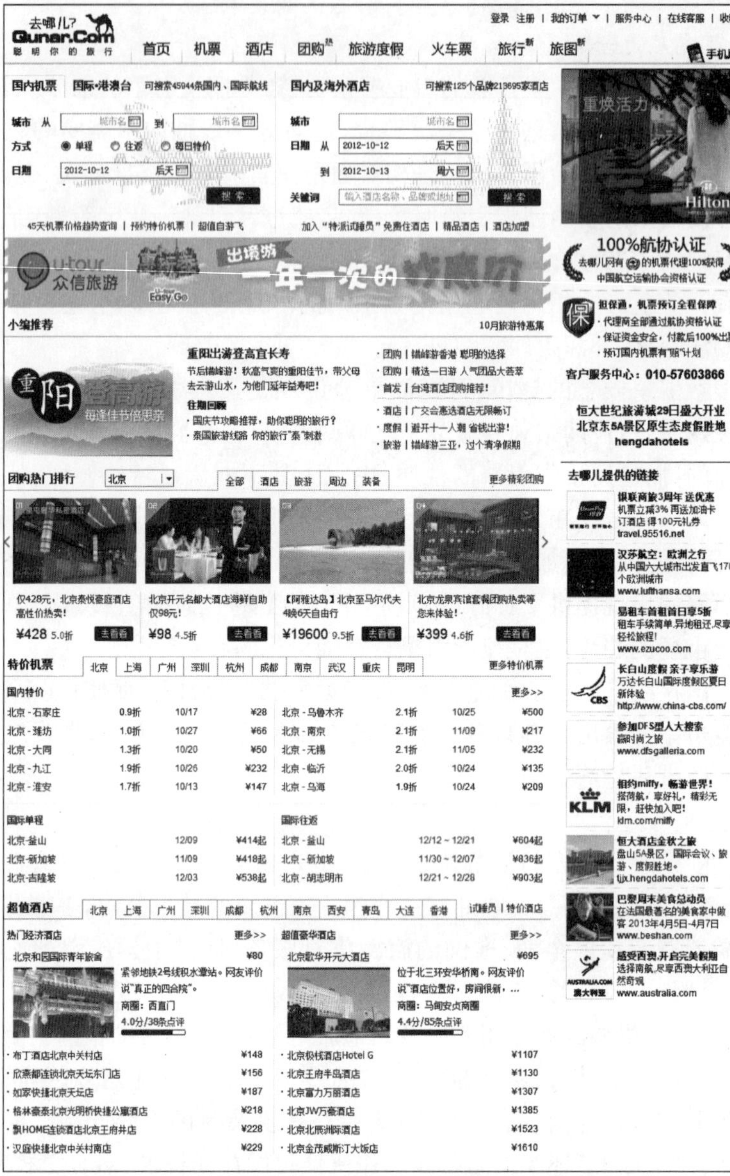

图 10.1　去哪儿网站截图

据2011年6月24日的消息，中国领先的旅游搜索引擎去哪儿网与领先的中文搜索服务提供商百度共同宣布，双方达成一项深度战略合作协议，去哪儿网获得百度战略投资3.06亿美元。去哪儿网将和百度在全线产品线和品牌方面保持紧密合作，共同推动在线旅游的蓬勃发展。3.06 亿美元投资可以称之为在线旅游领域最大的一笔战略投资，也是百度投资历史上最大的一笔战略投资。据悉，除了现金投资外，深度战略合作还包括各项很有价值的商务框架。获得投资后，去哪儿网仍保持独立运营，维持原有的战略方向，继续加大开拓中国在线旅游市场的目标，加大对酒店团购及重塑酒店在线营销格局的投入。

与百度通用搜索采用的全文搜索技术不同，去哪儿网对机票、酒店价格等信息采用了实时搜索技术，是目前世界上实时搜索应用最优秀的旅游网站。此外，去哪儿网酒店搜索结合了地理位置搜索、房型搜索，甚至混合了关键词意图识别、全文搜索、混合排序等手段，这也是目前最智能的旅游搜索技术。去哪儿网与百度在某种意义上非常相似，都是媒体平台类型的网站。百度是通用搜索，是网民上网的入口；而去哪儿网在旅游领域提供更精准的搜索结果，对通用搜索是有利的补充。去哪儿网和百度的合作能够为网民提供更加便捷、精准的旅游服务和旅行产品。

二、第三方评价

1. 第三方评价网概述

第三方评价就是随着 Web 2.0 的使用，用户可以对网站内容，一般是商户提供的产品，以第三方的角度进行评价。而实际上第三方评价网站的最大特点就是将第三方评价这一模式作为网站运行的主体。

随着以互动共享为特点的 Web 2.0 网络环境的发展与成熟以及电子商务的崛起和兴盛，将草根大众的消费体验与消费评论汇聚整合并发布的第三方评价网站在我国开始出现并取得了较快的发展。第三方评价网站是提供自由互动的交流平台，供普通大众以第三方角度对生活或者文化类商品的消费体验进行评价，并将相关评价进行分类整合，以类似于传统消费指南的资讯信息形式展示给受众的网站。与以往的信息资讯都是由特定的媒体进行编辑策划并作为传播方，通过一定渠道传播给普通大众，评价网的核心模式是聚集整合用户的相关消费评论以消费指南的形式传播给受众，其全部价值内容就在于评价信息。

一般来说，评价网站的用户扮演着两个角色：一是信息传播者，发表评价；二是信息接受者，在评价网站上浏览查看相关信息。旅游者已经不再只是被动地接受传统媒体传递的信息，而拥有了参与信息发布的权利，能够在体验之后发表自己真实的看法和意见。这些看法和意见都是不带商业目的的原创内容，其他旅游者对其信任度会比广告更强。因此，旅游者在搜寻信息时，会加大对此类信息的依赖，从而成为评价网信息的主动接受者，通过查询选择感兴趣的信息而安排个性化的旅游行程。在旅游行程结束后，旅游者还可以对查询到的评价内容与实际情况进行对比，在原有评论的基础上发表自己的看法，进而又促进了信息的再次传播。

以对旅游行业中的酒店或景点进行评论来吸引用户，并以用户吸引广告是众多旅游评价类网站的主要功能。对旅游供应链上游企业而言，旅游评价网站能够对旅游者的信息进行充分的整合，为其提供参考。对旅游者而言，旅游评价网能够通过评价信息来影响他们的购买决策，进而影响整条供应链(如图 10.2 所示)。在线评论对消费者的购买影响力以及旅游供应商对消费者口碑的日益重视决定了旅游评价网将会成为影响旅游供应链上下游的重要环节。旅游评价网并不直接生产和分销产品，其主要功能在于为用户提供开放性的信息共享平台，成为连接旅游者与供应商、中间商及旅游者之间的信息桥梁。

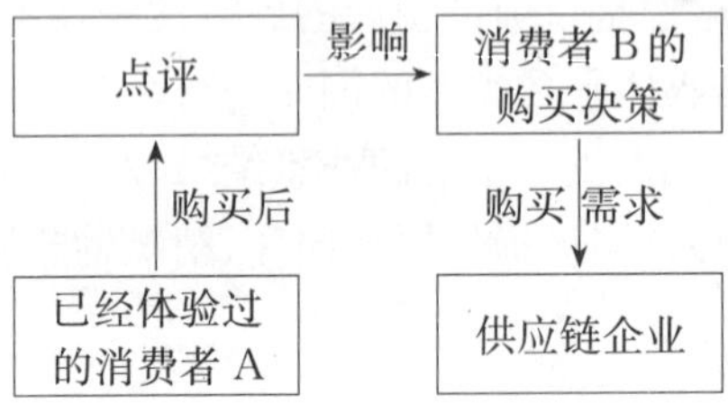

图 10.2　评价网作用机制

2. 旅游评价网的发展趋势

(1) 旅游评价网与在线平台的多方渗透

2010 年 5 月 26 日，全球最大的在线旅游服务商 Expedia 联合其在华企业即艺龙旅行网、酷讯网、到到网在京发布了名为“网聚中国服务全球”的 2010 年发展战略。2009 年 4 月，Expedia 旗下全球最大的旅游评价社区 TripAdvisor 的中国官网“到到网”在国内上线，正式进军中国在线旅游评价领域，又通过 TripAdvisor 收购酷讯网，将市场触角进一步延伸到在线旅游搜索等一系列动作后，Expedia 在中国已形成了在线预订、垂直搜索、用户评论“全业务”渗透的发展模式。较之携程、去哪儿网在某一个领域里的专业优势，Expedia 的三驾马车共同发展的策略更能凸显网络平台的整合优势，这将给携程和去哪儿网带来更大的威胁。同时，这种评价网站与在线预订网站、垂直搜索网站的结合，也预示着旅游第三方评价网站未来发展的方向。

(2) 评价与专业评测相结合

2009 年 10 月携程旅行网曾推出一个名为“最舒适的任务”——酒店私访团：招募 200 人免费入住五星级酒店，并撰写酒店评价。“酒店私访团”成员只需要对酒店的位置、卫生、设施、服务等各方面分别进行打分，并对酒店的优缺点进行列举，给出个人建议，最终产生对该酒店评价内容，并提交给携程。同年 12 月，去哪儿网花费百万资金在全国 500 个城市同时启动招聘“万元月薪试睡员”计划。携程与去哪儿网招募酒店试睡员是为了弥补酒店线下体验内容的不足。酒店试睡员的工作内容其实与评价网站上网友的评价是一致的，不同的是酒店试睡员更具专业性，其评测文章的质量更高，更为全面专业，更具参考价值。可以说，酒店试睡员的专业评测与网友的评价是互为补充的。评价网站可以雇佣专业的人员来进行这种专业评测，并不是单单由资深评论会员来完成。如今在数码产品和汽车领域已经有一批专业网站的工作人员独立地对产品进行专业详细的评测，供网友参考，并具有相当大的影响力。旅游评价网站也应该拥有这样一支专业的评测人员队伍，以保证评价信息的数量与质量。

(3) 实现产业链上的进一步延伸

2010 年，到到网推出的“酒店全球通”和“酒店中国通”网络推广服务，其目标对象是各类酒店、度假村、客栈、青年旅舍、公寓。到到网为这些酒店提供通用的管理平台，酒店则可以自助上传自己的各类联系方式(甚至包括 QQ)、预定网站、优惠券等，从而获得更多的直接订单，提升了酒店企业的自主性，还借助到到网进行了营销活动，进一步加强了到到网与酒店之间的联系。同时，到到网在每个酒店评价的页面中都植入了预定网站的链接，除了自己的艺龙，还加入了全球订房网、Booking. com、Hotel. com、金色世纪旅行网等，充分发挥到到网整合营销平台的作用。因此，通过与供应商和在线预订商等开展更为广泛深入的合作，旅游评价网将实现产业链上的进一步延伸。

3. 大众点评

大众点评 2003 年 4 月成立于上海，是中国领先的本地生活消费平台，同时也是全球最早建立的独立第三方消费点评网站，是致力于为网友提供餐饮、购物、休闲娱乐及生活服务等领域的商户信息、消费优惠以及发布消费评价的互动平台；同时，大众点评亦为中小商户提供一站式精准营销解决方案，包括电子优惠券、关键词推广、团购等(见图 10.3)。另继网站之后，大众点评已经成功布局移动互联网，大众点评移动客户端已经成为本地生活必备工具。

截止到 2012 年第二季度，大众点评月活跃用户数超过 4 800 万，点评数量超过 2 000 万条，收录的商户数量超过 150 万家，覆盖全国 2 300 多个城市；月综合浏览量(网站及移动客户端)近 10 亿，其中移动客户端的月浏览量已经超过网站月浏览量，移动客户端的独立用户数超过 3 300 万。产品覆盖 iPhone、Android、iPad、WP7、BlackBerry、Symbian 等平台。

目前，除上海总部之外，大众点评已经在北京、广州、天津、杭州、南京、深圳、苏州、无锡、宁波、成都、重庆、武汉、西安、郑州、济南、青岛、沈阳、大连、长沙、哈尔滨、厦门、福州、合肥、常州、佛山和太原等 26 个城市设立分支机构。

大众点评移动客户端通过移动互联网并结合地理位置以及网友的个性化消费需求，成为为网友随时随地提供餐饮、购物、休闲娱乐及生活服务等领域的商户信息、消费优惠以及发布消费评价的互动平台，已成为人们本地生活必备工具。

图 10.3 大众点评网截图

4. 到到网(TripAdvisor)

到到网(www.daodao.com)是全球最大的旅游垂直媒体 TripAdvisor、全球最大旅游社区及评论网站 TripAdvisor 的中国官方网站(见图 10.4),也是目前国内最大的旅游评论网站,以为旅行者提供真实客观的酒店评论、热门酒店索引、高级酒店选择工具、酒店房价比价搜索以及图片、视频分享和在线驴友交流等服务为核心内容,核心产品是酒店评价。同时还致力于提供旅游景点评价、机票查询、特价机票信息、旅游攻略等，正全力打造成为中国最大旅游社区网站，为中国的旅行者提供及时、可信的全球化旅游信息。

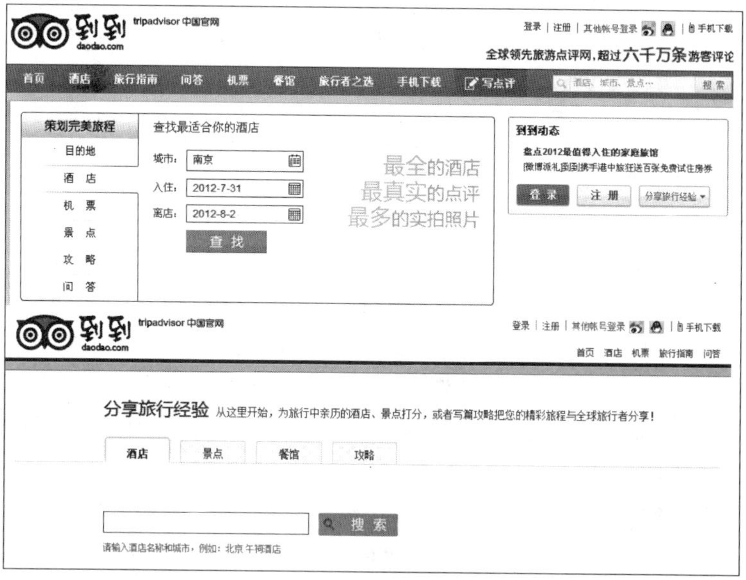

图 10.4　到到网截图

TripAdvisor 是全球最大最受欢迎的旅游社区，目前在全球有 30 个国家的子网站，旗下众网站组成了全球最大的旅行社区，月访问量已达到3 200万人，每月有超过 4 500 万独立用户以及超过 5 000 万条评价和评论，并且数量还在不断增加中。

旅行者的真实评论是 TripAdvisor 最大的特点，在美国、英国、爱尔兰、意大利、西班牙、印度和日本等国都开辟了分站，总共收录包含了全球超过400 000家酒店和90 000个景点的信息介绍，注册会员超 1 000 万。2009 年 4 月初，TripAdvisor 在中国以投资成立的“到到网”进行运作。[①]（TripAdvisor 在其他国家都没有使用独立的域名，并且 TripAdvisor 虽然与到到网的数据相同，但是用户却各自独立互不相通）

TripAdvisor 的媒体网络已经在世界范围内的媒体圈获得了数以百计的奖项和赞美。TripAdvisor 及其媒体网站现隶属于世界第一大在线旅游预订公司 Expedia 集团，是 Expedia 旗下的酒店评价网站，其业务量占全球旅游预订市场总份额的 33%以上。

为有效地防止部分网友对商家的恶意攻击和商家用虚假信息来误导消费者，到到网汲取 TripAdvisor 多年来的审核经验，采取多项措施对网友的评论进行严格的审核。

---

① 到到网[OB/OL]. http://baike.baidu.com/view/2790267.htm,2012-01-17.

到到网专注于引导用户分享他们真实的旅行体验；同时，针对用户在旅行中每个环节的选择提供建议。通过结构化平台、高效的检索方式，将这些信息呈现给旅行者。旅行者选定目的地后，这些信息将帮助他们制订详细的旅游计划，例如入住哪家酒店，如何在有限的时间内游览整个城市等。

三、票务预订

1. 票务预订概述

票务预定主要包括机票预订、酒店预订、景区门票预订。

(1) 机票预订

机票预订是向广大用户提供各大航空公司机票预订服务和交易的方式。用户可以通过网站、电话、手机获得机票预订服务，预订各航空公司国内机票。机票预订可以根据用户的需求准确快速地预订到想要乘坐的航班。在机票预订之前用户可以实时对自己所需要的航班进行查询，系统会根据用户的航班查询条件显示航班信息，查询完成后用户就可以对满意的航班进行机票预订。

网上机票预订流程如下：

① 在相关网上注册一个账号，并登录；

② 根据行程，选择点击“国内机票”或“国际机票”；

③ 选择航程类型(往返、单程或者联程)、出发城市、目的城市、出发日期、出发时间(如果选择了返程，则还需要选择“返回日期”和“返回时间”)，填写“送票城市”、“乘客类型”、“乘客人数”，选择仓位等级等，单击“查询并预订”；

④ 选择你需要的航班，单击下一步，填写登记人信息和联系人信息，再往下选择出票时间、行程单配送方式和支付方式(可以使用信用卡支付)，然后是支付机票款。

订票完成后，网站会给用户的手机发短信，通知用户订票情况。用户需要记住的是你所订机票的航空公司和航班号，起飞前直接到机场出发厅，找到相应的航空公司办理登记牌即可(只需要出示身份证)。

电话预订机票流程如下：客户可使用电话拨打任意预订飞机票的电话号码，且订购的机票数量不受限制，并按客户的需要订购(注：需视乎该航班舱位售票情况而定)。而机票的拿取有两种方式(由客户选择，但订购国际机票暂只能送票上门，不能到机场取票)，即提供免费送票上门服务(上门时间需在订票时确定)和客户亲自到机场取票。

(2) 酒店预订

用户可以通过互联网、电话、手机 WAP 等多种方式获得酒店预订服务。通过酒店预订服务，可查询酒店类型、所在商业街区、周围建筑物、品牌、星级、价位、地址、房型、床型、房内配置、酒店公用设施、停车场、宽带、早餐、开业时间、最近装修时间等各类酒店相关信息。网上预订完全免费，而且可以享受比酒店前台更低的价格；优先订到房间，避免因找房而耽误行程；还可以随时更改订单信息，如取消或房间变更等等。

酒店预订流程如下：用户只需在网站上找到适合的酒店后，点击要预订的房型后面的预订按钮，然后填写个人资料等信息，提交后一般 30 分钟内会有预订结果短信发送给用户。如果收到含有“订单已确认”字样的短信，说明已经预订成功，按时到酒店入住即可；如果收到“满房”的短信，建议再选择周边其他酒店预订。如遇特殊情况（如酒店忙、系统出错、短信延迟等），30 分钟内仍没有收到短信，即默认预订成功。

(3) 景区门票预订

通过第三方网站订购景区门票可以享受到比在景区购票更优惠的价格，而且查询方便，可以查询全国各地景区门票，无论是电脑还是手机，上网就能买，甚至可以做到自由退，只要没使用、没过期，想退就退。订票流程很简单，只要进入网站，选择景区门票类型数量，选择订购，付款后游客会收到关于订票的信息，一般是序列码或是二维码，游客凭着手机上的这条信息就能到该景点取票或直接验票进入景区，不用再排队买票，省时省力。

目前旅游网站均提供旅游相关票务的预订，其中艺龙旅游网以多平台提供国内外酒店预订及国内外大多数航班机票预订服务；携程提供酒店预订、机票预订、度假预订、高铁代购服务等，是中国领先的酒店预订服务中心，也是中国领先的机票预订服务平台；同程网作为中国最好的一站式旅游预订平台之一，为游客提供酒店预订、全国所有航线的机票预订、景区门票预订、热门演出门票预订、城市租车预订、旅游度假预订等旅游相关产品的预订；驴妈妈旅游网作为中国最大的自助游产品预订及资讯服务平台，形成了以打折门票、自由行、特色酒店为核心，同时兼顾跟团游的巴士自由行、长线游、出境游等网络旅游业务；而到到网也正式推出了针对国内酒店的“酒店全球通”和“酒店中国通”网络推广服务，直接扮演国内及全球各大酒店联络信息直接分享平台。

2. 携程

携程创立于 1999 年，总部设在中国上海。携程向超过五千余万注册会员提供包括酒店预订、机票预订、度假预订、商旅管理、高铁代购以及旅游资讯在内的全方位旅行服务（见图 10.5）。目前，携程拥有国内外五千余家会员酒店可供预订，是中国领先的酒店预订服务中心，每月酒店预订量达到 50 余万间/夜；在机票预订方面，携程是中国领先的机票预订服务平台，覆盖国内外所有航线，并在 54 个大中城市提供免费送机票服务，每月出票量 40 余万张。

携程拥有中国领先的酒店预订服务中心，为会员提供即时预订服务，其合作酒店超过 28 000 家，遍布全球 134 个国家和地区的 5 900 余个城市。不仅为会员提供优惠房价

图 10.5　携程网截图

预订，更在主要酒店拥有大量保留房，为会员出行提供更多保障；还率先在业内推出酒店低价赔付承诺，保证客人以优惠的价格入住酒店，若会员通过携程预订并入住酒店，会员价高于该酒店当日相同房型前台价，携程将在核实后进行相应积分或差价补偿。

携程拥有全国联网的机票预订、配送和各大机场的现场服务系统，为会员提供国际和国内机票的查询预订服务。目前，机票预订已覆盖国内和国际各大航空公司的航线和航班，实现国内 54 个城市市内免费送票，实现异地机票的本地预订、异地取送。机票直客预订量和电子机票预订量均在同行中名列前茅，业务量连续两年保持 3 位数的增长率，成为中国领先的机票预订服务中心。同时还在机票预订领域首家推出 1 小时飞人通道，以确保客人在更短的时间内成功预订机票并登机，在舱位保证的前提下，航班起飞前只需提前 1 小时预订电子机票并使用信用卡付款，即可凭身份证件直接办理登机。

携程倡导自由享受与深度体验的度假休闲方式，为会员提供自由行、海外团队游、半自助游、自驾游、签证、自由行 PASS、代驾租车等多种度假产品。其中，自由行产品依托充足的行业资源，提供丰富多样的酒店、航班、轮船、火车、专线巴士等搭配完善的配套服务；海外团队游产品以合理的行程安排和深入的旅行体验为特色，正在逐步引领团队游行业新标准。目前，携程旅行网已开拓 10 余个出发城市，拥有千余条度假线路，覆盖海内外 200 余个度假地，月出行人次近 5 万人。携程旅行网还斥资 100 万元人民币作为保障金，保障会员的旅游体验不受损害。若预订携程度假产品并出行，如发生因旅游目的地自然灾害而导致旅游体验遭受实质性损害的状况，携程将依照旅游体验受损程度给予会员一定比例甚至全额预订金额的补偿。

3. 艺龙

艺龙(eLong. com)是中国领先的在线旅行服务提供商之一，通过网站、24 小时预订热线以及手机艺龙网三大平台，为消费者提供酒店、机票和度假等全方位的旅行产品预订服务。艺龙通过提供强大的地图搜索、酒店 360 度全景、国内外热点目的地指南和用户真实评价等在线服务，使用户可以在获取广泛信息的基础上作出最佳的旅行决定。截至 2011 年 5 月，艺龙可提供中国大陆近 700 个城市逾 20 000 家酒店、海外 100 多个国家和地区的近 14 万家酒店预订服务；同时通过与国内外各航空公司合作，向用户提供国内、国际绝大多数航班机票的实时查询和预订服务；携程网主攻机票预订和酒店预订，另外还提供度假产品(见图 10.6)。

图 10.6　艺龙旅行网截图

艺龙提供的主要服务包括：

① 更省钱的产品组合。提供 2 折起的会员价格，在线预订酒店可使用电子消费券，低价保障，承诺“三倍差价赔付”。

② 更省心的客户体验。24 小时呼叫中心服务；绝大多数的酒店订单即时确认；承诺“到店无房，赔付首晚房费”；呼叫中心高达 99.7%的客户满意度。

③ 酒店服务。针对年轻旅游群体，推出了差异化的“古镇＋客栈”、青年旅社等旅游产品；艺龙倡导的“以消费者为中心”的新型上下游合作模式，赢得酒店合作伙伴的广泛支持；与国际酒店集团洲际酒店成功实现全面的系统直连。

④ 机票服务。提供全球任意一点或者多点的机票服务，在国内率先推出 7×24 小时服务；完善的网上支付系统，方便、安全、准确、快捷；国内、国际机票在线预订流程简便、路线选择丰富。

⑤ 度假产品。自由组合随心随意；50 多个出发地，28 个目的地的产品覆盖；实现动态搜索和展示，酒店机票信息一目了然，预订一站完成；50%的度假产品比单独预订平均节省 20%以上。

⑥ 无线产品。专为智能手机用户打造的一款随时随地可以查询、预订国内酒店、机票的手机客户端，集合手机 LBS 功能，能够让用户轻松查找“周边酒店”，内置 Google 地图，让选择酒店变得更加直观便捷。

4. 同程网

同程网创立于 2004 年，总部设在中国苏州，目前员工 1 500 余名，注册资金 5 000万。经过数年在旅游在线市场的成功运作，同程网已成为国内最大的旅游电子商务平台之一，也是目前中国唯一拥有 B2B 旅游企业间平台和 B2C 大众旅游平台的旅游电子商务网站。

B2C 大众旅游平台作为中国领先的在线旅游网站，拥有 1 000 多万注册会员，面向大众提供酒店机票预订、演出门票预订、景区门票折扣与预订、旅游线路比价搜索等全方位旅行及旅游服务，并形成了以旅游评价、旅游问答、旅游询价、旅游博客为特色的旅游社区。

同程网也是中国最好的一站式旅游预订平台之一，网站拥有国内最全的旅游产品线，提供国内 20 000 余家及海外 100 000 余家酒店预订，覆盖全国所有航线的机票预订，以及 8 000 余家景区门票预订、全球热门演出门票预订、200 多个城市租车预订，以及境内外品质旅游度假预订，并且提供互联网预订、手机无线预订和 365×24 小时电话预订。网站秉持“有保障的低价”原则，在行业内首创“先行赔付”和“评价返奖金”等特色增值服务，成为目前中国增长速度最快的旅游预订平台(见图 10.7)。

5. 驴妈妈旅游网

驴妈妈旅游网创立于 2008 年，是中国领先的新型 B2C 旅游电子商务网站，中国最大的自助游产品预订及资讯服务平台之一(见图 10.8)。该网站成立之初就

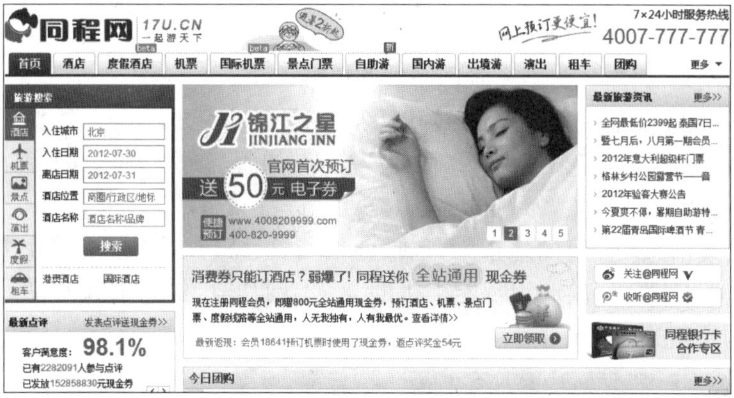

图 10.7　同程网截图

以自助游服务定位市场，经过数年发展，形成了以打折门票、自由行、特色酒店为核心，同时兼顾跟团游的巴士自由行、长线游、出境游等网络旅游业务，为游客出行提供一站式服务便利，但其主要业务还在于景区票务。

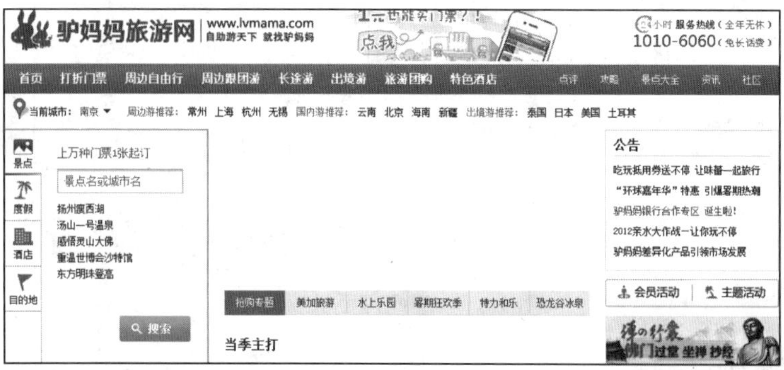

图 10.8　驴妈妈旅游网截图

对旅游景区而言，通过“驴妈妈”网站的分销联盟表面可能会让出一部分的散客门票收入，但实际上景区通过这一全新的电子商务平台可以大大节约营销成本，增加分销渠道，吸引更多有消费能力的中高端自助游客。“驴妈妈”通过将现行价格政策中游客无法享受到的景区门票优惠让利给自助游客，从而引导他们实现景区内更多价值消费，实现景区内各类娱乐项目、住宿、餐饮等一揽子消费，打造出多元化的盈利点组合。“驴妈妈”降低了自助游游客的门槛，从而吸引到消费潜力远强于一般跟团游客的中高端自助游客，帮助景区做游客和消费增量(正如目前的机票、酒店预订打折只是一种营销手段，并不会减少航空公司和酒店的综合收入)，实现景区盈利能力的全面提升。这才是“驴妈妈”这一模式的根本目的所在。更何况绝大多数景区在绝大多数时候游客是远远不足的，拥有了“驴妈妈”这样的电子商务平台，景区还可以有效规划利用散客客源，合理分配淡旺季客流。而在散客时代，国内景区与重要旅游电子商务平台之间如果能进行深层次的战略合作，将能实现个性化的网络协作，远远强于景区网站的单打独斗。

手机平台的“驴妈妈旅游”(见图 10.9)的主要功能包括：① 产品预订，如景点打折门票、特殊酒店及度假线路；② 驴妈妈推荐，如著名景点、特色酒店、游玩线路等精选推荐；③ 附近搜索，如查找身边的景点、特色酒店；④ 今日团购；⑤ 最为实惠的旅游团购信息；⑥ 目的地指南，包括各地美食、特产、特色街区等目的地概况信息；⑦ 银联支付。同时利用智能手机的 3G 上网功能，可以更加便捷、迅速地查找、预定、购买相关的旅游信息、产品以及服务。

图 10.9 驴妈妈手机应用

6. 其他网

到到网也正式推出了针对国内酒店的“酒店全球通”和“酒店中国通”网络推广服务，直接扮演国内及全球各大酒店联络信息直接分享平台。据了解，到到网新推出的“酒店全球通”和“酒店中国通”网络推广服务不仅会展示酒店的网址、电话及电子邮件，甚至还会提供 MSN、QQ 等即时交流工具，旅行者可以最直接地联系到各酒店，能帮助酒店提升直客数量，扩大直销份额；同时，酒店可以将优惠促销信息发布到网站上，吸引旅行者预订。此外，尤其值得关注的是“酒店全球通”产品，借助于该产品，酒店信息和优惠推广将会展示在到到网母公司 TripAdvisor 全球 14 种语言的 20 个网站上，不同国家的网站可以选择不同的联系方式，而且还可根据地域不同定制和上传不同的优惠推广方案。到到网提供的“酒店全球通”和“酒店中国通”产品立足于其内容平台和全球化的资源背景，打的是“酒店直销”这张王牌，通过向酒店合作方收取年费展示酒店官方信息和直接联系方式，以帮助酒店进行推广并获取直客订单。

四、线路预订

旅游线路是旅游经营企业或旅游管理机构为满足旅游市场的需求，综合考虑旅游吸引物、旅游设施设备、旅游服务特点及价格等诸多要素，对旅游景区、娱乐企业、交通部门、住宿企业、餐饮企业及旅游商品销售企业提供的产品进行选择、组合和包装，并以整体形态进行销售的旅游产品。

通过互联网销售旅游线路，相当于是互联网上的旅行社向大众推广销售旅游产品。给大众客户提供丰富的旅游线路也是一个庞大的工程，需要与供应商合作，包括旅行社、批发商、景点等，以传统的旅行社为主。

网上订购旅游线路信息量大，选择性大，明码标价，游客不必再特意跑到旅行社具体咨询，根据自己的需求就可以在网上直接预订自己满意的旅游线路。网上支付支持网上银行、信用卡、支付宝、银联在线、快钱、财付通等多种渠道，安全支付、方便快捷；网上签约后通过电子邮件接收电子版合同，与纸质合同同等有效；签约支付完成后，专属客服会帮游客打理一切，游客只需耐心等待出团通知，即可开心出游。

1. 途牛旅游网

途牛旅游网是南京途牛科技有限公司旗下的网站。途牛旅游网通过采集筛选整合旅游行业资源（旅行社、航空、酒店、门票、签证等），为旅游者提供一站式预订，一对一管家式服务。途牛线路全面，价格透明，全年365天“400”电话预订，并提供丰富的后续服务和保障。

途牛旅游网目前提供北京、上海、天津、深圳、南京、苏州、杭州、成都、武汉、重庆、宁波、西安、无锡、常州、长沙、大连、厦门、沈阳、青岛、太原、温州等出发地旅游产品的预订，包括周边自助旅游（如景点门票、住宿、温泉等），周边跟团旅游，国内长线跟团旅游，海南、云南、广西等自助旅游（如往返机票、酒店等），以及包括港澳、马尔代夫海岛在内的出境自助游，出境跟团旅游等。

同时基于途牛全球最大的中文景点目录和中文阳光旅游社区，可以帮助游客了解目的地信息，制订出游计划，更方便地预订旅游过程中的服务（见图10.10）。

途牛产品主要包括：

① 跟团游，包括周边短线游、国内长线、出境游，行程透明、质量可靠；

② 自助游，既包括海岛、港澳、三亚、丽江、九寨沟、厦门等国内外自助游套餐，亦可单订某项产品或任意搭配组合；

③ 公司旅游定制服务，针对个性化需求量身定制个性化的旅游产品；

④ 景点门票，数千家精品景区，超低价订购。

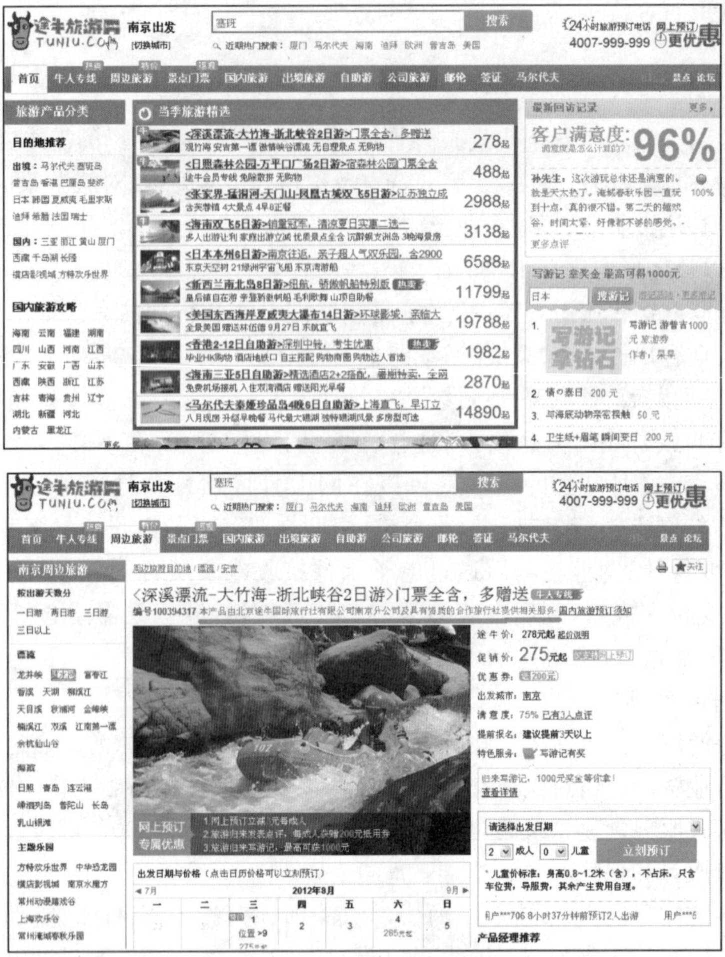

图 10.10 途牛旅游网截图

途牛旅游网凭借在线订购旅游线路模式并兼有传统旅行社的线路优势，走出了自己的一片新天地。途牛旅游网只做旅游路线并对这一细分市场进行深耕细作，应用互联网优势整合旅游产业链，通过呼叫中心与业务运营体系服务客户。途牛旅游网先是花费了半年时光树立了一个国内最全面的景点库，紧接着又做了两个颇有意思的产品——“路线图”和“拼盘”，致力于打造国内“驴友”交换信息的一个公共社区。而随着集合的人群越来越多，于敦德提出了新的运营模式：国内有众多的旅行社，将这些旅行社的旅游线路集中在一起并且分类管理，游客通过拜访途牛网获得感兴趣的旅游线路，也可以向途牛网的客服咨询，最后在途牛网完成预订。当游客与旅行社签署合同时，途牛网可以获得旅行社反馈的佣金。正是其在线旅游服务的模式弥补了传统旅游销售模式的空白，虽然没有传统旅行社的门店但却有完备的线路，同时比“酒店＋机票”的模式更加直观和详尽，还具备网络销售的便宜和实惠。

途牛网把心思花在产品和服务上，比如以往出现的是单个旅游路线产品，现在变成了多个产品可同时出现，力求让客户最简略、最便利地找到适合的路线；增强网络数据的实时更新，确保客户可以清晰看到所有旅游路线的订单数量、最新订单、热点订单、老客户评价等，以此作为出行参考。同时针对目前旅游产品鱼龙混杂的情形，途牛网还制定了回访制度，对所有订单进行逐个回访，确保服务质量。所有的回访记载公开透明地显示在网站上，分5项内容依据客户的评价进行打分，并最终盘算出每个产品的满意度，便于跟踪晋升质量以及便利后续客户选择。据目前数据，客户的总体满意度达到了97％。

2. *欣欣旅游网*

欣欣旅游创办于2009年2月，是一个在线旅游超市，为游客提供一站式旅游出行解决方案的电子商务平台。通过与全国各地4万多家旅行社的紧密合作，欣欣旅游将领先的互联网技术与旅游行业运营相结合，为游客提供100万条旅游线路，以及包含机票、酒店、门票、导游、租车、会议在内的60万条单项旅游服务产品的在线预订。欣欣一直致力于“用心、效率、简单”的服务理念，在短短的两年时间内，跻身中国旅游行业十强网站之列，成为中国最大的旅游产品预订平台，在艾瑞市场咨询公布的旅行预订类网站中排名国内前五，拥有最全的生活旅游出行实用查询工具平台；拥有中国最大的旅行社信息联盟体；拥有中国最大的旅游产品库，荟萃100万条国内外的旅游线路和60万单项旅游服务信息，每天为300万以上游客提供最专业的旅游线路搜索、比较、预订服务；拥有全国395个一级城市的旅游门户阵群，提供中国所有地级及以上城市的最详尽的旅游信息服务。

欣欣旅游通过搭建专业的旅游产品网络营销平台，吸引全国各地超过4万家旅行社加盟合作，帮助消费者从浩繁的旅游信息中快速找到适合的资讯。

游客通过欣欣旅游网可充分享受“直销一体式”服务，自助选择、自由组合。游客可从旅行社在欣欣开设的专属旅游网店中获取最新旅游产品信息，了解各类旅游产品优势，从而在众多产品中选择出合适的产品以及对应的服务商，预订后享受旅行社提供的各类旅游服务（见图10.11）。

欣欣旅游拥有强大的后台支持，不但提供查询预订服务，还会及时记录更新旅行社和游客的业务变动情况，以便业务双方都能够随时随地地查阅订单记录，为之后的服务和需求起到很好的导向作用；除此之外，欣欣还会联合第三方企业推出一系列基于旅游电子商务服务的保障性服务，例如支付担保、信用评级、用户评价、业务累计等。

欣欣旅游网自2009年上线以来，一直以高效的技术服务和强大的专业功能为后盾，专注于为旅行社提供最优质的服务。经过两年的不断努力和超越，欣欣旅游

图 10.11　欣欣旅游网截图

和全国各地的旅行社结成了紧密互利的合作同盟关系，建立起中国最大的旅行社联盟，切实为广大游客提供详尽的出游解决方案。

五、团购

1. 团购概述

团购就是团体购物，指的是认识的或者不认识的消费者联合起来，加大与商家的谈判能力，以求得最优价格的一种购物方式。根据薄利多销、量大价优的原理，商家可以给出低于零售价格的团购折扣和单独购买得不到的优质服务。

团购作为一种新兴的电子商务模式，通过消费者自行组团、专业团购网站、商家组织团购等形式，提升用户与商家的议价能力，并极大程度地获得商品让利，引起消费者及业内厂商甚至是资本市场关注。网络团购改变了传统消费的游戏规则。团购最核心的优势体现在商品价格更为优惠上。根据团购的人数和订购产品的数量，消费者一般能得到从5%到40%不等的优惠幅度。团购的目的就是让每一个人都能找到更优惠的团购商品，让不相识的消费者共同享受物美价廉的服务。

中国最早出现团购是公司为了降低成本而集合所有子公司进行采购。而发展到目前"个人层面"，得归功于互联网。可由业内有影响的个人或专业的团购服务公司(团购网站)进行召集，将有意购买同一产品的消费者组织起来，大量向厂家或总代进行购买行为，从而在保证质量的情况下让消费者获得消费资产增值和服务保障；也可由消费者自行组织团购，若用户想要购买一件产品，在网站发起团购，然后找同样对这件产品感兴趣的朋友一起来参团省钱，接着系统会通知所有卖这个产品的卖家，让他们来参与竞价，在竞价的过程中每个商家都不知道其他商家出多少钱，最后会有若干个商家胜出，消费者可以从这几家中任意选一家购买。

团购目前已在上海、北京、广州等大型城市流行起来，并逐渐发展成为一种新型的消费模式。城市团购网正是顺应时代发展的要求，结合中国电子商务的实际搭建网络团购平台，为广大商家和业主提供最专业的团购服务。现在，在团购网站和团购帖子的"省钱才是硬道理"的号召之下，小到图书、软件、玩具、家电、数码、手机、电脑等小商品，大到家居、建材、房产等价格不很透明的商品，都有消费者因网络聚集成团购买。不仅如此，团购也扩展到个人消费、健康体检、保险、旅游、教育培训以及各类美容、健身、休闲等多个领域。

2. 旅游团购网站

(1) 美国DC旅游团购网

美国DC旅游团购网于2011年3月16日成立，公司致力于打造中国最专业的在线旅游团购服务平台。美国DC旅游团购网每天推出一款超低价精品团购，让参加团购的用户以极具诱惑力的折扣价格享受优质服务。

美国DC旅游团购网挑选热门、精品旅游产品(包括旅游线路、酒店住宿、文化餐饮、景点门票等)，每日限时、限量地组织多款旅游产品网络团购，让消费者享受同等服务但价格更低、品质更优的旅游产品。

美国DC旅游团购网仅挑选优秀资质的旅游企业(包括旅行社、星级酒店、知名文化餐饮企业、著名旅游景点等)，提供网络团购营销平台，通过降低交易(销售)

成本，让利于游客，实现零投入的网络销售模式。通过团购形式可以为用户提供真实优惠的服务；网站发布团购产品市场价格的依据，以官方、主流媒体或各大旅行社发布的报纸广告为准；旅游产品以市场价格为结算依据，保证同一产品（服务）绝对优惠；旅游产品严格控制运营成本，确保绝对低价；保证在美国 DC 旅游团购网购买的旅游产品物超所值。保证供应商的合法要求，提供相关旅游服务的合作伙伴都是经相关行政主管部门批准的具有相关经营资格的旅行社、景区、酒店、餐饮等合法旅游相关企业；保证顾客交易安全的要求，团购使用支付宝、财付通、网银等主流支付方式，确保交易资金安全。用户在与网站交易后即刻获得电子凭证，同时可以通过传真、扫描等便捷方式签订正规旅游合同，作为维权依据。市区可免费安排工作人员免费上门签订旅游合同，订购更方便。

网站供选择团购的旅游产品，包括旅游现金抵用券、著名景区门票、酒店住宿、旅游特色餐饮等，且拟定严格的准入要求，严格审核旅游质量，确保将优质的旅游团购呈现给客户。目前网站在旅行社组团、接待经营中已具备一定规模，组团、接待量位列旅游团购前茅。

(2) 好易订旅游网

好易订旅游网是广州旭驰信息科技有限公司旗下为旅行者提供酒店团购的专业网站（见图 10.12 和图 10.13），开创了中国专业旅行预订网站酒店团购的先河。

图 10.12 好易订旅游网截图

依托来自欧洲和国内的IT精英、酒店管理和资本运作高端人才、先进的技术、7×24小时客户服务团队以及丰富的酒店类资源，凭借最丰富的产品、最贴心的服务、最实惠的价格，好易订旅游网必将成为中国最专业、最好的酒店团购网站。

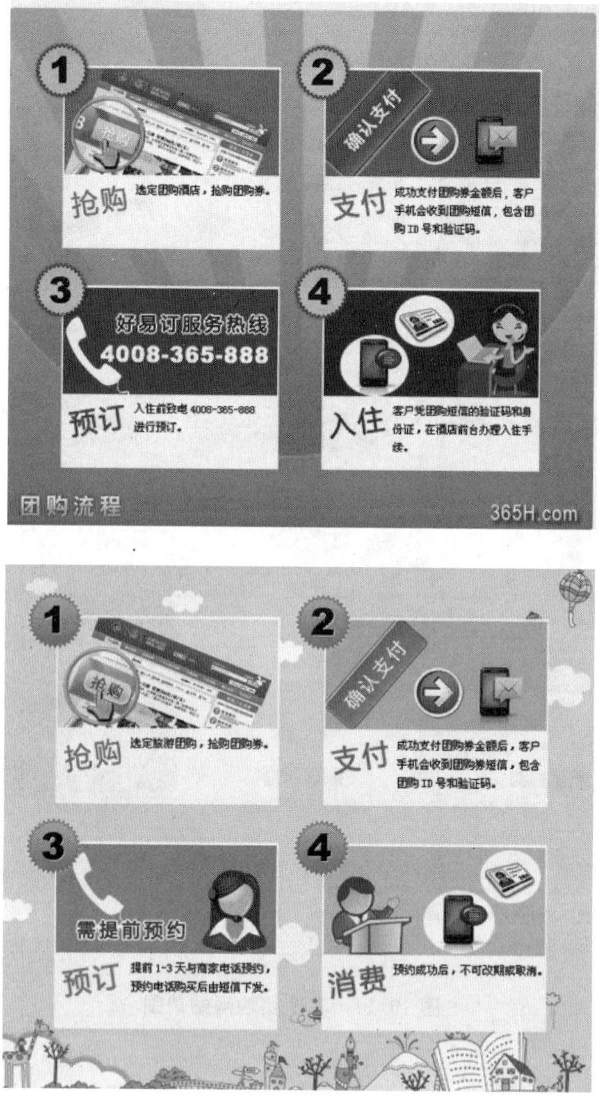

图10.13　团购流程介绍

(3) 其他

同样，不少旅游网站也推出了旅游团购的服务，而大多数的团购综合网站也拥有酒店团购和旅游团购版块，如糯米网、拉手网等(见图10.14)。

图 10.14　其他团购网站截图

第十一章

旅游电子商务

旅游电子商务是利用先进的计算机网络及通信技术和电子商务的基础环境，整合旅游企业的内部和外部的资源，扩大旅游信息的传播和推广，实现旅游产品的在线发布和销售，为旅游者与旅游企业之间提供一个知识共享、增进交流与交互平台的网络化运营模式；是以网络为主体，以旅游信息库、电子化商务银行为基础，利用最先进的电子手段运作旅游业及其分销系统的商务体系。旅游电子商务为广大旅游业同行提供了一个互联网的平台。

随着电子商务的发展，已经有越来越多的传统电子商务网站开辟了旅游这一功能，例如淘宝就有旅游同业者特约商家，而旅游类电子商务网站也逐步向多元化发展，已经不再是单一的订购门票和旅游线路了，旅游类网站开始逐渐走向“出行一站式”服务的路线。例如酒店订房、租车服务、地方特产购买，甚至是电影院、KTV 等一些娱乐场所的优惠预订，相信不久的将来，旅游类电子商务网站将为人们的出行、住宿、旅游等提供一系列完善且实惠的服务。

一、B2C

B2C 旅游电子商务交易模式，也就是电子旅游零售。交易时，旅游散客先通过网络获取旅游目的地信息，然后在网上自主设计旅游活动日程表，预定旅游饭店客房、车船机票等，或报名参加旅行团。对旅游业这样一个旅客高度地域分散的行业来说，旅游 B2C 电子商务方便旅游者远程搜寻、预订旅游产品，克服距离带来的信息不对称。通过旅游电子商务网站订房、订票，是当今世界应用最为广泛的电子商务形式之一。另外，旅游 B2C 电子商务还包括旅游企业向旅游者提供拍卖旅游产品的服务，由旅游电子商务网站提供中介服务等。

目前 B2C 旅游网站提供给用户的主要服务项目可以归纳为三类：

① 信息查询服务，包括旅游服务机构的相关信息（如饭店、旅行社及民航航班等信息）、旅游景点信息、旅游路线信息、旅游常识、货币兑换、天气、环境、人文等信息以及旅游观感等；

② 在线预订服务，主要提供酒店客房、民航班机机票、旅行社旅游路线、自助游度假产品、租赁服务等方面的实时、动态的在线预订业务；

③ 客户服务，提供可实施 Internet 在线产品预订的客户端应用程序，利用这种预订，客户（指通过系统进行预订的个人以及机关团体）可以与代理人（指酒店、民航、旅行社等相关旅游服务机构）进行实时的网上业务洽谈，管理自己的预订记录。

携程于 2000 年 10 月并购了现代运通公司，成为了一个大型的商旅服务企业和宾馆分销商，可以看作是"旅游互联网企业传统化"的代表；而春秋旅游网自 2000 年组建以来一直是作为春秋国旅的一个经营部门来发展的，它的发展同时也在推动企业的信息化改造，因此可以把它作为"旅游传统企业信息化"的案例。这两种 B2C 旅游网站与传统企业资源整合的方式在目前的国内旅游电子商务发展环境下具有典型性和普遍性。

携程的盈利模型主要由网站、上游旅游企业（目的地酒店、航空票务代理商、合作旅行社）和网民市场构成，其目标市场以商旅客户为主，同时也将观光和度假游客列为其重要的目标市场。酒店和机票预订是网站的主营业务，同时携程还将酒店与机票预定整合成自助游和商务游产品。对于商旅客户，携程还提供差旅费用管理咨询等相应服务。携程的收入主要来自酒店预订代理费（基本上是从目的地酒店的盈利折扣返还中获取的），机票预订代理费（顾客订票费与航空公司出票价格的差价），自助游与商务游中的酒店、机票预订代理费，线路预订代理费（携程通过与其他一些旅行社的合作，也经营一些组团的业务）。

春秋旅游网的盈利模型则是由网站、春秋国旅总社及各网点、上游的旅游企业（各地分社及合作旅行社、航空票务代理商、目的地酒店）和网民市场构成，其目标市场主要为观光和度假游客。由于春秋国旅强大的资源支撑，线路预订成为网站的主营业务。春秋旅游网推出的所有线路价格均与春秋国旅总社和各分社一样，因此众多的线路选择和实惠的价格无疑成为春秋旅游网最大的卖点。在线路预订上，春秋还采用了旅游线路竞拍的方式，尝试由市场来决定价格。同时，春秋旅游网也经营酒店和机票预订的业务，但大多也是通过传统旅行社来完成的。春秋旅游网的收入如下：① 线路预订代理费，在春秋国旅的组团盈利中形成的，通过春秋国旅以盈利返还的形式获得；② 酒店预订代理费，顾客可以有两种支付方式，一种是预付的方式，由春秋国旅来向目的地酒店预订，另一种就是前台支付的方式，相应网站也就有两种盈利渠道，前者是春秋国旅以盈利返还的方式获得，后者则是以目的地酒店盈利返还的形式实现；③ 机票预订代理费，通过订票差价以盈利返还的形式实现；④ 春秋国旅提供的发展资金，网站本身也是春秋国旅的一个营销渠道和宣传窗口，有相当数量的网民在浏览了网站的信息后选择到春秋国旅的各旅行社进行实地交易，因此作为对网站盈利漏损的补偿和未来发展的支持，春秋国旅总社会向网站提供一定量的发展资金。

就网站而言，B2C 的商业模式对规模经济的需求决定了网站需要向尽量多的网民提供酒店、机票和线路预订服务，并提供充分的信息和及时的沟通。

二、O2O(Online to Offline)

电子商务已经改变了大众的生活方式。不可否认，把商品塞到箱子里送到消费者面前，这个市场已经成熟。但日常生活中的大多数消费还是离不开到实体店来实现。即使在电子商务最发达的美国，线下消费的比例依然高达 92%。将线上客源与实体店消费进行对接，其中蕴含着巨大的商机，就是在这种环境下产生了 O2O 模式。

线上，互联网是交易的前台，消费者可以在线上筛选服务，成交后也可以在线结算；线下，消费者可以自主去享受服务，就是将线下商务的机会与互联网结合在一起，让互联网成为线下交易的前台。这样线下服务就可以用线上来揽客，消费者可以用线上来筛选服务，还能在线结算，很快就能达到规模。而团购极大地促进了 O2O 模式的发展。

O2O 模式最重要的特点是推广效果可查，每笔交易可跟踪。

以在线旅游作为代表，携程、艺龙、青芒果都是 O2O 模式的实践者。无论是飞机票预订、酒店预订、旅游线路预订，还是各种票券的预订，都是互联网最好的诠释。携程、艺龙、青芒果本身并不能提供真正意义的服务，只是通过互联网手段把顾客从线上引到线下，并由线下完成真正意义的服务。

新电商 O2O 模式千品网的出现，不仅使线上销售与线下旅游业融合度更高、更便捷，还以 O2O 特有的线上交易数据统计每一份订单的详细数据。千品网立足发展本地服务产业，凭借互联网与自身强大的手机客户端结合，让消费者在享受消费过程中轻松获得本地旅游信息资源，并可以在手机客户端随时预订，也就是线上推送信息预订线下兑现。旅游企业可以共享其中线上订购的每一笔数据，因为数据对于任何企业来说都是命脉，不了解消费者动向不进行调整战略，必将会被市场摒弃。通过这些金色数据，线下企业在调整战略方向的同时，也可反馈回线上消费者中，千品网就是起到了中间人完美对接的效果。

与实体商品不同，当消费者预先为服务买单，一旦质量低于预期甚至极为低劣，消费者却因为无法"退货"而只能承受，最多去社会网络中发句牢骚，大多数人都经历过在服务业中"付款前是上帝，付款后不如小弟"的窘境。千品网通过严格的消费监管，首先在选择商户上就下足工夫，但凡信誉不合格的企业绝不收纳，所以线下商户就是一个良好的开端。有了良好的线下商户，加上严格的消费监管，让参与千品网消费的用户和商户拥有最佳体验与平台。

2012 年 7 月 5 日，旅游百事通在线旅游商城正式上线。百事通电商平台不是单纯的电子平台，而是融合了全国 2 000 家营业部实现的线上预订、线下成交的模式，从而以线下强大的渠道资源优势解决在线旅游企业一直无法很好解决的难题，真正实现网络营销的落地。几年前，对旅游市场来说，旅游百事通还是一个新品牌，而今它却摇身变成了旅游产品的卖场，并悄然把 1 800 家连锁店布局了大半个中国，2012 年上半年已经覆盖到全国 15 个省和直辖市，收客量达到 100 万，全年计划收客量超过 200 万。3 年以来，旅游百事通努力做传统旅游市场，掌握了传统旅游的商务核心，做好了基础，时至今日已经完成了销售体系的整合，在全国建立了 15 个区域总部，2 000 家营业部，整合了千家的全国优质供应商和 15 000 条的旅游线路，并且经过 3 年的磨合，已经建立相对完善的服务体系和流程。旅游百事通在线旅游商城的上线，让网络市场和传统市场融为一体。

作为互联网的新生力量，旅游百事通在线旅游商城营销上实现的是以区域采购加区域销售为主、全国销售为辅的营销模式，以其区域性的地面实体营业网点解决旅游产品的落地问题，从而解决顾客的售后服务、保险购买、发票开具、服务投诉等线上不能很好解决的难题，让顾客获得更具针对性的客户服务，真正解决顾客的旅游出行难题；并且建立了创新性的云客服体系，以全国的 2 000 家营业部的专业服务人员作为客服端，直接通过电商平台接受全国顾客的在线购买咨询，避免了传统电商客服体系庞大、不专业、高成本的运作弊端；而全国 1 800 家地面营业部也在进行地面销售，这样每条旅游线路既保证旅游线路的品质，也保证了供应商和百事通的合作度。

对 O2O 模式而言，与实物电子商务最大的不同是本身没有物流配送，以及不存在商品质量问题，最大挑战来自消费者对线下服务实体的认可程度。服务类型行业存在很多不确定因素，怎么样保障服务质量将是 O2O 快速发展最主要影响因素。

总的来说，O2O 就是一种线上虚拟经济与线下实体店面经营相融合的新型商业模式。而我们也越来越多地体验到它给我们带来的便利，团购便是它的一个成功的例子。O2O 具有在服务业的优势，且价格便宜可吸引买家，并且折扣信息等可以及时获得。当然作为一种新型的商业模式，O2O 也存在一些不足，比如商家审核不到位导致服务质量达不到保证和网站不完善。但是 O2O 的发展前景也是不可忽视的，除了冰山一角的团购还有广阔的发展潜力，还有就是把商家（有实体店的）按地域进行划分，向着成为生活服务类折扣商城的形式发展。

三、C2B

C2B 交易模式是由旅游者提出需求，然后由企业通过竞争满足旅游者的需求，或者是由旅游者通过网络结成群体与旅游企业讨价还价。旅游 C2B 模式的核心是通过聚合为数庞大的用户形成一个强大的采购集团，以此来改变旅游电子商务中 B2C 模式中用户一对一出价的弱势地位，使之享受到以大批发商的价格买单件旅游产品的利益。目前，国内携程网、去哪儿网、海比网都在不同程度对 C2B 进行尝试。

C2B 模式主要有两种途径实现：第一种途径是客户（Customer）结成团队，主动和商家（Business）进行磋商，完成交易；第二种途径是客户（Customer）在某个网络平台上形成人气，使得商家（Business）不得不前往这个平台寻求消费者，以期达成协议，完成交易。

而旅游 C2B 电子商务主要通过电子中间商（专业旅游网站、门户网站旅游频道）进行。这类电子中间商提供一个虚拟开放的网上中介市场，提供一个信息交互的平台。上网的旅游者可以直接发布需求信息，旅游企业查询后双方通过交流自愿达成交易。

旅游 C2B 电子商务主要有两种形式。第一种形式是反向拍卖，也就是竞价拍卖的反向过程。先由旅游者提供一个价格范围，求购某一旅游服务产品，再由旅游企业出价，出价可以是公开的或是隐蔽的，旅游者将选择认为质价合适的旅游产品成交。这种形式对于旅游企业来说吸引力不是很大，因为单个旅游者预订量较小。第二种形式是网上成团，即旅游者提出他设计的旅游线路并在网上发布，吸引其他相同兴趣的旅游者。通过网络信息平台，当愿意按同一条线路出行的旅游者汇聚到一定数量时，他们再请旅行社安排行程，或直接预订饭店客房等旅游产品，可增加与旅游企业议价并得到优惠的砝码。

旅游 C2B 电子商务利用信息技术带来的信息沟通面广和成本低廉的特点，特别是网上成团的运作模式，使得传统条件下难以兼得的个性旅游需求满足与规模化组团降低成本有了很好的结合点。旅游 C2B 电子商务是一种需求方主导型的交易模式，它体现了旅游者在市场交易中的主体地位，对帮助旅游企业更加准确和及时地了解客户的需求，对实现旅游业向产品丰富和个性满足的方向发展起到了促进作用。

响应网是中国最大的 C2B 电子商务网站(见图 11.1)。该网站致力于积极响应消费者的各类生活消费需求，为消费者省时省事省钱，推动消费市场的迅速发展，同时为商家减少中间环节，让商家不开店不打广告也能在响应网上做生意。响应网是以 C2B 模式、具有互动功能、全新理念的电子商务平台，响应消费者的购买需求，为中小企业服务，以消费者为核心，使双方互利共赢。

图 11.1 响应网截图

目前响应网的注册会员已突破 120 万，覆盖了中国大部分招标网购人群，月交易金额超过 1 000 万，创造了 C2B 领域的奇迹。

消费者只需在此平台上免费发布自己的服务需求，不必逛网店，由响应网客服找商家来进行报价竞标，消费者只要从众多的竞标商家中选择自己满意的中标即可交易。如果消费者拥有响应网小秘书，无需上网，只要一条短信，就可以掌握相关的动态。

2012 年 5 月，以淘宝旅行为代表的在线旅游行业新生力量首次进军团购业务，正式在淘宝旅行和聚划算平台上线“百万淘友团丽江”活动。这是国内在线旅游业首次规模化试水反向团购，且采用“以需定产”的 C2B 商品反向团购定制模式。

反向团购的模式即消费者参与数量越多，最终形成的旅游线路越多元化，并采取“人越多越便宜”的模式进行团购。旅游产品的核心竞争力在于产品的差异化，淘宝旅行第一次在在线旅游市场实现了一个可能——“个性化定制”也能团购，这意味着以消费者需求为中心，网络定制的个性化时代即将到来。

2012 年 5 月，翔游天下也推出全新的旅游平台“一起去旅游”。该网站主打 C2B 模式，并已敲定域名 17716.com（见图 11.2）。

图 11.2 翔游天下“一起去旅游”网站截图

结语/后记

云 旅 游

云旅游是依托东南大学技术力量的旅游全信息的资讯平台，是国家科技支撑计划“织锦文化遗产数字化与文化景区旅游服务示范”(2012BAH69F00)的组成部分(见图 12.1)，目前仍在建设中。请关注 www. tpd. cn 或 www. 云旅游. com。

密级：公开级

国家科技支撑计划课题任务书

项 目 编 号：	2012BAH69F00
项 目 名 称：	织锦文化遗产数字化与文化景区旅游服务示范
项目组织单位：	江苏省科学技术厅
课 题 编 号：	2012BAH69F01
课 题 名 称：	织锦文化及遗产景区数字化地理信息地图
课题承担单位：	东南大学
课题起止日期：	2012 年 12 月 01 日至 2015 年 11 月 30 日
编 制 日 期：	2012 年 12 月 05 日

中华人民共和国科学技术部制

009 2012BAH69F01 2012120716243923

图 12.1 国家科技支撑计划课题任务书

随着移动互联网、云计算、物联网、人工智能、数据挖掘等技术的发展(见图 12.2)，以及智能手机和便携式电脑的出现，人们对更加智能化的旅游信息系统提出了要求。从智慧的地球到智慧的城市,智慧的旅游也呼之欲出。

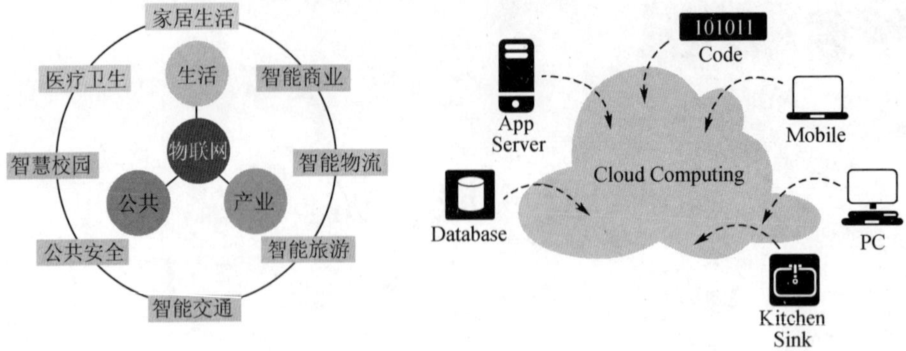

图 12.2　物联网和云计算

《中国旅游业“十二五”发展规划纲要》中提出:“以旅游信息化建设为引领,加强现代科技技术特别是信息技术在旅游业中的广泛应用,推进旅游产品和服务的升级,满足多样化的现代需求。”2012 年我国批准 18 个城市为国家智慧旅游试点城市,其中南京市率先提出建设智慧旅游。

云旅游其实就是旅游信息网络整合商,包括政府部门实时资讯和政策发布、各区域旅游数据和旅游产业链各环节(如景区、酒店等)数据实时更新、每个环节的各项指标的数据实时更新、企业(包括投资商、供应商、中介商和服务商)与企业之间的信息发布和交流、企业与消费者的交流和服务提供、消费者之间的交流、消费者对旅游的各种反馈,以及消费者需要的导航、导游、导览和导购等全面的旅游服务,同时还有产、学、研、消(消费者)之间的交互。

云旅游的基本表现是基于地图标注的表达方式,把位置服务和导航功能加入进来,把 Web 网站和手机端软件统一起来。云旅游可以嵌入资讯网中,也可以成为独立网站,做成手机端软件更佳。而云旅游的核心是建设一个数据中心,沟通游客和商家。

云旅游的数据分为公共信息数据和私有信息数据(见图 12.3)。公共信息如游览、服务场所的名称、数量、分布、质量等等信息,主要由政府提供,旅游者通过本平台发表评论、攻略、感想;私有信息如企业的价格、活动、优惠、经营状况等等信息,主要由企业提供,旅游者通过本平台补充。

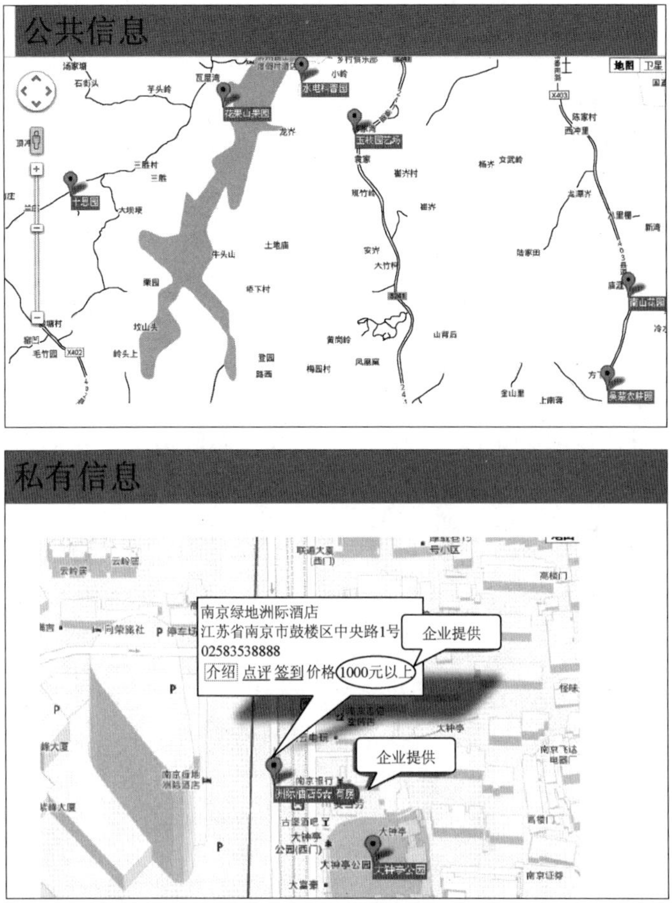

图 12.3 公共信息和私有信息

而 AOI(兴趣区)和部分 POI(兴趣点)是公共信息(见图 12.4),因为有的对象无法找到负责的企业。

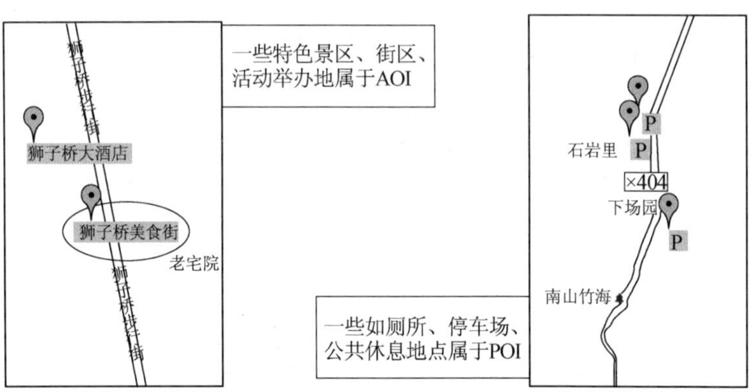

图 12.4 AOI 与 POI

云旅游的数据是由管理员和商家后台提交，经审查合格后才发布的，其中后台数据由经国家测绘地理信息局培训合格的审查人员审校。

云旅游的信息数据分为七个等级，随地图缩放级别的变化而显示和隐藏。知道大致位置，仅通过触摸和鼠标就可以找到想要的场所。利用互联网地图丰富的缩放等级，可以分级显示从世界遗产到特色小店。地图比例尺小时，显示更大范围和更高级别的场所；比例尺大时，显示更小范围和更低级别的场所。如果不知道位置，也可以通过名称来精确查询，同时还能显示周边的旅游信息。

云旅游追求旅游信息的三大特色：信息内容更全面、信息传递更即时、信息使用更方便。

云旅游将旅游信息分为九大类，基本上包含了各种类型的旅游信息，并用不同的颜色予以醒目地显示(见图 12.5)。重要的和动态的信息予以推荐，暂时不能接待游客的信息予以保留。勾选和触摸某一类型信息，则在地图上自动显示。

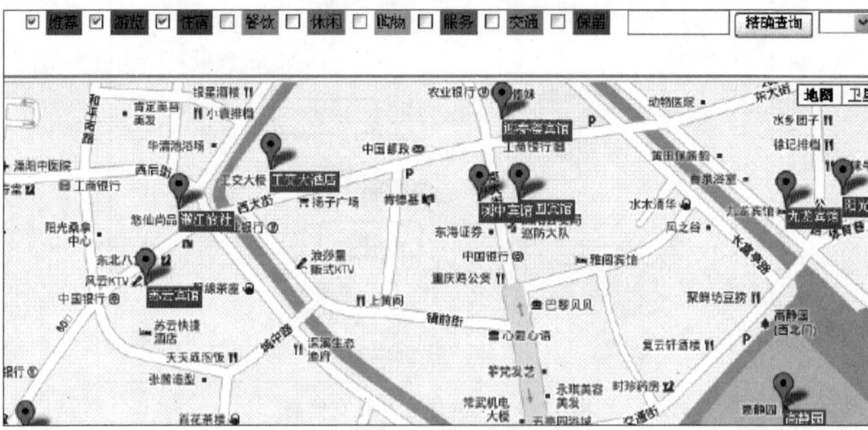

图 12.5　信息类型

借助地图的缩放和信息的多种分类，云旅游能够提供大到景区、酒店，小到厕所、停车场的全面数据。拥挤的信息表现会导致难以找到有用的信息，而云旅游的分类和分级可以很好地解决这个问题，既保证了信息量的丰富性，又没有拥挤感(见图 12.6)。

AOI(兴趣区)比 POI(兴趣点)包含更多的旅游要素，是一些旅游要素的综合体，往往是游客更为关注的空间单元，所以基于 AOI(兴趣区)理论整理的信息数据更加具有针对性(见图 12.7)。

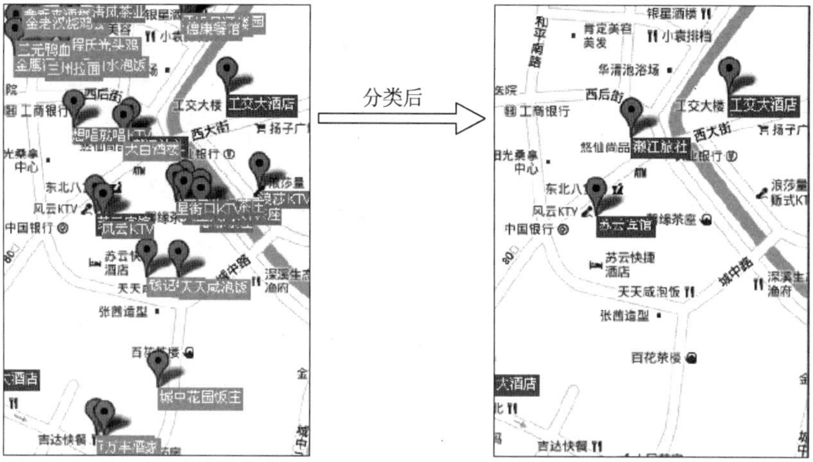

图 12.6 云旅游的分类和分级表示

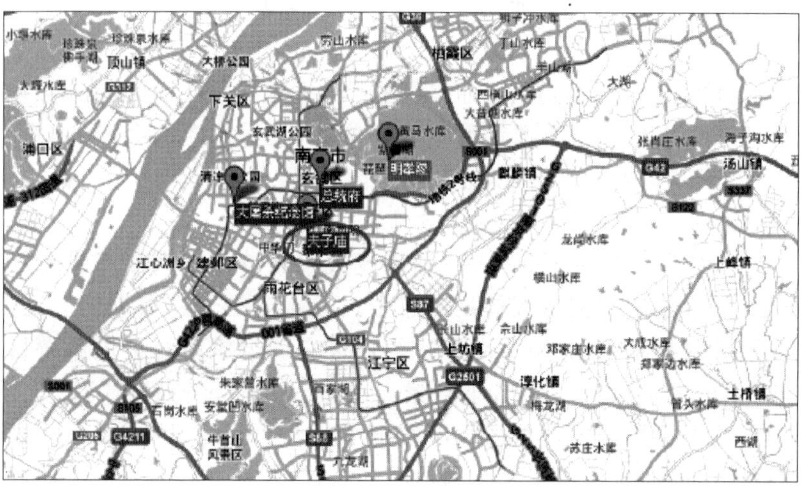

图 12.7 地图缩小时只显示 AOI

即时信息是此时此刻的信息(见图 12.8),是游客在外最需要的信息。云旅游可以发布一些地方和商家的即时信息,包括活动、经营状态、促销、优惠等等。关键时间内(如举办旅游活动),云旅游团队可以提供帮助。即时信息让游客的选择更加明确,选择过程更加简捷,避免了盲目性和时间上的浪费。

云旅游平台在使用上有很大的便利性,仅在 PC 上动动鼠标,或在手机上触摸几下,用较少的点击和触摸次数就可以到达有用的信息点,包括位置电话、网站、预订、评价等等内容,基本可以摆脱文字输入的麻烦。

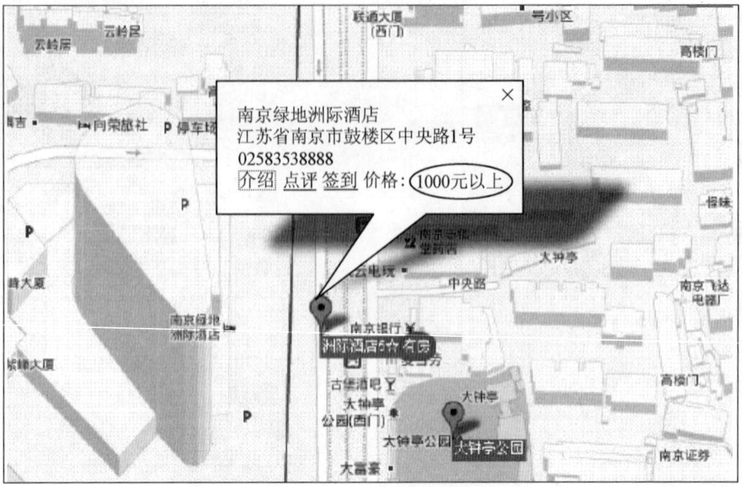

图 12.8 即时信息

云旅游有四大基本功能，即导航、导游、导览、导购。

(1) 导航

导航的目标在于确定位置，进而提供基于位置的服务(LBS)。在 PC 端用关键词、地名、地址以及互联网地图等方式确定位置，在手机端还会增加 GPS、基站、WiFi、RFID/NFC 以及地标等定位方式。

(2) 导游

导游是云旅游中的重要一环，是利用庞大的旅游信息数据库进行旅游信息的查询、显示、推送和旅游行程规划的过程。云旅游的信息数据十分庞大，对其处理需要云计算技术，云旅游的名称也由此而来。云旅游将提供旅游目的地的各类丰富信息，大到景区、酒店，小到景点、厕所，并通过特别的方式显示出来。导游功能实际上是将过去的纸质导游图电子化，利用互联网地图标注来添加和突出旅游信息，同时也保持了互联网地图的特性(见图 12.9)。从纸质导游图到互联网导游图，云旅游的分类和分级可以表现无所不在的旅游信息，并突出显现出来。

导游功能可以依托数据库，按要求进行旅游行程规划。利用互联网/移动互联网可以让旅游信息即时传达并无限延伸。点击互联网地图的标注符号，可以打开一个信息浮窗(见图 12.10)，快速了解基本信息情况。若需要更深入的了解，可以点击浮窗中的符号，进入其他网页/网站。浮窗按需设计。

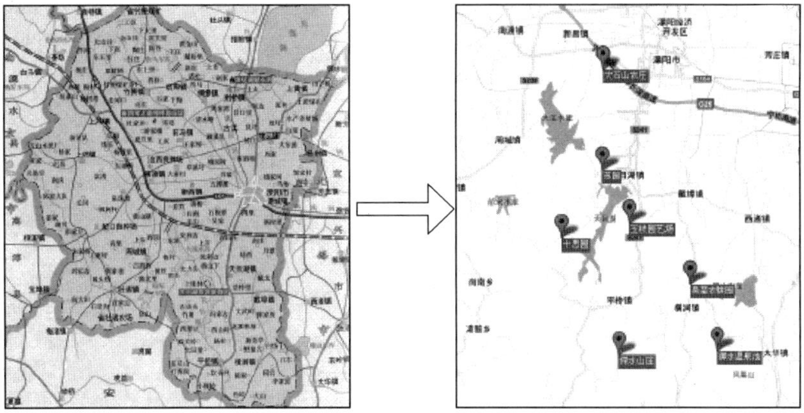

图 12.9　从纸质导游图到电子导游图

图 12.10　浮窗显示简要信息

(3) 导览

导览是对旅游景点及各种情况进行讲解、解说。可以使用很多种形式来表达，如文字、图片、声音、视频、动漫、全景、虚拟现实/增强现实等等，用手机、平板电脑等设备则有导游员无法达到的效果。云旅游的导览功能根据需要分为以下几种类型：

① 游前导览：是游客旅行前做决策的导览行为，一般用 PC 机在互联网上进行，360 度全景、图片、文字、视频等导览方式适合于此；

② 游中导览：是游客在游览过程中的导览行为，一般在手机、平板电脑和数字导览器上进行，文字、语音、图片、虚拟现实/增强现实等导览方式适合于此；

③ 游后导览：是游客游览之后的导览行为，主要是回忆和分享，一般在手机和PC机上进行，评价、社交、微博、存储是主要方式，游客上传图片、文字、视频等内容。

(4) 导购

导购是为游客购买行为提供决策咨询，包括距离远近、价格水平、促销信息、游客评价、咨询电话、预订平台、支付渠道等。

云旅游还融合现代社交、分享、即时信息等等延伸功能，包括基于位置服务(LBS)、用户生成内容(UGC)、微博、评价、社交等等。加了评论和微博的网页，使得游客对旅游信息有更深的了解，其选择有更强的针对性(见图 12.11)。

图 12.11　信息延伸

而云旅游的技术支持包括旅游数据采集/处理/审查、旅游资讯网站建设、智慧旅游规划(包括旅游线下活动的策划)、360 度全景的拍摄和制作、旅游地理信息系统的建设、旅游虚拟现实/增强现实的开发、云旅游平台(PC 端、手机端)构建、云旅游平台的运用(包括旅游活动中的协同合作)、智慧景区流量的监测和分析、旅游宣传和导览的动漫制作以及旅游物联网的应用开发。

云旅游的实现，将真正做到一部手机一平台，畅游大地无障碍！